俯瞰人类文明

中外航空航天考古发现与研究

——国博遥感考古年会（2016—2021）论文集

中国国家博物馆考古研究系列丛书 一

王春法 ◎ 主编

齐鲁书社

·济南·

图书在版编目（CIP）数据

俯瞰人类文明：中外航空航天考古发现与研究：国
博遥感考古年会（2016-2021）论文集 / 王春法主编. --
济南：齐鲁书社，2023.6
（中国国家博物馆考古研究系列丛书）
ISBN 978-7-5333-4686-7

Ⅰ.①俯… Ⅱ.①王… Ⅲ.①遥感技术－应用－考古
技术－文集 Ⅳ.①K854-53

中国国家版本馆CIP数据核字(2023)第114217号

策划编辑：傅光中
责任编辑：赵自环
装帧设计：赵萌萌

俯瞰人类文明：中外航空航天考古发现与研究

——国博遥感考古年会（2016-2021）论文集

FUKAN RENLEI WENMING ZHONGWAI HANGKONGHANGTIAN KAOGU FAXIAN YU YANJIU
GUOBO YAOGAN KAOGU NIANHUI (2016-2021) LUNWENJI

王春法　主编

主管单位	山东出版传媒股份有限公司
出版发行	齐鲁书社
社　　址	济南市市中区舜耕路517号
邮　　编	250003
网　　址	www.qlss.com.cn
电子邮箱	qilupress@126.com
营销中心	（0531）82098521　82098519　82098517
印　　刷	山东星海彩印有限公司
开　　本	787mm×1092mm　1/16
印　　张	19.5
插　　页	3
字　　数	347千
版　　次	2023年6月第1版
印　　次	2023年6月第1次印刷
标准书号	ISBN 978-7-5333-4686-7
审 图 号	GS鲁（2023）0199号
定　　价	158.00元

2016 年首届国博遥感考古年会代表合影

2016 年首届国博遥感考古年会现场

2017 年第二届国博遥感考古年会代表合影

2018 年第三届国博遥感考古年会代表合影

2019 年第四届遥感考古年会代表合影

2021 年第五届遥感考古年会代表合影

编辑委员会

主　　编：王春法

副 主 编：杨　帆

执行主编：陈成军

编　　委：王春法　　杨　帆　　陈成军

　　　　　冯靖英　　刘万鸣　　丁鹏勃

　　　　　陈　莉　　张伟明

统　　筹：游富祥

编　　辑：李　刚

编　　务：杨　林

序

Foreword

中国科学院、教育部、国家文物局于 2001 年成立遥感考古联合实验室以来，同为实验室成员的中国科学院遥感应用研究所与国家博物馆开展了长期合作，共同完成了丰镐遗址与西周王陵调查、大运河申遗、文明探源等多项遥感考古项目，同时也为遥感考古领域培养了许多专业人才。"国博遥感考古年会"自 2016 年举办首届会议，参与我们合作项目的研究者和全国各地的遥感考古工作者及部分国外学者宣读和交流诸多研究论文，展示了这些年航空、航天遥感考古研究的丰硕应用成果。

本论文集涉及的研究对象覆盖了史前聚落遗址、早期城市及历史时期城址、大型陵寝墓地、军事防御遗址、航运及驿站遗址、岩画与大型地画遗址等利用传统方法难以获取全面信息的考古遗址，尤其是为大遗址考古研究提供了新资料。赋存环境包括平原绿洲、沙漠戈壁、山地峡谷、热带雨林、河流湿地等多种古人活动的区域。利用卫星、有人机、无人机等多种遥感平台，搭载多光谱、高光谱、热红外、激光雷达、合成孔径雷达、探地雷达等种类丰富的传感器，所获信息数据空前丰富。可以看出，遥感技术的应用，为考古遗址的研究增添了新视角和在地面用肉眼无法发现的信息。这些研究案例，在很大程度上反映了当前世界遥感考古发展的新动向和技术应用的多样性，将为考古学综合研究、遥感考古理论及技术的普及、考古遗址与环境的保护利用起到积极作用。

　　进入 21 世纪以来，中国航空航天技术及遥感科学有了飞速发展，遥感技术在各行各业的应用也取得了前所未有的成绩。比较突出的进步是国产对地观测卫星传感器的空间分辨率和光谱分辨率有了大幅度提高。有人机或无人机搭载不同规格的激光雷达对不同尺度靶区进行考古调查和地形勘测的技术日臻成熟，利用超轻型无人机对考古发掘现场、古代建筑及徒步难以到达的山地、荒漠遗迹进行精细的航测和不同视角的观察取证已得到普及。这些遥感技术的应用，极大地丰富了考古研究素材，并在不可移动文物保护监测方面发挥了不可替代的作用。

　　在遥感考古联合实验室基础上创办的联合国教科文组织（UNESCO）国际自然与文化遗产空间技术中心，正在持续为 UNESCO 及其成员国在世界遗产、世界生物圈保护区和世界地质公园的保护和管理方面提供空间技术支持。遥感考古事业方兴未艾，空间考古科技潜力巨大。在国家空前重视世界遗产研究的大背景下，在国际上大力推进空间技术应用的进程中，愿我国的遥感技术在文化遗产保护和考古研究领域的应用发挥更大的作用，期待更多的机构和研究者支持并开展遥感考古工作，共同为我国世界遗产事业做出有意义的贡献。

2023 年 6 月 12 日于北京

目　录

Contents

江汉平原史前聚落研究

Study on Prehistoric Settlements in Jianghan Plain

刘建国

中国社会科学院考古研究所，北京，100006

江汉平原位于长江中游湖北省的中南部，西起枝江，东迄武汉，北至钟祥，南与洞庭湖平原相连，东西跨度近 300 千米，面积约 4.6 万平方千米。在地形上，西有鄂西山地，北有大洪山，东有大别山丘陵，东南有江南丘陵，地势低洼、河网密布（图 1）。根据田野考古工作，自大溪文化开始，江汉平原周边地区的史前文化稳步发展，至屈家岭、石家河文化时期达到巅峰阶段。随着田野考古工作的不断推进，长江中游的江汉平原及其周边地带陆续发现了近 20 座史前古城遗址和大量的环壕聚落遗址，一些聚落遗址保存状况良好，地表仍残存有较为完整的城垣、环壕等重要遗迹，引起众多学者的关注。一些学者认为，江汉平原周边地区史前城址

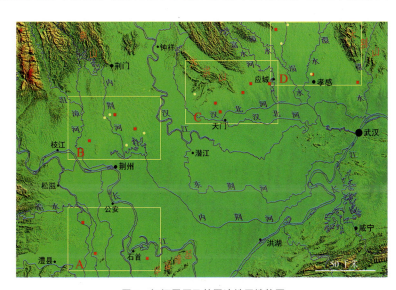

图 1　江汉平原及其周边地区地势图

的集中出现，反映出当时的社会复杂化现象；另一些学者则认为，城垣结构可能与史前治水有关。

一、无人机拍摄与三维重建

为了探讨江汉平原及其周边地区史前城垣结构的功能，本文对运用无人机拍摄的22处城址与环壕聚落遗址的影像进行处理和分析，每个遗址的拍摄范围不小于1平方千米，大型遗址的拍摄范围均超出城垣、环壕的边界，以便分析聚落内部结构及其与周边环境之间的关系。

无人机拍摄的全部遗址内高低起伏都不大，第一次拍摄的飞行高度均为180米左右，获取的影像分辨率优于5厘米，确保能够生成5厘米的正射影像图。手动控制无人机按照大疆 app 的地图显示界面中的格网线飞行，飞行过程中同时拍摄数字影像，同一航线方向的相邻影像重叠75%左右，相邻航线的影像重叠25%左右（图2）。第二次拍摄的飞行高度在400米左右，可以获取优于10厘米分辨率的影像，同一航线方向的相邻影像重叠约75%，相邻航线的影像重叠大于50%。分别对每个遗址的影像进行处理，生成遗址的三维模型，导出10厘米分辨率的正射影像图和1米分辨率的数字表面模型用于后续的分析研究。

结合研究区域内300米分辨率的SRTM数字高程模型等数据进行分析，探讨聚落遗址与周边地形、水文等要素之间的关系，解释重要史前聚落的形成过程。根据22个

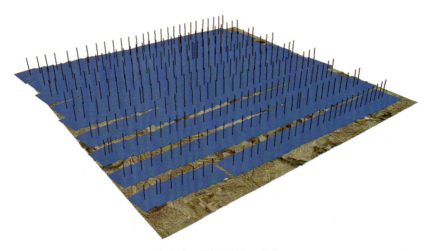

图 2　每个遗址拍摄的单幅影像位置图

重要史前聚落的分布特征，将江汉平原中聚落分布区域分为华容隆起地带、荆山南麓、大洪山南麓、大别山西南四个面积为75千米×50千米的小区域进行局部分析（图1中A、B、C、D四个区域）。

二、局部环境研究

华容隆起地带位于长江以南，地势较为低平，地面坡度基本上在1°以内，大多为黏土质淤积平原。现有沩水、松滋西河、松滋东河、虎渡河、藕池河等穿行其间，有上津湖等众多大型湖泊，水资源极为丰富，但也极易受到水患威胁。区域内有无人机拍摄的走马岭、青河城、鸡鸣城三个有城垣聚落，均处于低平地域中的稍高地带（图3）。从图中可以看出遗址周边水文情况复杂，属于易受洪涝灾害影响的地域。走马岭遗址内部地势高的边缘地带发现有很多居址，地势低洼的地域则用于种植水稻。

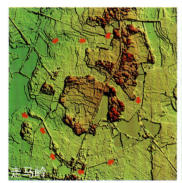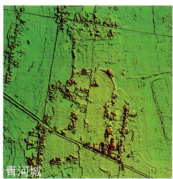

图3 走马岭、青河城、鸡鸣城遗址数字表面模型（1km×1km）

荆山南麓位于长江和汉江之间北部稍高地域，有沮漳河、拾回桥河自北向南穿行其间，为淤土质淤积平原与红土阶地和岗地的过渡地带。该区域内拍摄有阴湘城、马家垸、城河三个有城垣聚落和叶家湾、光华、荆家城、黄家古城4个环壕聚落（图4、图5）。近年的田野考古工作发现光华与黄家古城两个遗址也有类似城垣的结构，没有城垣的只有荆家城和叶家湾两个聚落。这些聚落中，只有荆家城和叶家湾位于地势相对较高的区域，基本上不受水患影响。其他有城垣的聚落均位于河谷之中，雨季易受水患威胁。

城河遗址平面呈不规则椭圆形，残存有部分城垣和环壕。城河遗址位于两条小河

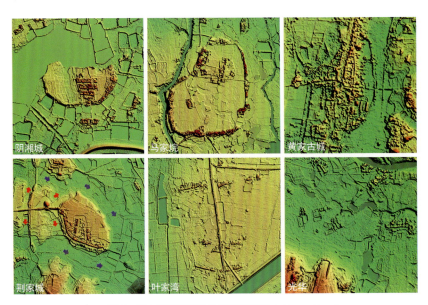

图 4　荆山南麓聚落的数字表面模型（1km×1km）

汇合处形成的三角地带，其环壕应该有两重（图 5 中红色箭头指示的方向），显得比较规则，应该是在自然冲沟的基础上精心加工而成。早期可能只有内环，面积很小，但是人口增加后需求增大，只能建设外环以增加聚落的使用面积。外部环壕的东部已经被淤塞而不甚明显，只是在一些局部显露少量残迹。西部的壕沟与城垣结构占用了早期的自然河谷，对局部地貌进行了很大的改造。

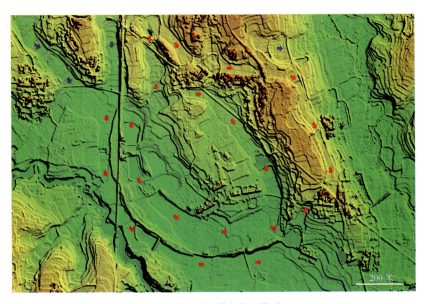

图 5　城河遗址数字表面模型

大洪山南麓被汉北河、涢水（府河）等环绕，中部有溾水、富水河等自北向南注入汉北河。大洪山南麓与江汉平原北缘交会地带是中华文明的重要发祥地之一，诞生了灿烂的屈家岭文化和石家河文化，是江汉平原史前文明发展的重要区域。拍摄的史前聚落有龙嘴城、屈家岭、谭家岭、石家河、笑城、门板湾、陶家湖等重要史前聚落（图6）。

大洪山南麓是大洪山南侧低山丘陵地带向平原湖沼地区的过渡地带，属于江汉平原的北部边缘，各聚落所在的水文情况差异很大，高程起伏情况也各不相同，地势自西北向东南倾斜，高程逐渐降低至30米以下滨湖洼地地貌。龙嘴、笑城、门板湾遗址的高程为30米左右，陶家湖位于两条小河交汇处的河谷之中，受到水患的威胁很大，应该是都拥有完整城垣结构的主要原因。石家河遗址现存西侧和南侧的城垣结构，解释为水坝遗迹应该更为合理。屈家岭遗址外侧利用自然河道，形成了完整的环壕结构（图6）。

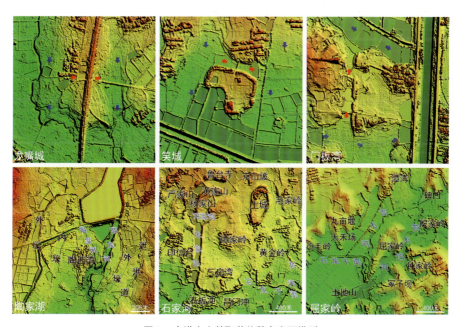

图 6　大洪山南麓聚落的数字表面模型

大别山西南区域位于江汉平原的东北部，大洪山东缘，自北向南流经该区域的河流主要有涢水和滠水，东部有滠水。这一区域在大溪文化时期基本上没有聚落，屈家岭和石家河文化时期都有比较多的聚落分布于低矮的丘陵地带。北部海拔较高，南部河谷中的高程降至20米左右，地貌类型依次为低山山地、丘陵，向南进入低地平原（图7）。无人机拍摄的有城垣的聚落为王古溜、叶家庙、张西湾，环壕聚落有杨家嘴、余家岗、晒书台等。叶家庙、张西湾遗址周边地势平坦，特别是叶家庙遗址临近滠水，田野考古工作发现其拥有完整的城垣结构。王古溜遗址海拔比较高，只发现其北部有一段类似城垣结构，应该是将水资源存储在遗址北部用于旱季里灌溉南侧农田。余家岗、晒书台遗址位于地势较高的地域，杨家嘴遗址靠近叶家庙，可能是同一个聚落遗址的两个不同功能区。

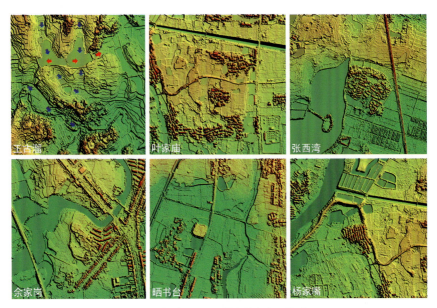

图 7　大别山东南聚落的数字表面模型

　　江汉平原及其周边区域地处亚热带季风气候区，年降水量比较丰富，基本上能够满足人们日常生活用水的需求。但季风气候区的特点是降水的时空分布极不均衡，雨季往往会有很多的降水，低洼地带受到洪涝灾害的威胁很大。而随着锋面降水云带的北移，江汉平原往往会出现伏旱和秋旱天气，如果没有完备的灌溉设施，水稻种植就会受到很大的影响。为此，史前人类在寻找居住地的时候就必须做出相应的选择和改造，认真考虑雨季中不被洪水淹没，旱季里可以有足够的水源用于灌溉。

　　本文探讨的全部聚落中除石家河、陶家湖、屈家岭和城河之外，其他聚落的面积都比较小，很多聚落的面积甚至不足10万平方米。全部聚落大致可以分为城垣聚落和环壕聚落，青河城、鸡鸣城、阴湘城等城垣聚落基本上都位于平坦地带，聚落内部与外部的高差不大，垣外有环壕。屈家岭、荆家城、叶家湾等聚落位于较高的台地上，外围只有环壕。各聚落的环壕一般是人工挖掘而成，或是充分利用原有自然河道、沟渠进行改造而成，环壕应该是这些聚落不可或缺的基本设施。

三、区域分析与探讨

为了修建合适的环壕，石家河、城河、龙嘴、门板湾、王古溜、笑城等聚落，选择了地势较高或稍高的垄岗最前端，并开挖壕沟将垄岗上端与聚落完全分隔开来，再对垄岗周围的自然沟渠进行改造，使聚落周围的沟渠相互连通，构成完整而封闭的环壕。

正射影像图和数字表面模型显示出很多遗址布局方面的特征。位于平坦地域中的青河城、鸡鸣城、走马岭等聚落拥有完整的城垣与环壕，聚落内部与外部的最大高差一般只有 2 米左右。石家河、城河、王古溜等聚落应该只是部分城垣的聚落，其中石家河遗址西部、南部等较高地带的城垣保存完好，王古溜遗址也是北部较高地带的城垣保存完好，而城河遗址是西部、南部较低地带的城垣保存完好。三个遗址中地表城垣的未完全闭合，如果从治水功能方面来分析，当时也是没有必要闭合的。

根据分析可以推测，屈家岭、荆家城、叶家湾等地势相对较高的遗址，其外围河道内水位上涨基本上不会淹没遗址的居住区，所以就没有必要修筑类似城垣的设施。青河城、马家垸、鸡鸣城等位于地势平坦地带的遗址，其内部与外部高差不大，外围河道内水位上涨很容易淹没遗址的居住区，所以必须修建完整的类似城垣的圩垸，才能保证遗址内居民的生活不会受到外围水位上涨的影响。

各遗址所处的自然环境差异很大，对周边地势与水资源的利用与治理模式也是见仁见智，不尽相同，体现了古人的智慧、理念与强大的创造力。总的说来，江汉平原及其周边的史前居民能够充分利用现有资源，并且灵活地加以改造，使其发挥最佳功能。

在生产力水平比较低下的史前时期，人们为了定居生存，首先必须选择、控制、管理好水源，才能够种植好农作物，史前文明才能够得以不断发展、壮大。为此，每个聚落都应该是史前人们悉心选择、权衡之后认为的理想场所，每个聚落也会为了适应周边环境而采取各自的应对方式。

总之，虽然有众多聚落同处江汉平原，但各聚落所处的局部自然环境不尽相同。由于古人对所处小环境中地势与水资源的认识和理解有差异，人们利用与治理环境的模式也是见仁见智，各有千秋，体现了史前江汉平原居民非凡的智慧、先进的理念与强大的创造力，他们能够充分利用有限的自然、地理资源，组织、协调人力加以改造，达到人与自然的和谐统一，创造了辉煌的屈家岭文化和石家河文化。

四、结语

运用无人机拍摄考古遗址的高重叠度数字影像，可以建立整个遗址的数字三维模型，导出高分辨率的正射影像图、数字表面模型等成果，以便在计算机中对整个遗址进行观察、分析和模拟，为遗址的结构、布局等研究提供精确的数据模型资料。在三维空间数据获取与资料分析方面，快速、全面地获取考古遗址的空间信息，为遗址的地形测绘、空间分析、数据存档等提供了高精度的数据支持，使提取与分析遗址的微地貌特征成为可能，为区域聚落考古调查、分析和古代人地关系研究探索出新的途径。

地处亚热带季风气候区的江汉平原，土地肥沃，降水量丰富，但特殊的地理环境导致初夏季节经常会出现特大暴雨，导致洪涝频发。夏秋之交又常常出现伏旱和秋旱，对人类生存和农业种植均构成很大的威胁。为此，史前人类为了能够在江汉平原繁衍生息，需要基本掌握气候、水源、环境等多项特征，审慎地选择合适的居住与耕种地域，对自然环境中的水资源进行合理整治、管理、调配，才有可能享受定居生活，然后在居所周边进行农耕种植，饲养家畜，达到人与自然环境的和谐统一。人们有了稳定的居所与耕种地域，丰衣足食，才会出现复杂的社会分工，人类文明才有可能诞生和发展。

江汉平原的史前文明肇始于油子岭文化晚期，人们开始在低山丘陵与湖沼平原的交会地带建设家园，整治农田，兴修水利，积极应对洪涝与干旱灾害，确保拥有持续稳定的农业收成，为人口发展和社会分工奠定了良好的物质基础。随着屈家岭聚落群的强势崛起，屈家岭文化以崭新的面貌横空出世。随后城河、陶家湖等聚落群相继形成，随着治水文明的不断演进，史前人类社会治水方面的设计、协调、管理、实施等能力不断提升，土地对人类社会的回报越来越丰厚，石家河聚落群等不断壮大，社会复杂化程度稳步推进，江汉平原的史前文明达到巅峰阶段。

江汉平原及其周边区域大河纵横，外围有高山阻隔，中部是水患频繁的大泽，平原周边的山前交错地带适于种植水稻等农作物，天然资源较为丰富。生活于其中不同区域的史前人类不易受到外界侵扰，能够安然地探究农业种植和水利设施建设，社会安定祥和，史前文明有序发展，聚落规模不断扩大。很多重要聚落的外围只是通过自然河道或人工壕沟环绕，多个聚落群的出现可能表明群内聚落的功能和等级有所划分，防御方面或许并不需要建设防御类的设施。

本文运用江汉平原的多种田野考古与空间信息方面的资料，结合无人机拍摄、遗址三维重建与空间模拟等技术，试图探讨江汉平原的史前人类如何认识、适应、改造自然环境，推进史前文明的诞生和发展。由于江汉平原历来都是人类繁衍生息的场所，史前人类创建的多种人工设施都已经遭到不同程度的破坏，加之对大量遗址开展的田野考古工作很少，导致很多遗迹无法准确判断是否为史前人类所创造。所以相关研究只能根据现有的田野考古工作成果，结合现代最新科技手段，尽可能地获取并运用多种信息资料进行分析研判，最后还需要通过田野考古调查、发掘、采样、测年等方式进行最终确认。

湖南澧阳平原史前遗址群机载
激光遥感测绘成果

Airborne Laser Remote Sensing Survey and Mapping of
Prehistoric Sites in Liyang Plain，Hunan

贾英杰[1]、赵亚峰[1]、王少华[2]

1 湖南省文物考古研究院，长沙，410000
2 武汉大学，武汉，430079

遥感考古是始于 20 世纪初的一种航空考古技术，是以各类飞行器为平台，在高空利用波谱和可见光认识、探测地表或地表以下保存的古代遗迹，并将得到的数据通过计算机、地理信息系统、全球定位系统等技术在室内进行数字化的分析、研究，进而利用考古学的方法进行整合、虚拟和复原，开展包括资源、社会、人文等全方位的保护和研究。现代遥感考古作为考古学的一个分支学科，在考古中主要应用于古代大规模遗址的勘察、地下遗迹的勘察、水下考古、环境考古和城市遥感考古等几个方面。遗址的调查是考古工作的前提，只有发现遗址，考古工作者才可以对其进行勘探和发掘。而传统的遗址调查方法，需要耗费极大的人力和物力，而且效果往往不明显。利用遥感技术，人们就可以对大范围的遗址进行调查，不仅可以节省成本，而且有利于对遗址宏观上的把握。

历史上有记载的第一次遥感考古是 1906 年英国军官 H.P. 沙普在军用热气球上拍摄史前巨石阵遗址。之后，考古学家就在航空照片上发现了城市中的古代建筑遗址及原野上的古代建筑遗址。

在湖南有一块美丽而又神奇的土地——澧阳平原，到目前为止，这里已查明有 500

多处史前和商周时期遗址。其古文化遗址分布之密集，种类之齐全，在湖南乃至全国都极为罕见。[①]用遥感的手段去研究这些遗址，是否能给研究者提供一个新的视角？

一、澧阳平原遥感考古项目的缘起、实施与成果

1. 缘起

澧阳平原位于洞庭湖西北岸，三面环山，地势西高东低，澧水从其南部自西向东流过。东部与洞庭湖平原连为一体，南北两侧是低岗丘陵，往西则是云贵高原东延部分武陵山之余脉。其三面环山的地形特点使得它既与开阔的洞庭湖平原相连接，又自成一体，构成一个相对独立的地理单元。此处南北平均宽约 25 千米，东西长约 70 千米，地势平坦，河网密布，间有隆起的相对高度不足 10 米的小岗地。古往今来，这里是人类繁衍生息之所。近三十年来，在这一带所开展的田野工作为考古学研究提供了诸多重要启示。

首先，这里作为冲积平原的南方黏土地区，具备了衍生农业文明的基础，其自然生态为古老文化的萌生与发育提供了前提。其次，通过田野考古工作，已得知这里自旧石器时代早期开始，到新石器时代末期，古文化谱系具有其独特的完整性、系统性和连续性，每一文化阶段都有为数众多的遗址相对应，并且都已做过一定的田野工作。其中的某些遗存所折射的文化信息，还是当今考古学领域的前沿与热点课题，如新旧石器的过渡和农业起源、聚落的演进、环境的变迁及对人类的影响、复杂社会的产生、古城的兴起与文明起源等，在这里都有其研究的对象。这在其他区域是极鲜见的。[②]

2011 年 4 月 29 日，国家文物局做出《关于澧阳平原片区史前遗址群考古工作计划的批复》（文物保函〔2011〕727 号），明确指出应做好遗址区整体测绘与影像资料的采集，并建立统一的考古资料数字化管理系统。

为落实国家文物局对澧阳平原片区史前遗址群考古工作的指示，我们引入并采用了机载三维激光扫描高清遥感系统（LIDAR），它由空中测量平台（飞机）、三维激光扫描仪、全球卫星定位系统（GNSS）、惯性导航测量单元（IMU）、航测数字相机、高性能计算机及集成空值存储系统组成，通过航测获取高精度地面高程数据和高清晰影像数据，其独特的滤波技术可以过滤地表树林等植被要素，使裸露的地表信息完整展现出来，在寻找和发现遗址，研究遗址空间分布等方面能呈现巨大优势。[③]

2013—2019 年，湖南省文物考古研究所（2022 年 7 月改为"湖南省文物考古研

究院")与武汉数文科技有限公司对澧阳平原约 1623 平方千米区域分两期进行了数据采集（图 1），并于 2019 年 12 月移交数据成果。

2. 实施

第一期是 2013—2014 年实施的，这是我们引入机载激光扫描仪对澧阳平原进行数字化采集的第一次尝试，航测区域范围相对保守，范围包括城头山与鸡叫城在内的澧阳平原核心区域，航测面积 230 平方千米。其地貌特点为平原微丘，多水泊溪流。

这次航测所使用的飞机为大棕熊 100 型号，搭载 RIEGL VQ-1560i 激光雷达航摄仪。为了满足点云密度 ≥ 4 点 / 平方米，影像分辨率优于 0.1 米的精度，航高确定为 1100 米。

开展一次航空遥感之前，都需要进行严谨的航线设计。在编制飞行计划之前，还需要收集该地区近几年来的气象数据、日照情况等数据，分析航摄的可行性，基本确认飞行月份后，我们联系了常德桃花源机场，确认其空域使用情况，最后于 2013 年 9 月 29 至 30 日，分两个架次完成外业的飞行工作，总计飞行时间计 10 小时 36 分。2013 年 9 月至 2014 年 8 月，对飞行采集回来的海量数据进行了内业处理，于 2014 年 11 月将成果交付湖南省文物考古研究所。

第一期的遥感成果很快便被深入应用于考古实践，特别在孙家岗等遗址的考古勘探、发掘及其数字化记录与管理方面，有关成果发挥了积极有效的重要作用，让考古工作者对遥感在考古工作中能够起到的作用有了更深入的理解。而对于澧阳平原这一体量的史前遗址群而言，第一期的范围过小，不足以支撑整个澧阳平原的考古学研究，于是我们申请了第二期的航拍扫描项目。

第二期项目选取了更大的航测范围，加入了临澧县部分区域，范围包括澧县 670 平方千米与临澧县 723 平方千米，覆盖了澧水两岸以平原和岗地为主的广大地区。

与第一期准备工作一样，经过前期比较漫长的

图 1 两期遥感扫描的工作范围

空域协调工作，航测人员于 2019 年 6 月 15 日至 7 月 3 日分四个架次完成了两个区域的航测工作，同年 12 月湖南省文物局组织专家对该项目完成了预验收。

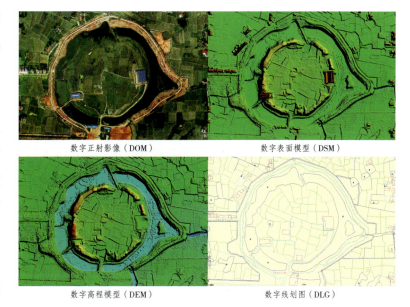

数字正射影像（DOM）　　　　数字表面模型（DSM）

数字高程模型（DEM）　　　　数字线划图（DLG）

图 2　四种数字成果

不同于普通的无人机航拍，搭载机载激光扫描仪的遥感成果不仅只有光学航拍这么简单。

3. 多元化的遥感成果

这次遥感勘探的成果主要分为七大项：原始影像数据、分类后点云数据、数字正射影像（DOM）、数字高程模型（DEM）、数字表面模型（DSM）、数字线划图（DLG）及三维电子沙盘（图 2）。

数字正射影像（DOM）可以理解为一张照片平面图。区别于普通的航拍照，DOM 是一张经过空间矫正的图片，每一个点都包含空间信息，且去除了镜头畸变，是一张"平铺"的高空航拍照。

数字表面模型（DSM）和数字高程模型（DEM）都是模拟地面数字信息的模型，不同之处在于 DSM 体现的是地表表面，保留了包括房屋、树木植被等高度信息；而 DEM 则是过滤掉地表之上的附着物，只保留地表高程信息的模型，反映出真实裸露的地形要素。在考古应用中，数字高程模型能够呈现出遗址的轮廓信息，是非常重要的参考成果。

数字线划图（DLG）通常可以理解为线图，即由点、线、面组成的矢量图。其数据量小，方便查询、量测，便于图层管理和使用，能进行各种空间分析，并能在后期制作生成专题地图。

二、璀璨的史前城址

有学者认为，城址是由环壕土围聚落发展而来，即围绕聚落开挖壕沟时，将挖沟所产生的土堆于环壕内岸，所形成的环绕聚落的土垄式围墙成为城的雏形，而后伴随社会发展逐渐形成以墙垣为主或墙垣、壕沟并重的防御体系[④]，之后它又慢慢被赋予更多的功能，发展为集防御、运输、灌溉等复杂功能为一体的城壕体系。

在澧阳平原这片广阔的史前文化土壤里，已经发现了早晚相接续的两座城址，即城头山和鸡叫城，它们都是其所处时代澧阳平原区域的中心聚落。时代较鸡叫城城址晚些的孙家岗遗址，虽未发现城墙，但为一处规模巨大的环壕聚落，从中曾出土大量精美玉器，也是其所处时代澧阳平原区域的重要中心性聚落。

利用遥感生成的成果去剖析这些遗址，能为研究者带来怎样的惊喜？

1. 孙家岗遗址

孙家岗遗址位于湖南省西北部常德市澧县城头山镇大杨村。遗址本体位于一比周围高出约1~2米的岗地上，该岗地北临澹水故道，南距澧水约10千米。岗地略呈椭圆形，东南—西北向，长700余米，宽300余米，总面积约22.9万平方米。

孙家岗遗址于1986年全国第二次文物普查时被发现，当时分别命名为孙家岗遗址和孙家岗墓群两个文物点。1991年11~12月，湖南省文物考古研究所会同澧县文物管理所对位于岗地东南部的孙家岗墓群进行了考古发掘，出土了众多遗迹遗物，其中包括一对精美的透雕龙、凤玉佩。2006年，孙家岗遗址和孙家岗墓地合并为孙家岗遗址；2013年，孙家岗遗址被公布为第七批全国重点文物保护单位。[⑤]

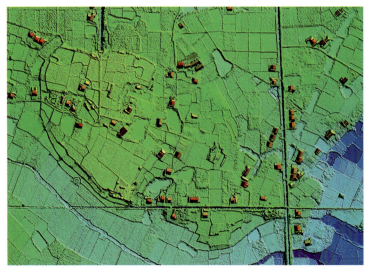

图3　孙家岗遗址数字表面模型（DSM）

孙家岗遗址从数字表面模型上看，其"岗地"的特征分外明显，西南似乎存在一条圆弧形"壕沟"（图3），根据数字表面模型的成果，湖南省文物考古研究院组织人员对孙家岗遗址所在岗地及其周围区域进行了全面细致的考古钻探，采用统一坐标系统，利用RTK放样的方式系统化钻探，并将勘探坐标加载到数字表面模型（DSM）图上，基本摸清了该遗址的结构布局与功能分区，并标识于图：

遗址整体位于西北—

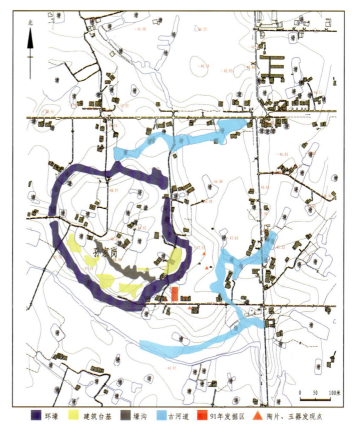

图4 孙家岗遗址钻探成果[⑥]

东南向的长椭圆形岗地上（图4）。岗地西部大约四分三的区域，地势相对较高，文化堆积丰富，是该遗址的遗址区，其外围有环壕围绕。遗址区中南部发现有系列人工筑土台基和壕沟等遗迹，应该是当时的居住区。北部堆积情况复杂，可能存在多处可与环壕相连通的水域。遗址区外围的环壕与自然河道相连通，并在西部和东北部留有进出遗址区的通道。环壕以东，岗地东部大约四分之一的区域则为遗址的墓葬区，岗地东缘还发现有古河道遗迹，与岗地南北边缘及东部环壕一起构成墓葬区的边界。[⑦]

在孙家岗的考古与勘探中，遥感成果与GIS相结合后体现出强大的空间分析能力，例如在系统性考古钻探中，将所有探孔加载到成果图上，能够更好地将地标信息如高程起伏、水系分布等纳入分析，通过DOM与DEM相结合分析环壕与河道的分布，使我们能更准确地把握大型遗址的位置、形状与走向。

2. 城头山遗址

城头山遗址位于湖南省澧县县城西北部，澧阳平原之西，是长江中游地区一处重

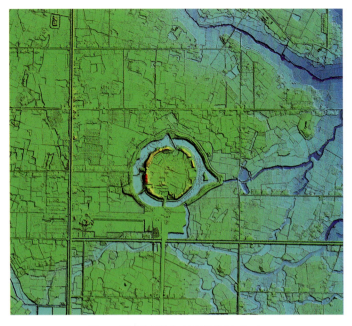

图 5　城河遗址数字表面模型（DSM）

要的新石器时代遗址。20世纪 90 年代，考古工作者在该遗址发掘出四个时期的城墙与环壕或护城河，其中第一期城墙与环壕的时代距今超过 6000 年，城头山也因此被认为是迄今为止中国境内发现的最早的城。[⑧]湖南省文物考古研究院多次对其进行考古发掘，最重要的是发现了大溪文化至屈家岭文化时期先后四次修建的城壕或城墙与护城河系统，在考古揭示的城墙系统后，我们试着用高空视角解读这座城址。

从数字高程模型上看，城头山遗址的现存城墙与环壕系统非常明显，无论遗址西部与北部护城河中预留出作为通道基底的生土隆起、在西部及西北部护河内侧留出的生土平台，还是修筑城墙时在特定位置留出的豁口，以及控制各段护城河的挖掘深度和划分取土时的作业区，都能在 DEM 图上窥见一二，这对于一个遗址宏观上的研究意义重大（图 5），更印证了多年的考古成果，为考古研究提供了崭新且重要的证据。

3. 鸡叫城遗址

鸡叫城遗址位于湖南省澧县县城北约 12 千米的鸿南乡，在澧阳平原中部，北距澧水支流——涔水约 3 千米，西南距城头山古城遗址约 15 千米。

鸡叫城城垣大致呈方形，东西长 400 米、南北宽 370 米，面积约 15 万平方米。城墙以西、北二墙保存较好，宽约 40~60 米，东墙南段及南墙因农民取土做砖，已破坏殆尽。西墙高出墙外水田近 4 米，城内地势高出城外 2~3 米。城外有宽约 40~70 米的护城河环绕，尤以西、北、南三面最为明显。护城河与涔水支流在城西北汇合，并与北墙中部缺口相呼应。[⑨]

现在的研究表明，鸡叫城与城头山可能存在继承关系，新石器时期屈家岭文化后期，因气候变化与水文环境变迁，平原的聚落中心从城头山迁移到鸡叫城[⑩]，并在城头山遗址成熟的建造能力基础上，鸡叫城发展出更为复杂的水渠系统，那么鸡叫城对比城头山，在遥感影像上又能体现出什么不同的现象？

　　在数字高程模型图上可以清晰地看出其多重环壕与放射形的水渠，体

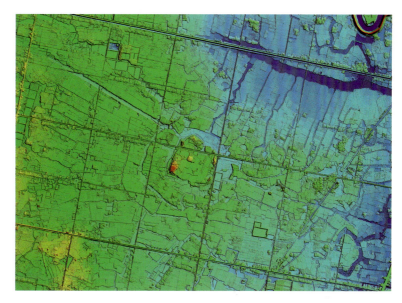

图 6　鸡叫城数字高程模型图（DEM）

现出鸡叫城先民治水的强大宏观调控能力，这些环壕、水渠同时也影响周边的史前聚落，在模型图上我们得以窥见一个以鸡叫城为中心的史前聚落群（图 6）。

三、回顾历史的种种尝试

　　对高空遥感的分析并不只是查看图片和利用影像学研究遗址轮廓这么简单，利用专业的 GIS 工具能更加深入分析遗址的构造逻辑及空间拓扑关系。

　　前文提到古人对建造城墙与壕沟有着高度的智慧，我们利用水淹模型来模拟洪水来袭时，古人建造的城址是如何防洪的。

　　从考古结果来看，城头山的表层土（现代农作层）并不厚，在做洪水分析时，可以将现有地表（数字高程模型）粗略看成古代地表高程，把城外的平均高程设为初始水位线（图 7 左），假设此时处于洪水季节，水位被抬高两米，通过 GIS 软件模拟水位上升时的情况（图 7 右），从结果图中可见城头山遗址城内由于地势高于城外，加之城墙的保护，大部分区域并不会被洪水淹没。这一结果一定程度上反映出城头山先民在建造城址时，对城内及城墙的高度是有防洪方面的考量的。

　　人类的生活总是离不开水，大多数的遗址都建立在水源附近，接下来我们试着分析遗址点与河流、水系之间的联系。为了弄清水系是如何影响遗址的分布，我们引入

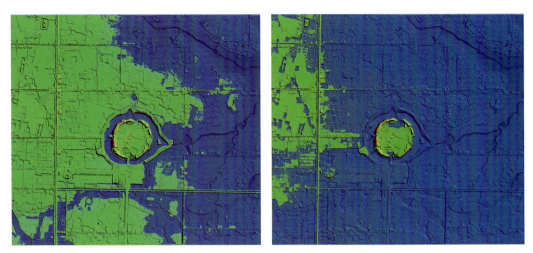

图 7　城头山水淹模拟实验（左为初始水位，右为水位上升 2 米的水位）

缓冲区这一概念。缓冲区，即 GIS 中基本空间要素、点线面实体周围建立的具有一定宽度的邻近区域，可以用邻近度来描述地理空间中两个地物距离相近的程度，它是解决相邻度问题的分析工具。[11]

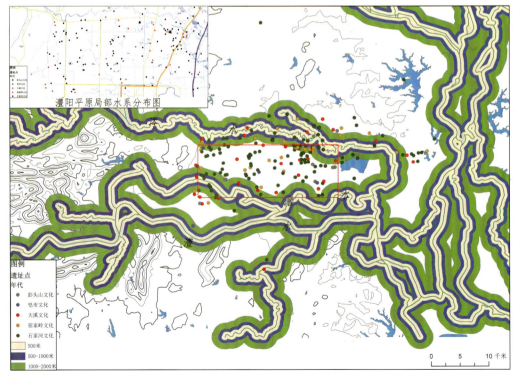

图 8　澧阳平原遗址与河流缓冲区分析

　　利用河流的缓冲区与遗址点的拓扑关系，来验证遗址点与水源距离是否存在某种关联，为此我们选取彭头山到石家河时期的遗址作为样本。

　　现在，我们根据遗址点与河流的分布建立2000米的缓冲区查看结果，从图8中可以看出，遗址点大多分布于大型水系附近，但在澧水以北、涔水以南的区域也存在很多的遗址点。这一区域现存大量水渠、支流等，错综复杂，很可能从古时候开始，该区域就存在众多的水源并孕育了很多人类的生活遗址。经过长年累月的人类活动，一直延续至今，但这些水系大多较小，是否还与古河道保持一致较难考证，所以在缓冲区分析时去除它们，以排除不确定的因素。

　　对缓冲区内的遗址做进一步距离分析，建立几个距离区间来统计分析，我们得出以下结果：

　　对河流做500米的缓冲分析，有20个遗址落在范围内，其中1处彭头山文化、3处大溪文化、2处屈家岭文化、14处石家河文化；

　　对河流做500~1000米的缓冲分析，有17个遗址落在范围内，其中3处大溪文化、2处屈家岭文化、12处石家河文化；

　　对河流做1000~2000米的缓冲分析，则有60个遗址落在范围内，其中2处皂市文化、5处彭头山文化、5处大溪文化、14处屈家岭文化、34处石家河文化。

　　通过对比，可以得出比较确定的一点是：绝大多数遗址都建立在水源附近，大多数分布在距河流2000米范围之内，其中离河流1000~2000米范围分布最多，而几个时期文化在几个距离分区分

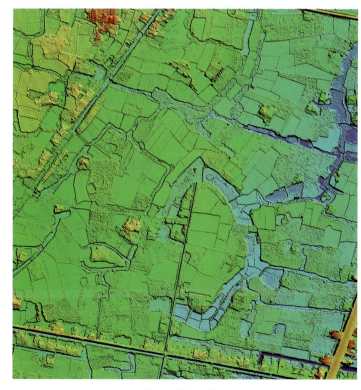

图9　鲁家山遗址

布较为平均，但未发现明显规律。

四、探索与发现

澧阳平原机载激光扫描项目所提供的观察问题的新角度，可以让考古工作者去思考和理解遗址的空间分布、壕沟的走向、城墙的防水功效等，并使其在研究聚落遗址时能更加宏观地研究问题。遥感成果中的数字高程模型（DEM）在考古调查中亦能帮助我们更快找到新的遗址，例如鲁家山遗址的轮廓就可以用DEM图直接查看出来（图9，见上页）。

孙家岗、鸡叫城等遗址的考古发掘正在逐年进行，考古遥感在发掘工作中的应用还略显稚嫩，相信随着考古工作的继续，这次机载激光扫描将提供更多有意思的成果，并为研究潇湘大地乃至中国文明史进程做出重大贡献。

注释：

① 郭伟民：《澧阳平原——南方文化的摇篮》，《人民日报》（海外版）2010年11月2日。

② 郭伟民：《澧阳平原的考古学启示》，《中原文物》2005年第6期。

③ 湖南省文物考古研究所：《澧阳平原机载激光遥感测绘与考古应用》，《中国文物报》2017年7月28日。

④ 肖宇：《中国史前城址研究综述（1999~2016）》，《常州文博论丛》2016年第00期。

⑤⑥⑦ 湖南省文物考古研究所：《湖南澧县孙家岗遗址2015年钻探简报》，《江汉考古》2018年第3期。

⑧ 赵亚锋：《浅析城头山遗址屈家岭文化时期城墙与护城河的修建》，《湖南考古辑刊》2015年第00期。

⑨ 尹检顺：《澧县鸡叫城古城址试掘简报》，《文物》2002年第5期。

⑩ 陈乐琳：《史前聚落与水系关系研究——鸡叫城对城头山的继承发展与规划思想萌芽》，《建筑与文化》2019年第3期。

⑪ 刘建国：《考古与地理信息系统》，科学出版社2007年版，第56~57页。

皖南沿江地区遥感考古新发现

New Discoveries of Remote Sensing Archaeology Along the River in Southern Anhui

钱静轩

中国国家博物馆，北京，10006

位于长江下游的皖南沿江地区，地处长江与皖南低山之间。北临滔滔长江，南倚巍巍九华山和黄山，地势自西南向东北逐渐倾斜。南部为绵延的山地和丘陵，其间散布着众多面积不等的山间盆地和冲谷，溪涧从山上流淌而下，汇聚成一条条蜿蜒的河流，逶迤北向；北部为沿江平原，大体呈西南—东北走向，西段地近山地前缘，局促且狭长，东段为大片的泛滥平原，宽阔而坦荡。从地理位置上看，这一区域西接鄂赣，东通宁镇，北与江淮大地隔江而望，是联系长江中游与下游、江南与江淮的中间地带，是文化交流的重要通道。自 20 世纪 80 年代以来，考古工作在皖南沿江地区日益深入，土墩墓群、古矿冶遗址、台形遗址和古城址的陆续发现，逐渐为我们勾勒出一张丰富多彩的古文化长卷，反映出远在 3000 年前的西周时期，这里曾经历过一个相当长的繁荣阶段。这些发现屡屡刷新我们的认知，更为研究青铜时代皖南地区文明的发展进程提供了重要材料。

我国的遥感考古起步于 20 世纪 80 年代，安徽是最早在考古工作中运用遥感技术的省份。对安徽寿县战国楚都寿春城的勘察[①]，是一项颇为成功的案例，清楚表明了航空和遥感技术在考古工作中的巨大潜力，在我国遥感考古事业上具有发轫之功。至 90年代中叶，安徽又利用遥感技术在皖南沿江地区开展了一系列考古调查工作，效果十分明显，直接推动了一批商周时期土墩墓群、台形遗址和古城址的发现。[②]2013 年以来，中国国家博物馆联合安徽省文物考古研究所在皖南沿江的铜陵、池州、芜湖等地，开展了一系列针对古代矿冶遗址的考古调查，不仅取得了一些新的发现和认识，更实践了无人机低空航拍与地面踏查相结合的工作方法，为认识皖南沿江地区商周时期文化遗存提供了崭新的视角。

一、古墓之谜——土墩墓群的发现

土墩墓是我国东南地区一类颇具特色的墓葬形式，以"封土成墩"为最突出的特点。这一类墓葬在我国东部地区分布广泛且延续时间长，在中国青铜时代考古研究中占有一席之地。因最初发现于长江下游的江苏南部地区，故名之为江南土墩墓。20世纪80年代以来，随着各地考古工作的深入开展，不仅在苏南，还在安徽、上海、浙江、江西以及福建北部等地也相继发现了土墩墓或类似土墩墓的遗存，但各地的土墩墓在结构形制和文化面貌上存在一定差异，源流年代和族属性质也不尽相同。迄今为止，关于土墩墓尚有很多难题并未解开，研究者们对诸多问题的认识也存在争议，这使得江南土墩墓成为考古学界的一大谜团。

安徽南部是土墩墓的密集分布区，在皖南山地的前缘地带，丘陵岗阜之上，土墩墓或集中成片，或分散矗立，与秀美的山川相映成趣，蔚为壮观。这其中又以南陵、繁昌两县区所在的漳河流域最为密集，是皖南土墩墓中非常具有特色的一个地方类型③。它的发现和确认，始自南陵县葛林乡（今为籍山镇葛林村）的千峰山。1983年，南陵县的文物工作者在这一带进行考古调查，发现数以千计的土墩坐落于条条山岗之上，密集分布，排列有序，"千峰山"之名即来源于此。据了解，当地村民历年盖房筑屋平整这些土墩时，常在土墩底部挖出一些印纹陶器、原始瓷器。结合江苏南部土墩墓的发现情况，文物工作者初步判断——在千峰山一带分布着一处大规模的土墩墓群。④1984—1985年，安徽省文物考古研究所在千峰山开展了考古发掘，选择三个不同地点，发掘土墩18座，清理其中墓葬19座，收获了一大批遗物，并对土墩墓的埋葬特点及其文化内涵有了初步的认识。⑤自此以后，类似这样的土墩墓群在南陵及其邻近的繁昌、青阳等地发现了几十处，恰如"千峰山"是对土墩墓群形象的描述一样，像繁昌县（今为芜湖市繁昌区）的万牛墩、南陵县的九龙包，这些代代相传的小地名也留下了土墩墓的重要线索，并得到了考古调查的确认：其上都坐落着成百上千座土墩墓。

　　由于土墩墓大多分布在低山丘陵地带，地形复杂多变，而且地表植被保存较好，考古人员在野外调查中都需要熟知当地情况的村民带路，否则很容易迷失方向，这给野外调查和遗迹测量工作造成了很大困难。加上有些墓群分布范围甚广，土墩排列密集，即便经过仔细调查，也很难统计清楚土墩的数量，搞不清墓地的范围，无从了解墓群的布局规律，这极大地限制了研究工作的深入开展。为解决这一困境，学者们积极尝试和运用新方法开展调查工作。20 世纪 80 年代末，江苏的考古工作者与遥感学者合作，在江苏镇江和环太湖地区利用遥感技术发现了大量土墩墓群和台形遗址。[⑥]在这一成功案例的启发下，1996 年安徽省文物考古研究所联合安徽省地质遥感中心、华东师范大学等单位，启动了"皖南遥感考古"课题，借助遥感技术开展了对皖南地区土墩墓群和台形遗址的调查研究，并以南陵县作为试点，取得了十分理想的效果——在南陵县发现土墩墓群 23 处，可确认的土墩墓达 3019 座。[⑦]具体的工作方法，可以千峰山土墩墓群为例：

　　首先，在室内对航片进行初步解译。选用 1982 年 11 月的彩红外航片（图 1A），因航片的拍摄季节为初冬，地表植被较稀疏，能很容易发现丘陵岗地上密集分布的土

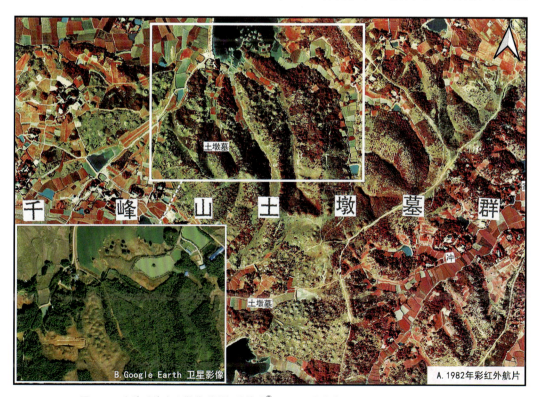

图 1　A. 南陵千峰山土墩墓群彩红外航片[⑨]　　B. 谷歌地球（Google Earth）卫星影像

墩墓，借助立体像观察以增强微地形的立体效果，将土墩逐个识别出并标注于地形图之上，绘制出解译草图。其次，结合以往的调查和发掘情况，仔细分析航片，归纳出土墩墓在航片影像上的色调、形状、大小及周边环境等特征，建立土墩墓的解译标志。随后，前往现场进行踏查验证工作，对室内解译结果进行评估和校正。经过多次反复的解译—校正—再解译—再校正，最终形成调查结果。在千峰山地区，总计确认出的908座土墩墓，主要分布于山脊和较缓的山坡及山脚地带。⑧

此次遥感考古调查基本摸清了南陵县一带土墩墓的分布情况，而且借助航片提供的高空视角，对土墩墓的宏观分布规律和选址特点也有了初步的认识，极大推动了漳河流域乃至整个皖南地区的土墩墓考古和先秦时期古文化研究。同时，这次调查也充分展示了历史航片在考古研究中的重要作用。时至今天，尽管对地观测技术已有了巨大飞跃，我们可以借助高分辨率的卫星影像对土墩墓进行观察（图1B）。但由于这些老航片的拍摄年代早，土墩墓群和地貌环境尚未因经济建设受到大规模破坏，保存较为完整，而且地表植被也不如今天这般密集，所以依然是弥足珍贵的资料，对于今后的研究工作仍具有重要的参考价值。

随着考古调查和发掘材料陆续公布，漳河流域土墩墓吸引了学界的普遍关注。2010年，为配合京福高铁的建设，安徽省文物考古研究所在南陵县龙头山、画眉两地点发掘土墩墓100座，从中获得了一批重要的材料⑨，加深了我们对这一区域土墩墓的了解。综合以往的认识，漳河流域土墩墓的典型特征包括⑩：

1. 坐落于海拔30~90米的丘陵岗地上，多以墓群形式出现，少则几座，多则数百乃至上千座，在山脊上呈串珠状排列或在山坡和山脚地带成片分布；

2. 土墩墓外形为浑圆的馒头状圆丘（图2），大小不等，平面形状为圆形或椭圆形，

图2　南陵县戴汇东毛山土墩墓

现存底径最大的接近 30 米，最小的不足 5 米，以居于 8~10 米和 11~14 米的最为常见；

3. 营建过程大致分为清理地表—整平地面—做墓埋葬—取土堆筑等步骤，在封土中时有石器和碎陶片出现；

4. 埋葬形式以一墩一墓为主，有少量的一墩两墓或一墩三墓，还有一定数量的空墓；

5. 墓葬多不挖墓坑或只挖浅坑，墓底多以小石子或黏土铺垫，也有部分以碎石块铺垫出石床；

6. 墓葬内均不见人骨和葬具（图 3A），每墓出随葬品以 1~10 件不等，器物以陶器和原始瓷器为主，皆为实用器，常见的器物组合有印纹硬陶双耳罐、陶盉、陶盂、瓷豆或陶豆等（图 3B），虽偶见青铜器，但多为削、环等小件，青铜容器极为罕见；

7. 土墩墓的年代在西周早期至春秋早期之间，从随葬陶器和原始瓷器的器形及作风上看，其文化面貌具有很强的区域性文化特征，以曲柄盂、束腰平底双耳甗、平裆鬲、双耳高领印纹硬陶罐为代表的器物群，具有鲜明的地方特色。

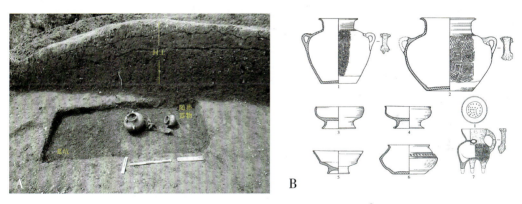

图 3　南陵县龙头山土墩墓 D13M1 及出土器物 ①

在取得这些认识的同时，也应看到以往的研究重点多集中在对土墩墓本体的分析研究上，而对于埋葬制度的另一重要内容——墓地布局，学者们鲜有讨论。这导致大量问题有待解决，其中包括：墓地的空间形态与地貌环境是怎样一种关系？墓群的性质是什么？这些墓群反映了一种什么样的社会群体和组织？墓群之间、墓群内的土墩之间又是怎样一种关系？现有的材料还不足以回答这些问题。以往的调查记录方法，多是将遥感解译发现或地面踏查确认的土墩墓，以点的形式标注于大比例尺（5 万分之一）的地形图上，这就仅能表现出土墩墓之间的相对位置关系，缺乏对墓群整体的把握和考虑，更丢失了大量土墩墓的细节特征及其周围丰富的地形和环境信息。

近几年来，随着微型无人机的迅速发展和普及，作为一种高效的信息记录和空间测量手段，无人机也被广泛应用于考古工作中。应用无人机航拍土墩墓群，获取不同高度的垂直或倾斜影像，全方位采集墓群的空间地理信息，能够为研究者考察土墩墓群的布局特征提供最为直观的资料。经过反复实践，在30~45米高度拍摄的倾斜影像，能够较好表现出土墩墓隆起于地表的特征，并且清晰反映出它们与局部环境间的关系（图4）。更有价值的是，航拍获取的高清数字影像，借助多视角影像重建软件，在短时间内即可完成土墩墓群三维模型的制作，生成高分辨率的正射影像和数字表面模型等数据成果，事半功倍地获取考古研究、文化遗产保护和博物馆展览所需要的资料。研究者可以运用地理信息系统软件，增强数字表面模型的立体效果，以提高遗迹的可视性（图5）。对墓群特征进行空间统计分析，在此基础上，再结合有针对性的实地调查，能够更全面地认识土墩墓群的微观分布形态和墓地的埋葬布局，并从景观考古的角度洞见墓群的文化意义及其背后所蕴含的人地关系。

从现已公布的材料看，在漳河流域共发现土墩墓群56处，单体土墩墓的数量达上

图4 南陵小乔村等土墩墓群航拍影像

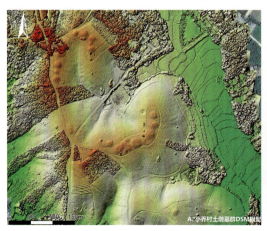
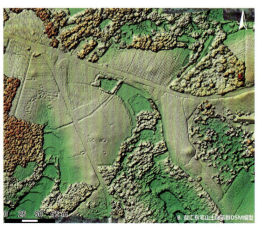

图5. 土墩墓群航摄影像及数字表面模型（DSM）

万座。[⑫] 借助高分辨率的卫星影像，我们在南陵及周边县区新发现了 10 余处土墩墓群，尽管还有待现场确认，但可以肯定地说，目前掌握的土墩墓和土墩墓群数量还远未及漳河流域的全部，仍有为数不少的土墩墓坐落在岗丘之上，隐藏在茂密的树林中，等待着我们去发现和保护，也还有很多谜团等待着我们——解开。另一方面，如此大量的土墩墓成群分布，形成了一个个相对独立的墓葬区，那么是什么人在此长眠？他们生前又在哪里居住和活动？换句话说，与土墩墓群相对应的这些先民的居住生活区又在哪里呢？

二、最早的皖南古村落——商周台形遗址的发现

现代人看重生态宜居，强调人地关系和谐。同样，古人在建立聚落时也会综合考虑大量因素，以选择最为适宜的栖居环境——既要自然条件优越，又能为他们的生产和生活提供足够稳定的保障。根据近几年来的考古调查，皖南沿江地区商周时期聚落的主要形式，为傍山临水的台形遗址或称墩台遗址。凡具备合适的地理条件，它们一般都有分布，相比之下，岗地或坡地型遗址并不占多数。这些墩台距离现在的村庄不远，当地村民称之为墩子。不要小看这一个个小墩子，远在 3000 多年前，它们就是这一带先民们理想的居住地。

根据皖南沿江各县区的普查情况，有相当数量的台形遗址分布于丘陵和平原间的过渡带。它们一般位于流入长江的河流及其支流小河的两岸，也有一部分沿河流上溯到低山丘陵腹地，坐落于河流谷地或山岗间的小盆地中。绝大多数台形遗址是由人工在平地上堆筑起来的，也有少量是利用了独立的小丘或山岗伸向平原的尽头加以改造而成。墩台在使用过程中不断升高，至今仍普遍高出周围地面大约 1~5 米，兀立于农田中颇为显眼。由于农业生产中的平田整地，墩台大部分已遭到蚕食破坏，形状多已不全，较为规整者以近似椭圆形为多，少量为条形。顶部较为平坦，边缘大多为漫坡，或呈阶梯状。墩台现存面积大小不等，小的不过一两千平方米，甚至仅为几百平方米，而大一点的在一两万平方米，总的来说体量都不大。从调查和发掘情况看，墩台的文化堆积并不厚，有些还不足 1 米，但也有少数高大的墩台，厚度在 3 米以上。部分墩台的外围有水塘环绕，并与近旁的河流相通，它们有可能为堆筑时取土而成的壕沟。台形遗址并不是孤立的，而是一系列的存在，常经由水道相互联系在一起，往往在相

对独立的小环境内形成遗址群。

皖南沿江地区经过大面积发掘的台形遗址并不多，发表出来的考古资料更少，尚难以对聚落的规划布局和经济形态进行探讨。但借助卫星影像和无人机航摄成果，我们有可能从墩台的分布特征和局部环境中看出一些端倪，并结合发掘和调查情况提炼出一些有价值的信息。铜陵师姑墩遗址是皖南沿江地区为数不多的发掘面积较大的台形遗址[13]，它因相当于夏商时期的文化遗存而备受学界关注。它位于铜陵东北部，地处沿江平原向丘陵过渡带上的一处小冲谷内。遗址北部不远为一片掌形山岗（鲇鱼山），南侧 200 余米有一条小河（中心闸河）由东向西流过，蜿蜒向北汇入黄浒河中。墩台呈较为规整的椭圆形，长轴约 140 米，近南北向略偏西，面积约7500 平方米。考古发掘的位置在墩台的中南部，揭露面积为 1300 平方米。遗址的地层堆积被报告分为早、中、晚三期，早期相当于二里头时期，在部分探方中分布，堆积有文化层、灰坑、沟、少量小坑及柱洞；中期相当于商时期，仅零星出现，文化层以外只有少量小坑；晚期为西周至春秋时期，是墩台的主体，堆积有文化层、灰坑、沟、水井、房址，以及大量柱洞、沟槽。综合这些情况看，发掘区内的二里头文化时期和西周至春秋时期遗存，应是聚落建筑居住区的一部分。此外，在这两个时期都发现了冶铜遗物，特别是西周至春秋时期还发现了铸铜的陶范和石范，因此推测聚落上还应该有进行铜矿冶炼的作坊。

距离师姑墩遗址不远处还发现有三处台形遗址，分别为夏家双墩、清泉双墩、神当头（神墩）—竹墩遗址，它们都是由相邻的一大一小两个墩子组成的双墩。四处遗址间的距离在 600~800 余米，其间还有水道相连，形成一片紧密联系的小型遗址群（图6）。有意思的是，三处双墩遗址中的"大墩子"，不仅形状同样近似椭圆形，且长轴方向也与师姑墩基本一致，都是南北向略偏西，面积大约在 1 万平方米（图7）。由此可见，墩台的形制应有较高程度的一致性，反映出它们在堆筑过程中很可能存在统一的规划。

夏家双墩和神当头也曾进行过小面积的发掘[14]，除未发现早于西周时期的堆积，遗存内容与师姑墩基本相同，也应是建筑居住区的一部分。此外，还发现了一些冶铜遗存，其中以夏家双墩发现的一座炼炉遗迹最为重要。根据我们的调查，清泉双墩的情况也大致如此。据此大体可以确定这一小型遗址群，至晚应是一处西周至春秋时期聚落群的遗存，其所处的山冲及周围的山岗应当是这个聚落群的直接领地，在规模上

图 6　铜陵师姑墩等遗址的分布（美国 CORONA 卫星 1969 年影像）

大致相当于村落这样的社会组织，而冶炼遗存的发现，说明冶铜手工业是这里聚落经济中的一个重要组成部分。

　　像这样几处台形遗址相聚成群的现象，在皖南沿江地区较为普遍，并由此形成了一个个大大小小的村落。有些村落的聚拢程度相当高，如南陵茅棚—下西遗址群。其位于南陵县西南部的山间谷地之中，青通河的一条支流七星河自北而南流经山谷，两侧为连片的丘陵岗地。遗址群坐落在七星河西岸，背山面水，地理条件优越。遗址群由大大小小 16 座墩台组成（图 8A），略呈西北—东南向沿七星河展布，延续近 1.2 千米，相互间的距离在 50~200 米不等。因受农业生产破坏，墩台的平面形状各异，现存面积

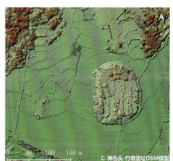

图 7　清泉双墩等遗址的数字表面模型（DSM）

图 8　南陵县茅棚—下西遗址群谷歌地球影像及数字表面模型

最小的不过几百平方米，最大的约有 6000 平方米，复原面积超过 1.1 万平方米。原先都应为较规整的椭圆形或条带形，长轴方向大体皆为南北向，靠北以东北—西南向为主，向南变为西北—东南向，与局部河道的走向基本吻合。推测每一座墩台都应是一处居住地，其上存在着独立的生产生活群体，虽彼此相对分离，但又组成一片面积很大的聚落居住区。河谷两岸有足够宽阔的平地以供耕作，周邻的低丘缓岗也为采集、狩猎、山伐等多样性的经济活动提供了有利条件，是生活资料和生产资料的重要产地。在岗地南部还发现有几处土墩墓群，它们应是这一聚落的墓葬区，与傍水而建的居住区共同构成了一个较完整的聚落体系。值得注意的是，从数字地表模型上看（图 8B、8C），临近七星河的几座墩台边缘都发现有清晰的水道痕迹，它们有可能为七星河故道或分汊河道。七星河作为这一村落与外界联系的重要通道，也应是聚落重要功能的组成部分。

三、皖南第一城——牯牛山古城遗址的发现

除台形遗址群所代表的中小规模村落以外，商周时期皖南沿江地区也开始出现一些面积很大的聚落遗址，这其中首推牯牛山古城遗址。遗址西距明清以来的南陵县城 4.5 千米，地理位置上正处于沿江平原的边缘地带，南靠丘陵岗地，北接漳河泛滥平原。这种选址特点有明显要兼顾丘陵区和平原区有利条件的意味，既占据了江南水乡的地

利之便，能够为农业生产提供优越的水热条件，又能溯河而上至丘陵山地获取木材和矿藏等重要资源。

牯牛山古城的发现和确认是 1996 年启动的皖南遥感考古课题的又一项重大成果。其实，早在 20 世纪 80 年代，考古工作者就已经对这处遗址有所关注，但由于地面踏查时视野较为局限，并没有注意到遗址外围环绕的水道，只认为这是一处有一定规模的台形遗址。但从空中观察就是另一番景象了——通过对航片的解

图 9　A. 南陵牯牛山古城遗址彩红外航片[⑰]
B. 谷歌地球卫星影像　C. 数字表面模型

译，发现在遗址东、南、西、北四面各有一条由水道形成的深色线状影像图斑，首尾相接而成一个不规则的长方形[⑮]（图 9A）。根据这一线索，1997—1998 年，安徽省文物考古研究所对古城进行了全面的钻探和小面积发掘，验证了航片上的深色线状影像图斑确为护城河遗迹，城内的布局特征也与遥感解译结果相吻合，因此基本确认其为周代的一处古城址[⑯]。

尽管古城遗址的发掘报告尚未公布，但借助新近的遥感影像和无人机航拍数据，再结合已发表的零星片段材料，我们可以对城址的结构有一个大致的了解。在 2016 年的卫星影像上，能看到在城址外围有一周较为规则的壕沟——由废河道、水塘、沟渠串联而成（图 9B）。尽管未见发现城垣的报道，但这一周的环壕可以作为护城河发挥防御作用。目前，护城河的西段南部和东段大部分已被淤平，南段和北段尚存，北段

保存较好，常年存水，最宽处有 30 余米。在南段中部、西段北部和东北角，各发现了一个豁口，它们既连接内部水道，又与外围发达的水道相通，推测是当时的水门。水门不仅可以起到引水和排水的作用，又可沿水道西至漳河，东达青弋江。从这些特点来看，该古城应是一座颇具江南特色的水城。

护城河圈围起来的城区南北长 900 米，东西宽 750 米，其内被水道分割为南北两部分，南半部地势较为平坦，北半部由五个墩台组成，是城址的核心区域。五个墩台分为南北两组，其间有水道相隔，形成多重空间（图 9C）。从钻探结果看，墩台的文化层深度普遍达到 3 米，北组第 1~3 号墩台东西排开，地层堆积情况颇为复杂，有较多的灰坑、灰层及红烧土堆，推测为聚落的生产活动区；南组第 4、5 号墩台，也发现有大范围的红烧土分布，并见有夯土痕迹，应该是这一聚落的建筑居住区。选择第 1、3 号墩台进行发掘，共揭露面积 200 多平方米，堆积分为三期，年代上限为西周早期，下限约相当于西周晚期或春秋初期，出土了大量陶器、原始瓷器、铜器和石器，还发现有少量炼铜废渣。古城西南 1 千米便是千峰山土墩墓群，从出土器物所反映的年代和文化面貌看，墓群与古城基本一致，应是古城的墓葬区。

古城的面积接近 70 万平方米，如此体量的城池在整个皖南地区都不多见，与普通的台形遗址相比，在规模和形制上差异立现。初步来看，古城内部存在着建筑居住区和生产活动区的划分，在城外也有与之相对应的大片墓葬区，聚落结构较为完整。联系其特殊的地理位置，推测它是一处区域性的中心聚落，称其为"皖南第一城"是名副其实的。

四、青铜时代铜工业基地——皖南古铜矿遗址的发现

先秦时期皖南沿江地区的文化发展经历了两次高峰，第一次出现于史前的崧泽时代[18]，第二次出现于西周至春秋时期。区别于第一次高峰期地区内部的发展不平衡，第二次高峰期的显著特点是整个皖南沿江地区普遍繁荣。这一时期，沿江平原由东到西都分布着大量聚落遗址，数量和密度都是空前的，甚至在南部低山丘陵腹地也出现了前所未见的经济社会繁荣景象。自此，皖南沿江地区彻底结束了始自新石器时期晚期以来的发展低谷，进入了经济实力迅速提升和人口数量激增的时代。特别是在丘陵岗地和沿江平原的交界地带，台形聚落遗址、土墩墓群如雨后春笋般密集成片涌现，

出土遗物也带有多种文化因素，反映出其同周边地区的联系与互动日益增多。

促成西周时期皖南沿江地区经济和文化迅速发展的主要动力，应是当地铜矿资源的开发。在夏商周三代，用于青铜铸造的铜矿料具有相当重要的价值。皖南沿江地区坐落于长江中下游成矿带上，区域内铜矿资源十分丰富。自 20 世纪 80 年代以来，在这里先后发现了众多古代矿冶遗址，其中又以铜陵、南陵两地的分布最为集中。特别是在铜陵狮子山、凤凰山和南陵大工山一带，有十几处年代明确可早至西周时期的采矿、冶炼遗址，围绕矿山呈辐射状分布，形成规模宏大的铜矿采冶生产区。矿石的开采已使用露采、坑采及二者相结合的方法，既采掘表层的氧化矿，也开采深部的硫化矿，冶炼技术也已达到较高水平。考古调查发现，这里以冶炼粗铜为主，产量巨大，炼铜废渣堆积多成片分布，面积可达几万平方米，特别是在铜陵万迎山、木鱼山、金山、南陵江木冲等遗址，都采集到柳叶状的冰铜锭[19]，反映出其产品已有相当的标准化程度。

不仅如此，梳理近几年考古发掘和调查情况，在铜陵、南陵、青阳、贵池等地已有三十几处台形遗址发现了炼铜炉渣，在部分遗址上还出土了铸铜石范，甚至陶范。这些遗物的普遍出土说明，西周至春秋时期青铜工业在皖南沿江地区的聚落经济中占有十分重要的地位，铜矿石的开采量和铜矿料的产量也相当可观，并形成了颇有特色的产业格局——既有围绕铜矿产地的规模化、密集型采冶生产，也有分散于矿区之外、在台形聚落遗址上进行的小规模冶铸生产。与此同时，作为联系长江中下游以及中原与江南的枢纽地带，皖南沿江地区的地理区位优势得以显现，大量铜矿料以粗铜形式通过"金道"被输送到邻近的宁镇、江淮等地，再几经辗转进入中原。贸易成为当地青铜工业蓬勃发展的催化剂，进而推动了整个地区的经济发展、文化繁荣和人口增长。

20 世纪 90 年代，在皖南沿江地区开展的一系列遥感考古调查取得了丰硕的成果，极大拓宽了我们对这一地区先秦时期古文化的认知，充分体现了遥感考古在发现古代遗迹上的作用。近几年来，无人机航拍技术在考古工作中日益普及，研究人员可以借此从低空对古代遗存进行观测，结合高清卫星影像，能够发现大量以往地面调查难以注意到的现象，并解决具体的考古学问题。本文通过回顾皖南沿江地区 20 多年来的遥感考古实践，结合历年田野发掘和调查资料，展示了这一地区颇具特色的土墩墓群、台形遗址、古城址等文化遗存，对其特征进行了初步概括和解读，并从铜矿资源开发的角度对本地区西周至春秋时期的文化高峰进行了探讨。虽取得了不少收获和认识，但也应看到遥感考古还有巨大的提升空间。如何用活、用好不同尺度的各种来源的遥感数据，从中挖掘出更多有价值的信息，充分发挥其独特的研究视角，应是今后考古工作努力的方向。

附记：本文系国家社会科学基金重大项目"安徽沿江地区矿冶遗址调查与综合研究"（项目批准号：17ZDA222）的阶段性研究成果。

注释：

① 杨则东、李立强：《应用遥感图像调查古寿春城遗址》，《遥感地质》1988 年第 2 期。

② 宫希成：《遥感考古在安徽的实践》，《安徽地质》2001 年第 4 期。

③ 宫希成：《皖南地区土墩墓初步研究》，《长江流域青铜文化研究》，科学出版社 2002 年版，第 207~215 页。

④ 陆勤毅、刘平生：《南陵土墩墓的几个问题》，《文物研究》1986 年第 2 期。

⑤ 安徽省文物考古研究所：《安徽南陵千峰山土墩墓》，《考古》1989 年第 3 期。

⑥ 谈三平、刘树人：《太湖地区石室土墩分布规律遥感初步研究》，《东南文化》1990 年第 4 期；陆九皋、肖梦龙、刘树人等：《镇江商周台形遗址与土墩墓分布规律遥感研究》，《东南文化》1993 年第 1 期。

⑦ 刘树人、杨则东、张延秀：《安徽省南陵县土墩墓及古城遗址遥感调查初步研究》，《华东师范大学学报（自然科学版）》[环境遥感考古专辑（二）]，1997 年 12 月。

⑧ 宫希成：《南陵千峰山土墩墓群遥感考古研究》，《文物研究（第十二辑）》，黄山书社 1999 年版，第 225~229 页。

⑨ 陈小春：《南陵县牌楼及新义士西周至春秋土墩墓群》，《中国考古学年鉴·2011》，文物出版社 2012 年版，第 244~245 页；安徽省文物考古研究所、南陵县文物管理所：《安徽南陵龙头山西周土墩墓群发掘简报》，《文物》2013 年第 10 期。

⑩ 宫希成：《安徽漳河流域周代土墩墓群初步分析》，《庆贺徐光冀先生八十华诞论文集》，科学出版社 2015 年版，第 203~217 页。

⑪⑫ 安徽省文物考古研究所、南陵县文物管理所：《安徽南陵龙头山西周土墩墓群发掘简报》，《文物》2013 年第 10 期。

⑬ 安徽省文物考古研究所：《安徽铜陵县师姑墩遗址发掘简报》，《考古》2013 年第 6 期。

⑭ 安徽省文物考古研究所、北京大学考古文博学院：《安徽铜陵夏家墩、神墩遗址发

掘简报》，《江汉考古》2015 年第 6 期。

⑮ 杨则东、宫希成：《安徽省南陵县古遗迹遥感调查》，《中国地质》1998 年 10 期。

⑯⑰ 宫希成：《南陵县牯牛山周代城址》，《中国考古学年鉴·1999》，文物出版社 2001 年版，第 182~183 页。

⑱ 朔知：《崧泽时代皖江两岸的聚落与文化》，《东南文化》2015 年第 1 期。

⑲ 杨立新：《皖南古代铜矿初步考察与研究》，《文物研究（第三辑）》，黄山书社 1988 年版，第 181~190 页。

荆州八岭山墓群遥感考古发现及研究

Remote Sensing Archaeological Discovery and Research of
Baling Mountain Tombs in Jingzhou

肖玉军、谢章伟

荆州博物馆，湖北荆州，434020

激光雷达这一考古"神器"，让我们从肉眼无法看到的丛林地面"看"到了古代龙山的真面目。这一有别于传统方式的考古新技术，无疑为以后的田野考古探查带来很多启发。遥感技术在考古的前期调查分析阶段，可以发现关键线索，如今成为获取地理信息效率最高的技术手段。在中国或世界范围内，只要是在大面积树林中进行遥感测绘工作，最适合采用机载激光雷达技术。2011 年在荆州八岭山古墓群使用了这一尖端技术，获得了令人惊奇的效果，值得推广。这种科技考古手段，很适合大尺度、大区域范围内的考古探查。实地调查获得的信息往往是局部性的，而激光扫描地面获得的信息更为海量，是传统考古手段所不能比的。当然，科技考古有优点也有缺点，所以它并不能完全取代传统考古方法。用科技手段发现文化遗存线索后，还需要用传统考古手段进行历史文献资料和田野考古验证等。

一、楚虽三户，亡秦必楚

荆州之名见《尚书·禹贡》："荆及衡阳惟荆州。"[①]荆州为上古九州之一，地处湖北省中南部、江汉平原腹地，总面积 1.41 万平方千米。长江自西向东横贯全市，全长 483 千米。荆州东连武汉，西接宜昌，南望湖南常德，北毗荆门、襄阳（图 1）。

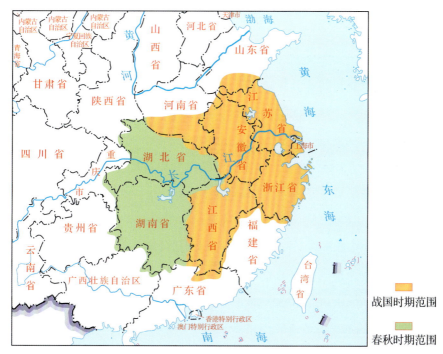

图 1　春秋与战国时期楚国范围图

　　公元前 323 年，马其顿王国的最高统治者——33 岁的亚历山大突然病亡，横跨欧、亚、非的马其顿王国分裂为四个独立的国家。而当时的楚国积极扩张，成为当时世界上最大的诸侯国。这一历史时期的楚国国力达到鼎盛，南半个中国大都属于楚国疆域，楚国是一个资源大国、军事强国，是当时最有实力统一中国的两个诸侯国之一，其国都就在今天的荆州城北 5 千米的楚故都——纪南城。纪南城周边半径 50 千米的范围内，分布着数以千计的王公贵族的陵寝，尤其是八岭山古墓群是其中规模最大、数量最多、等级最高、保存最为完好的古墓群。

　　荆州不仅动植物资源、矿产资源、文化资源得天独厚，而且文化发展序列十分完整：有鸡公山、凤凰山及 2018 年新发现的小山子旧石器文化遗址，有阴湘城、走马岭、鸡鸣城等新石器时期古城址，有商代周梁玉桥、梅槐桥、荆南寺遗址，有西周、东周时期的州陵郡城、战国时期中国南方最大的都城——占地 16 平方千米的楚都城纪南城，有保存完好的汉代江陵郡城、郢城遗址，有国务院第一批公布的国家重点文物保护单位——荆州古城……可以说，荆州地区人杰地灵、历史悠久，文化底蕴深厚，旅游资源非常丰富。

二、荆楚相系，蕴藏丰厚

2010 年 3 月 4 日，国家文物局和湖北省人民政府在北京签订大遗址保护荆州片区共建协议。国家文物局和湖北省共建国家大遗址保护荆州片区，旨在通过对楚纪南故城大遗址的规划、保护、展示和研究，全面提升其保护管理水平，努力将荆州片区建设成我国南方大遗址保护重要示范区。它是继西安、洛阳两个大遗址保护片区之后，我国第三个国家级大遗址保护区，是楚文化遗址保护和湖北文物保护的里程碑事件。

荆州大遗址保护片区内包含楚纪南城遗址、郢城遗址、鸡公山遗址、阴湘城遗址、万城遗址、八岭山古墓群、纪山古墓群、雨台山古墓群、天星观古墓群遗址、熊家冢古墓群遗址、马山古墓群遗址、枝江青山楚墓群遗址、潜江龙湾遗址、荆州古城等。

在国家加强文物保护与发展的战略背景下，我们开始了八岭山等古墓群（遗址）的遥感考古工作。八岭山古墓群位于湖北省荆州市荆州区八岭山镇，东南距荆州古城约 18 千米，东距楚故都纪南城遗址约 6 千米。古代文献的有关记载则称之为"龙山"，认为其由八条龙形山脉组成。其核心区域占地面积约 37.95 平方千米。现存带封土的古墓葬 800 余座，大多数为东周楚墓，也有部分汉墓和明代辽藩王墓葬（已发掘第一代辽王——明太祖朱元璋第 15 子辽简王朱植之墓，并作为明藩王陵园展示点对外开放）。古墓群中的八岭山林场是核心区域，墓冢最为密集，在面积约 1 万余亩的范围内，分布有大中型带封土的古墓葬 480 余座，是包括楚王陵及高等级贵族墓地在内的特大型楚墓的集中分布区。八岭山古墓群是第三批全国重点文物保护单位。

图 2　八岭山墓群在湖北省的位置

八岭山为荆山山脉西支，北部与荆门纪山相连，地势以低岗、低丘为主，最高点海拔为103.29米，山势呈西北—东南走向。八岭山中岗阜纵横，湖泊交错，林木茂密，分布有多种野生动植物资源，山间还修建有新湾、新北、仙南等7座水库，有山奇、水秀、嘉木之美，也是国家级森林公园。

三、林木茂密，何以探知

八岭山古墓群地处荆山余脉，属亚热带季风气候区，温暖湿润，四季分明，夏天炎热、冬季寒冷。此地植被异常茂盛，荆棘密布，常有野猪、野兔、野鸡、毒蛇等出没。

由于八岭山古墓群十分重要，所以必须对这一古墓群的分布范围、地形地貌，每一座古墓葬的位置、大小形状、数量等空间信息进行采集。

正常情况下，测绘人员很难在八岭山茂密的森林中行走，更不要说提扛着设备在森林中进行仪器操作了。常规的测量技术，比如全站仪的工作模式是在人体前方视觉夹角约90°的范围内发射红外线或激光进行测量，但是在森林中前后左右都是高达15~30米的乔木，地面是密集的灌木。视线被严重遮挡，完全无法测量；而全球定位系统（GPS）的工作模式是靠接受天空中的卫星差分信号进行工作，但此地上方也被林木覆盖，基本接受不到差分信号；由于山体被森林基本覆盖，航空影像测量也只能进行影像航拍，无法进行地形测绘等。

2009年，我们采用了全站仪＋全球定位实时测量（RTK）的组合模式对此地进行了试测量。这种测量工作一般是在城市建筑密集区进行，在城区测量效果非常好。但是八岭山森林中的测量工作结束后，我们对数据进行校核，发现误差非常大，数据无法使用。

在这一背景下，我们决定使用更加先进的大型机载激光雷达扫描技术对此地进行测绘。由于大型激光雷达具有高穿透性，并且可以根据物体表面颜色的不同接收不同的光谱这一特性，可以将植被所代表的这一频段的光谱进行过滤，这样的话，山体部分就可以完全暴露出来，也就可以揭开龙山的神秘面纱。使用过滤后的三维激光点云数据，对其进行进一步加工就形成了考古工作者能够使用的正射影像、高程模型、线划图、栅格影像等4D成果。再进行更进一步的数据归纳管理，就可以制作出八岭山古墓群的电子沙盘，建立考古地理信息系统，从而对古墓群开展空间分析等应用。

2010年，武汉大学王少华博士组建了激光雷达扫描项目组，他们租用沙市机场训

图 3　搭载激光雷达的运 –7 运输机

练用的运–7运输机，在飞机上安装大型激光雷达，做好前期准备。在向国家民航局申请航线获得批准以后，技术人员选择了一个可视条件较好的晴天，对雨台山古墓群、纪山古墓群、楚故都纪南城、熊家冢

墓地、八岭山古墓群等区域，进行了航摄及激光雷达扫描，获取了高清数码影像和三维激光点云等核心数据。

四、激光所至，叶不障目

本次的机载激光雷达数据大约采集了100平方千米的遥感数据，包括动态差分GPS（DGPS）、惯性测量、高清数码影像、三维激光点云数据等。

1.4D 测绘成果与古墓群微地貌判读

茂密的植被覆盖

图 4　八岭山古墓群部分区域数字正射影像图（DOM）

随着测绘技术和计算机技术相结合与不断发展，地理信息的提取不再局限于以往的模式，现代数字地图主要由数字正射影像图（DOM）、数字高程模型（DEM）、数字栅格地图（DRG）、数字线划地图（DLG）

以及复合模式组成，由于全称都是以英文字母"D"字开头，故简称为"4D产品"（图4~图7）。

根据激光雷达采集的基础数据，我们得到了4D产品。有了这些基础产品以后，我们集合了地质学、考古学、计算机、测绘学等方面的研究人员，开始对大遗址保护片区尤其是八岭

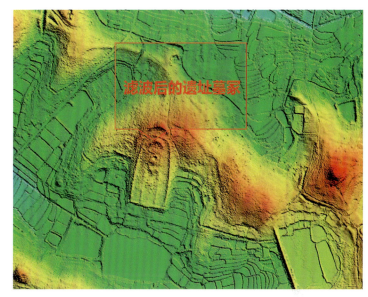

图5　八岭山古墓群部分区域植被过滤后的数字高程模型（DEM）

山古墓群的地理信息进行了全方位的分析。

2. 揭开楚国高等级贵族墓群的神秘面纱

通过以上的4D数字产品，我们大致获取了以下的信息：一是通过正射影像获取了墓群的原始地貌特征；二是确定了墓群的边界及面积大小；三是通过滤波技术获取了墓群的微地貌特征，也就是墓群中的每一个单独墓地的微地貌特征，墓地与墓地之间

图6　八岭山古墓群部分区域数字栅格影像（DRG）

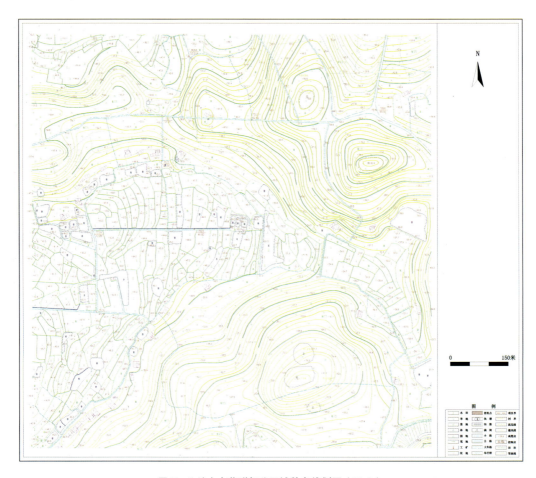

图 7　八岭山古墓群部分区域数字线划图（DLG）

的空间关系及等级。经过判读高程模型，我们发现墓群中最大的墓都是分布在所在山岭的最高处，与其他墓地由自然冲沟相隔离，并且都是分布在墓群的最东面，与墓群内其他大型墓葬呈南北向线性排列（图 8）。

简单的理解就是：每个高等级墓地独占一个山头，与其他高等级墓地排成一列，显示了一种明显的等级制度。这些独占一个山头的大墓，是否就是那一代楚王的墓地呢？周边分布的附冢，是否就是楚王夫人的呢？周边成排成列的殉葬墓，是他的护卫还是侍女、小妾的呢？为什么他们都使用美玉陪葬呢？

以八岭山古墓群唯一进行发掘过的冯家冢墓地为例进行说明。从高程模型中可以看出，冯家冢墓地主要由主冢、附冢、北殉葬墓、南殉葬墓组成，海拔高度为 89 米，高出地面近 10 米，墓冢底部直径约 98 米，墓冢封土侧视大致呈金字塔形，当地俗称"方

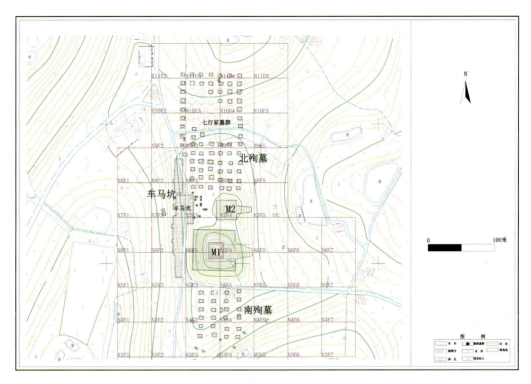

图 8 八岭山古墓群冯家冢墓地主冢、附冢及殉葬墓分布排列图

冢"。这说明金字塔造型不是古埃及人的"专利",并且在荆州及其周边的"方冢"并非孤例,至少有 5 座大型墓封土呈方形。2011 年,我们的专业考古人员开始对冯家冢墓地勘探,同时对殉葬墓进行了少量试掘,验证了激光雷达扫描的微地貌成果(图 8)。

经过多年的考古研究,学术界基本确认,八岭山墓群的遗存主体——楚国高等级贵族陵园是在楚纪南城建都后逐步形成的,也就是在春秋晚期至战国中晚期这一阶段,为楚国定都纪南城期间最重要的高等级贵族墓群之一。据相关文献记载,纪南城自楚文王元年(前 689)"始都郢",至顷襄王二十一年(前 278)"白起拔郢",历时411 年。

八岭山墓群包含自东周至明代的墓葬,延续时间长达 2000 年。据文献记载,葬在八岭山的先后有 18 位楚王、3 位五代南平国王、11 位明代藩王。[②]

唐余知古《渚宫旧事》引《荆南志》载:"(楚)庄王墓在江陵西三十里,周回四百步,前后陪葬数十冢,皆自为行列也。"[③]根据荆州博物馆对八岭山冯家冢墓地的勘探和试掘资料分析,冯家冢可能是余知古所说的"楚庄王墓",但其年代应为战国。

所以不可能是春秋时期的楚庄王墓，而应该是另外一位楚国鼎盛时期的著名国君。

五、未解之谜

1. 楚都与楚王陵园

楚国作为当时战国时期的泱泱大国，留下了丰富的自然文化遗产。从楚人尚武到万乘之国，从不鸣则已到一鸣惊人，从荆山有玉到和氏璧，从文化到艺术的《九歌》《离骚》，从楚怀王梦神女的神话到楚人尊崇巫术的神秘，无不代表着一个底蕴深厚的军事强国和文化之邦（图9）。

从楚国先辈筚路蓝缕事周王被封为火正，主持祭祀之火，到楚宣王、楚威王鼎盛之期。再到灭亡，前前后后约800年，根据史书及清华简记载，楚国有5座以上不同时期的都城，并且都城的名称均为"郢"。2019年上半年，荆州一座楚墓出土了数支竹简，其中记载了12代楚王的谥号及"戚郢"的名称。那么，"戚郢"是否就是指现在的楚故都纪南城呢？如此，其他时期的楚都在哪里呢？还有，历代的楚王陵又在哪里呢？

2. 学界之争

目前学术界比较热门的几个问题：一是楚人的族属问题，有人说是三苗蚩尤部落；二是楚国的早期都城丹阳在哪里？有枝江说、丹江说、淅川说、秭归说、南漳说等，不一而足；其他还有：丹水在哪里？荆山在哪里？和氏璧是哪里出产的，如今在哪里？纪南城的始筑年代问题等。这些问题都是当今学术界的研究热点。

3. 探索之路

近年来，英国用激光雷达扫描整个国土，发现不少历史遗迹；

图9 神人御龙升天玉佩

2015 年，澳大利亚悉尼大学联合法国、英国、日本、匈牙利、美国、印尼、柬埔寨等国家，利用直升机搭载激光雷达设备，对吴哥窟遗址及其周边森林区域展开空中扫描，发现多处地下城市遗迹；类似的还有美国佛罗里达大学开展的玛雅新古城、中美洲危地马拉丛林地区考古探测等。

随着实践与理论的发展、科学技术的进步以及学科之间的相互渗透，这些困扰考古学家的问题都有望解决。比如楚人的族属问题，现在的 DNA 技术就可以进行相关检测分析，在荆州的考古实践中已经有一些初步的成果。只要积累了大量的楚人基因材料，建立楚人基因库，就可以对比；物探技术、遥感技术、考古发掘等，都有可能发现楚国的早期都城；新的研究视角以及新的理论方法，都有助于解决上述问题。

最后，以此句与读者诸君共勉——路漫漫其修远兮，吾将上下而求索。

注释：

* 通讯作者：肖玉军，荆州博物馆副研究馆员，研究方向：史前考古、遥感考古。E-mail:348978121@qq.com

① 王世舜、王翠叶译注：《尚书》，中华书局 2012 年版，第 68 页。

② 余蓝芳、夏日新主编：《荆楚百处名胜》，湖北教育出版社 2007 年版，第 125 页。

③ （唐）余知古撰：《渚宫旧事（附补遗）》，商务印书馆 1936 年版，第 13 页。

多传感器无人机遥感考古探测试验研究
——平陶古城址无人机遥感考古实践

Experimental Study on Multi-sensor UAV Remote Sensing Archaeological Exploration
——UAV Remote Sensing Archaeological Practice of Pingtao Ancient City Site

舒慧勤、方俊永、杨瑞霞

中国科学院空天信息创新研究院，北京，100094

平陶古城所在的荥阳市居中州腹地，自古以来就有"东都襟带、三秦咽喉"之称[①]，区域内遗址分布密集，自仰韶时期起，就留下了人类活动丰富的遗迹，长期以来是考古研究的重点关注地区。前期考古调查发现的平陶古城是西周重要的城邑，具有重要的历史价值，但其聚落布局、遗迹分布等仍不清晰。本研究结合多时相历史航片，无人机正射影像、热红外影像和高光谱影像，借助遥感影像增强技术突出考古目标弱信息，通过对比分析不同载荷、不同时相、不同尺度影像上的色调和纹理特征，提取平陶城址的考古异常区域，发现了疑似城墙、城门、角台、长方形房基等遗迹，并根据识别结果初步重建遗址空间结构。研究证明，综合利用多源高分辨率数据可对遗址遗迹分布、空间结构进行调查、预测和重建，为进一步考古研究和遗址保护提供参考。

一、平陶古城遗址概况

平陶城又称作"平咷城""平桃城"，俗名"南城"，因与历史上著名的虢国之间的关系紧密而备受关注，平陶城址的考古研究具有重要的科学价值和历史价值。"虢"

见于殷墟甲骨文，作两手搏虎之形，乃"虢"之初文也。②入周之后，青铜器上铸造的金文也有大量的"虢"字出现，形态各有特色。"虢"之形反映了部族的打虎特色，以"虢"为图腾的部族被称为"虢族"，其聚居地称为"虢地"。东虢国是西周初期的姬姓封国，周公东征，平定武庚之乱，消灭了管国，封文王弟姬仲于虢，史称东虢，姬仲为东虢国的始封君。虢国持续了270余年，亡国之君为虢叔。汉朝时期设立荥阳县，原虢都地方定名为"虢亭"，延续到北魏时期，又名为"平陶城"。据《水经注·济水》载："索水又东径虢亭南。应劭曰：'荥阳，故虢公之国也，今虢亭是矣。'司马彪《郡国志》曰：'县有虢亭，俗谓之平桃城。'"《大清一统志·河南开封府》也有平桃城在荥阳县东南之说。由此可见，汉代的平桃城，当为东虢故城，地望与平陶城址所在区域一致。③平陶城城址所建年代不详，但是在城址始建之前就曾有过商代聚落存在，并且是东虢国的重要城邑。

二、低空无人机遥感影像与多时相历史航片

1. 低空无人机遥感影像

研究中获取的无人机影像数据拍摄于 2020 年 4 月 30 日和 2020 年 10 月 30 日，采用 Y12 多旋翼无人机（参数见表 1，图 1a）安装 TAU640 热红外相机和推帚式成像

(a) 无人机飞行平台　　　　　　　　(b) 无人机航线规划

(c) 热红外相机　　　　　　　　　　(d) 高光谱相机

图 1　无人机遥感系统

光谱仪（图 1c，图 1d），选择在天气晴朗的时间段起飞并排除信号干扰物，在无人机起飞前，使用飞行控制系统设定好航向、航线和高度（图 1b），按照预先设定好的航线执行自动采集数据飞行任务。无人机搭载 13mm 热红外相机定焦镜头，光谱波段在 8um ～ 14um 范围内，飞行高度为 150m，在 9:00 ～ 11:00 获取的无人机热红外影像地面分辨率为 0.3m。高光谱数据采集前，须在地面进行高光谱相机的标准黑白板辐射校正，在光照强度最好的 12:00 ～ 14:00 时间段内采集数据，无人机飞行高度为 120m，重叠率为 75%，飞行速度为 4m/s，光谱波段为 400 ～ 1000nm，波段数为 300+，地面分辨率为 0.1m。4 月 30 日数据采集时，地表覆盖为小麦农作物，天气晴朗，影像质量较好；10 月 30 日地表覆盖为裸土，天气无云但有霾，影像质量较差。因此在进行遥感影像异常区域分析时，4 月 30 日的无人机遥感影像呈现出较多的"痕迹"。

表 1 无人机主要参数

参数	数值	参数	数值
翼展 /mm	2 500	最大爬升速度 m/s	4
轴距 /mm	1 000	最大下降速度 m/s	3
最大起飞重量 /kg	5	地面站控制距离 /m	10 000
最大任务载重 /kg	3	最大海拔工作高度 /m	5 000
空载悬停时间 /min	40		

2. 多时相历史航片

历史影像是研究遗址早期面貌的重要数据来源，项目组研究收集了高分辨率历史航片影像，影像参数见表 2。本文获取了 1962 年 4 月 18 日到 1970 年 12 月 4 日覆盖研究区域共 8 景锁眼遥感卫星的高分辨率图像，它保存了中国大规模的土地利用结构变化前的遗址地表景观。获取的 Corona 单景影像被切割成 4 小块，研究区域仅位于每景影像中的一小块，属于黑白的全景摄影测量影像，没有投影和坐标信息，存在全景畸变，需要进行几何校正。研究中使用 ArcGIS 软件，以 2003 年 6 月 12 日无偏移的 Google Earth 历史影像为基准，通过详细对比，选取多个明显不变的地物点作为地面控制点对 Corona 影像进行了几何精校正。

表 2　多源高分辨率遥感影像信息

成像时间	数据源	空间分辨率 /m	波段数	数据来源	备注
1962–04–18	Corona KH–4	3.04	1	USGS	立体像对
1963–09–25	Corona KH–4A	2.74	1	USGS	
1966–06–06	Corona KH–7	0.61	1	USGS	
1968–08–17	Corona KH–4B	1.82	1	USGS	立体像对
1968–11–16	Corona KH–4B	1.82	1	USGS	立体像对
2003–06–12	QuickBird 02	0.64	3	Google Earth	
2011–05–27	WorldView 02	0.5	3	Google Earth	
2014–05–29	高分 1 号	0.46	3	Google Earth	
2015–01–03	WorldView 02	0.55	3	Google Earth	
2015–04–13	WorldView 03	0.38	3	Google Earth	
2016–12–08	WorldView 02	0.52	3	Google Earth	
2017–11–20	WorldView 02	0.5	3	Google Earth	
2019–03–23	高分 1 号	0.48	3	Google Earth	
2019–12–19	Pleiades	0.5	3	Google Earth	

三、遥感影像异常区域分析

1. 平陶城城廓空间分析

城墙作为城市、城池和城堡的抵御外侵防御性建筑，主要有墙体和城门两个基本要素，绝大多数城墙外围还有护城河。据考古研究，平陶城城址作为周代重要城邑，形态初步推测为方形，即四周城墙长度大致相等，城墙和道路都是用夯土建造，夯土高度密实且分层。GE2019 年影像（图 2a）显示现存的城墙主要有北墙大部分和东墙北段，其余各段已荡然无存（图 2b、图 2c）表示即使是城市更迭、覆灭，仍有部分墙体残存，实地考察发现，北墙残高 2 ~ 3 米，西北角较为高大，高约 5 米，东墙一般残高 2 米左右，宽约 1 米。经 5% 的线性高斯增强后的 Corona 影像（如图 2d 所示）可以观测到城墙的大致形状及城墙坍塌后遗留的痕迹。东墙北段和南墙的阴影标记显示出墙体高于地表；

（b）部分北墙东段城墙遗迹　　（d）corona影像显示的城墙轮廓

（c）部分东墙北段城墙遗迹　　（e）sobel边缘检测识别城墙轮廓

——平陶城城墙　　——对应子图方框　　——指示疑似遗迹

（a）综合分析

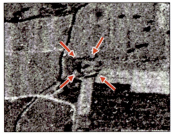

（f）2011年GE历史影像显示的疑似为东段南城墙的负作物标记

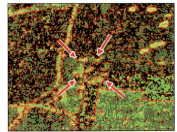

（g）2013年GE历史影像显示的疑似为东段南城墙的负作物标记

（h）corona影像显示疑似圆形角台遗迹　　（i）假彩色合成显示的疑似角台遗迹　　（j）疑似角台区域已建寺庙

图 2　平陶城城墙和疑似角台遗迹遥感影像分析

北墙大部分墙体也存在，但是由于墙内侧有建筑物存在，墙体显示不明显；东墙南段仍有长条脊状线存在；西墙破坏最严重，周代城邑大多为方形，西边直线道路与三边墙体形成了方形的空间格局，可推断出西边墙体与道路重合。使用 Corona 影像的 Sobel 边缘检测算法得出的边缘和纹理信息可识别出平陶城址的城墙轮廓（图 2e）。图 2a 和图 2d 对比分析发现，在 20 世纪 60 年代以前遗址已经遭到了不可逆转的破坏，之后土地覆盖发生了巨大的变化，耕地结构也随着改变，最明显的是南城墙东段坍塌严重，地表不复存在，影像上依稀能看到痕迹图 2f 和图 2g，箭头显示的条带状负植被标记都表明了南城墙遗址的存在。

在城墙的西北处，即北城墙和西城墙交会处，墙体有明显的不连续性，北墙西端有明显的高台凸出（图 2d），图 2h 中高台形状呈现圆形。据《周礼·考工记》："宫隅之制，以为诸侯之城制。"周代时期的都城建筑工艺中，在城墙转角处会建方形或圆形角台，并规定"宫隅之制七雉，城隅之制九雉"，即指角台高度较城墙高二丈。平陶城初步考古调查也发现现存城墙西北角较其他城墙高，非监督分类、sobel 边缘检测和平均值的波段组合能够增强高台异常区颜色，圆形结构更为清晰（图 2i）。然而疑似为角台的异常区域现今已建房屋，已无法进行进一步识别与验证（图 2j）。

　　城门是一座城市的重要节点，由于平陶城考古研究资料有限，在已有的勘探和发掘资料中，没有任何关于城门的资料。遗痕分析法[④]可以帮助我们寻找叠压在地表之下的古代城址，"遗痕"即古代城市的城垣、河湖、街道和大型建筑所遗留的痕迹，它反映了城市本身的历史变化，可以根据分析现代城市中所遗留的古代城市痕迹，复原被埋在地下的古代城市的平面规划和布局[⑤]。城门作为城邑出入通道在城市交通中占有重要位置，并影响着城市的格局，城门与城门之间有一定的紧密联系。古代的城墙虽

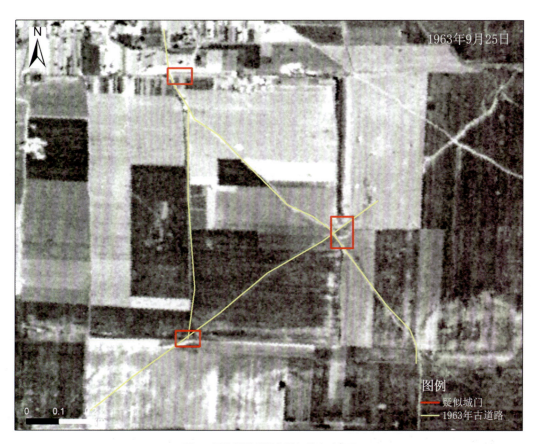

图 3　平陶城城址疑似城门的大致位置

然残破但仍高高立于地上，因此只有城门附近进出方便，这些都会对居民生活、道路建设等产生影响。从道路制图（图3）中可以看出，北墙、南墙和东墙分别存在缺口，且每个缺口都有道路穿过。此外，南北缺口的位置是对称的，中间有一条笔直道路连接。东墙缺口是北墙和南墙道路向东走向的交会处，缺口位置处于东墙的正中心。因此，根据遗痕分析法推断，这三个缺口为平陶城门的地点。然而由于破坏严重，西门的具体位置未能被发现。平陶城城址规模较小，推测城门的数量也少，研究中发现的缺口数量和位置可以与城墙形成很好的对应，增强了识别出的城门的可信度。综合以上分析结果，可以认为平陶城城址为方形，西北角有一角台，东、南、北墙各有一城门。

2. 无人机热红外及高光谱图像异常区域分析

通过对无人机热红外影像判读，发现一长方形的疑似遗迹靶区，长约44米，宽约10米，西边和北边线性特征明显，在热红外影像中表现为异常亮值，东边和南边线性特征不连续（图4a）。为了突出温度差异点，我们对热红外影像做进一步增强处理，将高通滤波图像、低通滤波图像和原图像进行RGB组合（图4b），影像信息层次感增加使异常亮值表现更为明显。在Google Earth历史影像库中的RGB图像中该特征表现不明显（图4c），而1963年的Corona影像（图4d）表现出来的长方形特征的阴影标记位置与热红外影像的大致相同，可推断出它们是同一个遗迹。对它们的位置进行分析显示，从多时相的遥感影像中确认此遗迹位置没有发生明显的土地利用改变，地表覆盖在过去的几十年间变化较小，主要为耕地（图4e）。说明该长方形靶区形成较早，可能与平陶城城址有关。基于以上的假设，通过分析它与平陶城城墙和城门之间的距离和方位来推断此遗迹类型。它与东城门之间的距离约为整个城址的三分之一，正中心正对东城门，由此推断，此长方形或为古代建筑基址。考古学家们从地表散落的陶罐上发现有戳印的"平陶禀（廪）陶""平兆用器"等东周陶文，推断出当时可能为设有官员管理的制陶作坊，实地考察也从遗址地表收集到小而多的陶片（图4f）。由于是官营作坊，其规模大、等级高，据其规模和位置推测，此长方形房基有可能是当时的制陶作坊遗迹。

相对于高光谱原始谱带，通过应用MNF获得补充信息比应用PCA更易于视觉分析遗迹特征，因为PCA变换对噪声比较敏感，当遥感影像的噪声过大时，第一分量的信噪比降低导致降维效果变差，MNF旨在通过将一组相关变量通过信噪比大小转换为一组新的不相关变量来消除频谱冗余信息或噪声并突出图像中的信息频谱变化的过程。

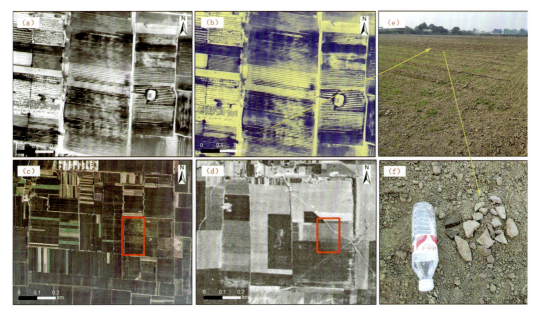

图 4　平陶城城址长方形遗迹影像分析

利用 MNF 处理后的航空高光谱影像中，第一成分包含了最大的信息量（图 5a），随着维数的增加，影像质量逐渐下降。通过高光谱最小噪声分离分析，可以对研究区的一些影像特征进行突出显示，发现条带状的负作物标记，该标记在 Google Earth 历史影像和无人机热红外影像中表现不明显（图 5g、h），但是在 MNF 前 2 个主成分中可以观测到表面不明显的遗迹特征。在真彩色影像（图 5d）中负作物标记显示不突出，且在假彩色影像（图 5e）中无作物标记，但使用前三个主成分的所有组合生成假彩色影像以进行彩色增强，将条带状的灰度差别转换为明显的色彩差异，明显有利于疑似目标解译和提取更多有用信息（图 5f）。在对航空高光谱影像识别到的靶区进行分析，发现在 Corona 影像由北门到东门的道路（图 5）与靶区影像位置重叠，且长时间序列影像显示该道路在 1970 年以后就已废弃，被覆压在耕地下，根据遗迹特征遥感解译标志进行判读，可确定该靶区类型为古道路遗迹。

四、结论

本文利用无人机搭载高光谱传感器、热红外传感器，获取多源无人机遥感影像结合历史航片影像，对平陶城址进行无损详细识别、定位和提取遗迹特征信息，并对考

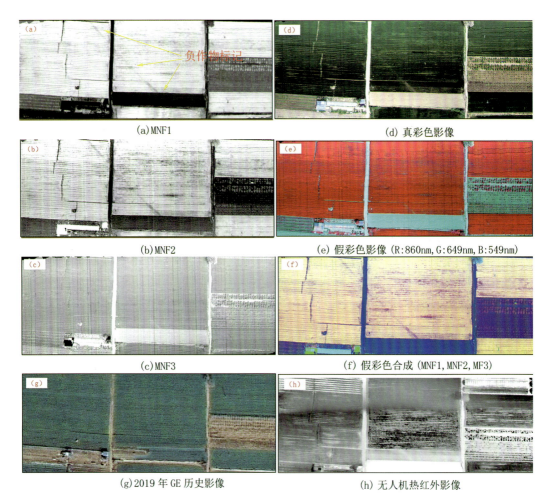

(a) MNF1 (d) 真彩色影像

(b) MNF2 (e) 假彩色影像 (R: 860nm, G: 649nm, B: 549nm)

(c) MNF3 (f) 假彩色合成 (MNF1, MNF2, MF3)

(g) 2019年GE历史影像 (h) 无人机热红外影像

图5 高光谱影像古道路遗迹识别

古遗址空间结构重建，主要结论如下：

第一，利用多时相、多源高分辨率遥感影像，对比分析考古目标表现的色调、质感、形状、大小等特征，能够提取出遗址的异常区域。且依据城址规模、缺口等现代城市所遗留的古代城市痕迹的"遗痕分析法"可推测出平陶城址城门的数量和大致位置。研究还有效探测到疑似城墙、角台、长方形房基、壕沟等遗迹，为研究遗址的建筑格局、等级和形制研究提供重要的空间信息，初步可确定平陶城址符合周代时期古代城市的传统布局。

第二，无人机热红外技术可以揭示在地面或光学影像上不明显的埋藏的考古特征，高光谱影像经过MNF变换有助于探测微弱信息，Corona影像能够识别出早期遗址面貌，

Google Earth 历史影像则在微小的疑似遗迹特征检测和提取方面提供帮助。利用边缘检测算法可以有效提取遗迹纹理信息,尤其是城墙结构的信息增强、彩色合成方法能够将微小影像特征的灰度差别显示为明显的色彩差异,有利于目视识别靶区目标。

第三,综合利用多源高分辨率遥感影像数据对遗址遗迹特征进行解译,很大程度提高了考古调查的效率和准确性,未来的研究将结合地球物理探测方法进行勘察,以期为下一步考古工作提供更有效的线索和依据。

注释:

① 荥阳文物志编纂委员会编:《荥阳文物志》,中州古籍出版社 2011 年版,第 63~64 页。

② 蔡运章:《虢国的分封与五个虢国的历史纠葛——三门峡虢国墓地研究之三》,《中原文物》1996 年第 2 期。

③ 郑州市地方史志编纂委员会编:《郑州市志》,中州古籍出版社 1998 年版,第 198~199 页。郑州历史文化丛书编纂委员会编:《郑州市文物志》,河南人民出版社 1999 年版,第 478 页。

④ 张立东:《濮阳卫城郭门探寻》,《华夏考古》2019 年第 4 期。

⑤ 张立东、杨子彦:《郑州商城城门探寻》,《江汉考古》2015 年第 4 期。

广西左江岩画申遗超低空摄影考古调查

The Application of Ultra-low Altitude Photographic Archaeological Investigation to the World Heritage of Zuojiang Cliff Painting in Guangxi

李哲、闫宇、孙肃、李严 ★

天津大学建筑学院"建筑文化遗产传承信息技术"文化部重点实验室，天津，300072

　　航空领域一般认为距地面 1000 米以下为低空，100 米以下为超低空。一般认为飞行高度距离地面越近好像越安全，但其实受空气湍流干扰、无线电信号屏蔽、危险接近碰撞三方面因素的影响，飞行高度越低风险越高，因此大多数载人机、无人机通常在低空甚至高空作业，以规避超低空贴地飞行的风险。不过，在考古领域有很多针对岩画、崖葬、佛窟、建筑遗址等的精细调查和测绘任务，不论高空还是低空飞行，百米之外的成像或测绘精度均不能满足要求，这些地段人工攀爬作业又非常危险，必须开展无人机超低空抵近飞行作业。

　　高悬于峭壁之上的岩画，是岩画中较难实施考古调查的一类。在中国的岩画遗产中，左江崖画（通常称作"左江岩画"）分布在广西崇左市 6 个县区连亘左江数百千米的悬崖峭壁之上，共约发现岩画 79 个点、178 处、280 组，推测它们为战国至东汉时期（前 475—220）壮族先民骆越人所创作。左江花山岩画 1988 年被国务院公布为全国重点文物保护单位，并于 2012 年进入世界文化遗产申报预备名单，因此对岩画及其存在环境的拍摄、记录、测绘，成为遗产保护和正式申报世界文化遗产的一项必要工作。本文简述 2013 年 10 月开展的无人机拍摄调研活动和典型成果，总结临江悬崖地形超低空飞行作业的技巧、方法，抛砖引玉，请读者朋友批评指正。

一、左江岩画及地形环境特点

左江流域是典型的喀斯特槽谷岩溶地貌，两岸山石被江水经年累月切削成断崖峭壁。受地球自转偏向力的影响，这种侵蚀在江水拐弯处尤甚，崖体皆尽壁立如墙，部分崖体甚至被刨蚀成下凹上凸的"屋檐型"。绝大部分岩画就分布在这些崖面上，距离江面约 10~120 米高，站在船头仰望，难以想象当年古人是如何攀援作画的。覃圣敏等人指出："与国内的内蒙古阴山、云南沧源、耿马、麻栗坡等地的崖画相比，左江流域的作画条件确实艰险得多。"[①] 古人绘制不易，现代调查也很困难。20 世纪 80 年代完成的左江岩画全面普查工作，主要依靠使用望远镜从对岸观察并拍摄崖面，再根据照片临摹成图。"由于崖壁画画点多分布在高达数十米无法攀登的悬崖峭壁上，又受到各种条件的限制，许多地方未能作到等高标尺拍摄临摹，图形和原样相比自然不够十分准确。愿将来有更好的条件把临摹和拍摄工作做得更好、更完美。"[②] 由于崖下多江面，难于搭架作业，无人机遥感考古就成为填补这个缺环的最佳技术手段。

二、使用设备及工作内容

崇左市宁明、龙州两县境内 14 个主要的岩画点是这次调研的范围，主要工作内容和目的包括：

1. 低空和超低空飞行，获得全局与细节的多组照片；

2. 利用摄影测量技术将照片组转化为三维点云、彩色正射影像、剖面图，推测可能的攀登与绘画方法；

3. 将细部照片和正射影像再与 20 世纪 80 年代的手工绘图比对，揭露岩画 30 年的前后变化；

4. 在上述基本任务之外，尝试通过抵近观察，发现新的岩画个体以及窥视崖壁上各个岩洞口内情况等；

5. 总结临江山崖复杂地形超低空飞行的实施方案。

因当年电动多旋翼机尚未成熟，因此我们组合使用了 12 千克汽油动力直升机和 7 千克电动多旋翼机两种性能互补，但均可用垂直起降的无人机来完成上述拍摄任务，与之分别搭配的是尼康 D800E 单反相机和索尼 NEX7 微单相机。从安全角度考虑，飞机与悬崖应保持尽可能远的安全距离，这与岩画细节拍摄的高分辨率成像要求相矛盾，因此要根据任务需要为尼康 D800E 相机更换 28~85mm 不同焦距的定焦镜头。

江岸边平地大多被热带植物紧密覆盖，难以找到起降场，所以大部分的飞行起降都是在船只上实现的。为节约投入，考古工作人员使用多旋翼机时租用小的乌篷渔船，在乌篷顶部或船尖不到 1 平方米的甲板起降（图 1）；使用无人直升机时租用摆渡船，其宽阔的摆渡甲板是无人机理想的起降平台，多旋翼无人机展开的旋翼翼尖和两侧甲板围栏之间，可以有约 40 厘米的安全间距（图 2）。

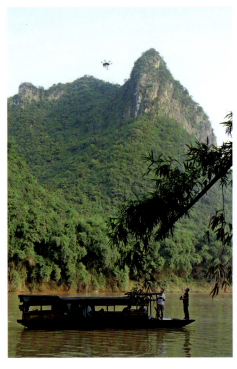 

图 1　多旋翼机在渔船上起飞　　　　　图 2　汽油直升机停在摆渡船上

三、初步遥感考古成果

遥感考古野外作业总是会遇到各种问题，先是花费时间找船，找到之后还没开始飞行拍摄又遇到突发山崩事故，江边的半座山全部倒塌下来堵住了河道，管理部门封闭了江上所有交通，经考古小组多方联系，才特批允许我们的小船每天往返通过山崩事故区。总之，我们克服了事故区船只搁浅、拖拽救援等多重困难，在一个星期后顺

图3　200米高度拍摄的沉香角崖面及环境鸟瞰照片（层级图像系统软件截图）

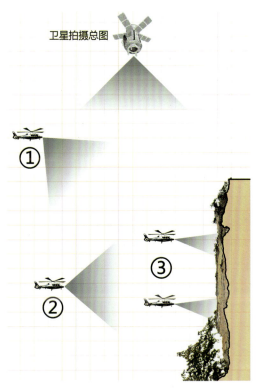

图4　多层次拍摄角度调整示意图

利完成既定的拍摄、测绘和遥感考古目标。获得的多组照片再经过实验室后期处理，构建了左江岩画航空摄影层级图像系统成果，主要由卫星全域照片、14处岩画的200~300米高度鸟瞰照片（图3）、崖面立面正摄照片、10~15米距离上拍摄的近百组岩画细节特写照片四个层级构成（图4），数百张照片被压缩成一个文件，并已经内置确定了层级、位置等关联关系，因此观者可以从卫星上转瞬飞到岩画前（图5），这既是基于照片的虚拟漫游系统，又是岩画图像数据库。此外成果还包括5处重要崖体的剖面测绘图（图6）、红蓝立体图等附加内容。

　　除了获得以上照片、测绘图，本次调

图 5　龙州县棉江花山第一处第一组立面局部正摄图

查在考古方面的成果和主要贡献，在于发现了几处关键的绘画或痕迹，这将左江崖画的续存范围进一步扩大。

无人机装载高像素相机以 10~15 米距离对崖面进行"扫描式"的拍摄，和地面望远镜观察相比，无人机装载相机的辨识能力和覆盖范围、完整度大幅度提高，因此在宁明县珠山首次发现绘制于山体狭缝裂隙中的岩画、洞穴口侧壁上的岩画（图 7），在下白雪首次发现了洞穴洞顶上绘制的非常清晰的岩画（图 8）。这几组新发现的岩画痕迹或个体，以石缝、洞口、植物背后为多，是地面调查的盲区，这都是原有考古报告中没有收录的。传统观念中，岩画被认为只绘制于正对江面的崖壁上，但本次调查用照片实证了岩画其实也同样绘制于洞穴、狭缝处。这将岩画的续存位置从临江崖壁拓展到更广的范围，具有岩画考古和申遗的显著意义，充分体现了超低空探查的价值。

由于崖洞极难到达，在以前的人工调查中仅有一次人工进入案例，但也没有明确的结论或图片佐证。覃圣敏等提到 1984 年，宁明县文物管理所的同志在当地群众的帮助下，成功地用绳索从山顶上吊下来，进入花山

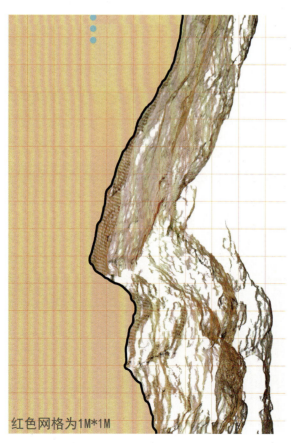

红色网格为1M*1M

图 6　第一组局部剖面图

左上方有岩画的高洞③，但并未说明岩画在洞内哪个位置，也未发表洞内岩画的说明文字或图片。

四、岩画低空拍摄的基本实施策略要点

1. 大画幅、高像素、中焦距是相机关键指标

在飞行器载重量范围内，尽可能选择大传感器尺寸、高像素相机并配备 70~120mm 焦段的镜头，以减轻抵近飞行的作业压力。对于振动干扰较强的汽油直升机（汽油直升机的振动强度是同等级电动直升机的 5~7 倍），本次岩画细节拍摄使用的是 85mm 镜头，使用效果理想。对于当前普及的电动平台，完全可以换用 120mm 镜头。

对于不是直接使用而是需要进行摄影测量后处理获得正射影像的照片，图像重叠率的稳定是非常重要的，一般以相邻照片 80% 重叠为佳，而超低空抵近飞行操纵＋望远镜头不易保证重叠率的绝对稳定，所以一般来说焦距仍以不超过 70mm 为宜。

2. 尽可能在崖体前"危险三角区"之外飞行

我们将本次 14 个岩画点多点拍摄经验加以总结：无人机 GPS 卫星定位信号被山体遮挡，是飞行作业遇到的最主要问题；某些

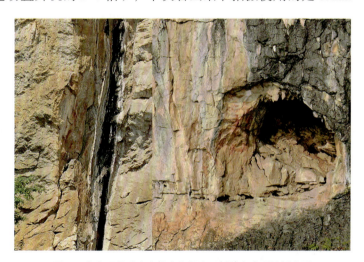

图 7　在宁明县珠山岩缝中和洞穴口侧壁上发现的新岩画

图 8　在下白雪第一处岩洞顶部发现的新岩画

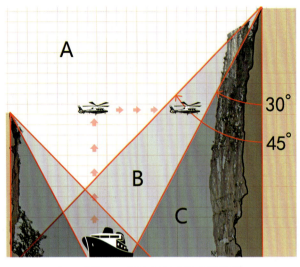

图 9　崖面 GPS 信号遮挡区域与最佳航线图

河湾地段山体呈现围合状，某些崖顶存在帽檐状外伸的部分，这些地形对无人机载 GPS 接收天线的干扰更为严重，因此图中（图 9）以崖顶最外边缘为原点，将崖体旁的空域分为 A、B、C 三个区域——A 区为 45° 角以上的空域，在这片空域飞行，无人机上的 GPS 可以搜索并保持足够多的卫星信号，能够保证飞行器自主飞行；C 区是距崖面 30° 角以内的空域，在这里很难搜索到足够的卫星信号，基本靠人工或其他定位技术控制飞行；B 区是过渡区，在这里无人机部分时间能够自主定位飞行，但很容易发生漂移。

以上是假设单面崖壁的情况，如果沿江两侧均有山崖，无人机在三角形交叉重叠的区域飞行时接受多星 GPS 信号的概率则更低、更易失控。众所周知，卫星信号强度会受到天气、纬度等多种因素影响，并且部分 GPS 卫星是不断移动的，会造成同一地点在不同时间段的可用卫星的数量出现差别，因此以上"三角形"区域的大小也是动态变化的。

无人机在船上起飞时，一定要先将船驶离 C 区，以获得足够的卫星信号源数量来满足基本的起飞条件，并且在起飞、降落过程中需要全程监控，以防止 B 区内起降发生危险的机身位置漂移甚至撞击船身，整个过程中船只也必须抛锚防止漂回 C 区。无人机起飞后必须垂直拔升，以尽快进入 A 区获得充足的定位信号，到达与目标岩画同等高度后再向崖面抵近。拍摄完成返回时，无人机应保持相同的航线。

先垂直起飞再平飞抵近的目的不仅是安全，也是为了在使用望远镜头的情况下，能够更快找到岩画并瞄准。因岩画并不清晰且高悬于崖体之上，如果使用望远镜头又贸然接近，容易从监控画面中丢失目标。利用爬升过程调整镜头方向使其对准目标，也有利于节约燃料或电量。上述方法是基于大量实践的经验总结，具有普遍的参考价值。

3. 悬崖抵近作业对导航软件的特殊要求

本次拍摄全过程完全由人工操纵飞行，但当前很多无人机用户倾向于在平板电脑上使用自控及导航软件 APP 控制飞行。此种实施方案有两个基本要求：一是尽可能在山顶等开阔地方起降作业，二是如果在山顶起降，并非所有的 APP 在航线设置等方面都适用。下表 1 将常见的自动驾驶与导航 APP 软件名称及特点进行总结并加以比较：

表 1　IOS 系统下各种全自动飞行导航 APP 软件特性对照表

	软件名称	特点	适用任务类型
1	Map Pilot	划定范围后自动生成测量航线并计算所需电池数量	适用于传统的针对基本平坦地形或目标区域向下摄影测量
2	Altizure	可自动生成四向倾斜拍摄航线	在向下拍摄基础上加入倾斜拍摄，适合古建筑群、考古发掘现场的测绘记录
3	Litchi	飞行高度最低值为 –200 米	唯一可以将飞行高度设定为负值的软件，在山顶操作时候极为有用
4	Airnest	可以便捷生成自然曲线状的复杂航线	适合山崖测绘或者在障碍物之间躲避穿梭等需要沿着自然曲线飞行的任务
5	Co Pilot	可以三维显示地形变化；"所见即所拍"的模式	在崎岖地貌下使用更安全，傻瓜式的取景范围设定，更直观
6	Volt Pilot	可以便捷、自动生成多边形或圆形的航线	适合于古塔等中心对称目标的环绕拍摄或测绘
7	Auto Pilot	功能最丰富，可设定参数最多，软件算法编写专业	相对专业性更强，属于综合型、多功能型的自动导航软件

大多数 APP 都是根据所需航高自动设定图像重叠率及适宜的往复拍摄航线，但列表中只有 Litchi 能够将航高设为负数。当操作者身处被摄崖体的顶部而非山脚的时候，要以操纵人员的站点高为基准，超低空飞行的高度范围可能超过负 100 米，这要求 APP 在设定行高时有负值范围，但并非所有软件都具备此项功能，所以需要遴选软件，而且软件的设计须在安全性以及适用范围之间寻找平衡点。

4. 做好每日计划，选择最佳日照条件进行拍摄

在最佳的时间段，崖洞内可以被日光照亮，此时无人机可以拍摄到洞内较深的地方。因此，每天在开始拍摄前，就应根据每个岩画点的朝向、逆水 / 顺水行船的速度做好全天计划。这样，可以在适合的时间到达适合的岩画点。与陆地上单点拍摄相比，在复杂地形条件下行船拍摄多个目标，需要考虑的因素则更多。

五、岩画低空遥感总结与未来计划展望

对左江岩画的超低空完整拍摄、测绘、探查，不仅首次实证和记录了崖缝和洞穴画作，而且将新照片、正射影像与 30 年前的照片、摹绘图作比较，可以清晰反映出各组岩画的细微变化情况，获得的全部成果从调查数据层面有力支撑了后续的世界文化遗产的成功申报。

这次调研也有两点明显的不足，有待今后改进或完善：

1. 从可见光拍摄拓展到多光谱、高光谱成像

可见光成像只能获得有限的信息，所以还是应该使用红外成像。岩石内部渗水和表面径流与岩画侵蚀、剥落的关系密切，而岩画朝向、光照强度、内外部水量三者共同决定表面温度。④因此，使用红外成像仪并结合前述岩面坡度的测绘数据，可以分析岩石含水量的分布，预测岩画局部破坏的趋势。

多光谱、高光谱相机（图 10）拍摄，可为考古调查获得更多的信息。红色颜料的主要成分是氧化铁⑤，但它又混合了部分动物胶质作为调和剂。根据这一特点，可以利用特定光谱镜头拍摄岩画。这有助于使用图像识别功能自动检测，并发现潜在的岩画或认定已被冲刷毁坏、漫漶不清的岩画部分。除此之外，高光谱成像还可以根据获得的图像绘制光谱图（图 11），鉴别出岩画之间的颜料成分差别，从而推断当年是否为同批绘制，在颜料制作方面有何变化等。因此，无人机低空平台对于考古工作的价值，已经远远超越了拍摄记录的范畴。

2. 无人装备深入崖洞探测是未来发展的方向

基于 GPS 信号定位飞行的无人机不能过于贴近崖洞飞行，只能使用高分辨率相机和望远镜头在相对安全的距离，看到或拍摄到洞内有限深度的目标。未来应使用自主感知定位及智能寻路型多旋翼无人机，

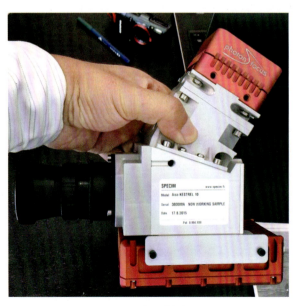

图 10　高光谱相机

去开展岩洞内部调查。在无GPS定位信号的环境中，使用激光扫描、超声反射、自设定位信号源等手段，实现精确定位以及感知周边物体并智能避障飞行，以达到辅助考古人员调查的目的。

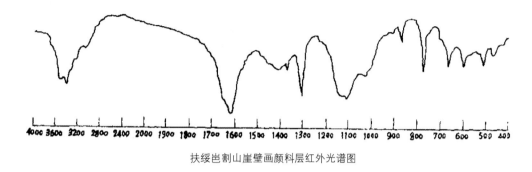

扶绥岜割山崖壁画颜料层红外光谱图

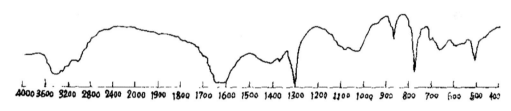

扶绥吞平山崖壁画颜料层红外光谱图

图11 崖画光谱图（引自注释①第234页）

附记：本文受到国家社会科学基金重点项目"长城国家文化公园价值研究与数字再现"的项目资助（项目批准号：21AZD055）。感谢北京大学考古文博学院孙华老师、中央民族大学民族学与社会学学院佟珊老师在项目实施过程中的指导、帮助。

注释：

* 通讯作者：李严，副教授，研究方向：遗产空间分析，E-mail：liyan1@yeah.net

① 覃圣敏、覃彩銮、卢敏飞等：《广西左江流域崖壁画考察与研究》，广西民族出版社1987年版，第195页。

② 覃圣敏、覃彩銮、卢敏飞等：《广西左江流域崖壁画考察与研究》，广西民族出版社1987年版，序言。

③ 覃圣敏、覃彩銮、卢敏飞等：《广西左江流域崖壁画考察与研究》，广西民族出版社1987年版，第196页。

④ 方云、张俊建、夏国正等:《红外热成像在龙门石窟奉先寺渗水探测中的应用》,《现代地质》2013 年第 3 期。

⑤ 广西壮族自治区文化厅文物处、广西壮族自治区博物馆编:《广西左江岩画》,文物出版社 1988 年版,第 7 页。

长城文化遗产数字化保护研究：
基于无人机遥感的探索

Research on Digital Conservation of the Great Wall Cultural Heritage:
Exploration Based on UAV Remote Sensing

张智[1]、党安荣[1]★、信泰琦[2]、余建刚[1]、周宏宇[1]

1 清华大学建筑学院、清华大学国家文物局重点科研基地，北京，100084
2 北京帝测科技股份有限公司，北京，100012

长城文化遗产数字化保护是长城国家文化公园建设的重要支撑，是助力文化自信自强战略的有效手段。本文首先基于长城文化遗产保护和利用的内在需要，结合无人机遥感的前沿理论和技术方法，构建服务于长城国家文化公园建设的无人机遥感技术方法体系。随后，以北京市密云区蟠龙山长城文化遗产为试验对象，探索满足建筑规划工程制图的无人机可见光遥感数据采集方法。试验结果表明，无人机遥感与长城文化遗产保护在采集速度、数据精度、投入产出均衡度等方面均有良好的适配性，可为下一阶段长城国家文化公园的空间规划设计提供科学依据。

一、长城文化遗产数字化保护需求

1. 长城文化遗产体系保护的需要

长城作为古代世界七大奇迹之一，也是我国第一批列入世界文化遗产的重点文保项目，是全球公认的世界最伟大建筑之一。我国历朝历代对长城的修建活动跨越了两千多年，大众熟知的秦始皇修长城，主要是在春秋战国时期燕国、赵国、秦国已有的长城基础之上，将分段的长城连接起来，"延袤万余里"。2006—2012 年，国家文物局和国家测绘局以"文物定性，测绘定量"的合作方式对中国境内各时期的长城文化遗产进行了全盘摸底（图1），结论是中国境内长城墙壕总长度为 21196.18 千米，北京地区占比 5.38%[①]。可见，我国待研究和体验的长城文化遗产潜力巨大。

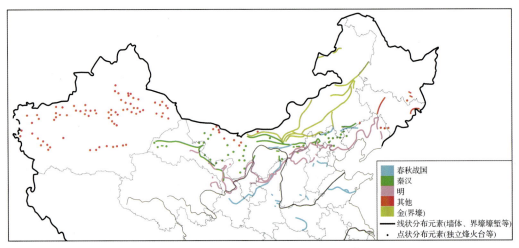

图 1　中国境内各时期长城文化遗产空间分布[②]

关于长城的文献研究、田野调查及考古研究表明，早在秦朝之前的春秋战国，华夏大地已开展了规模不小的长城营建活动。正因如此，清华大学文化遗产保护的先驱学者罗哲文先生将其概括为"上下两千年，纵横十万里"[③]。当前，长城主要分布在中华人民共和国境内，但是在与我国接壤的蒙古、哈萨克斯坦等国，也有长城文化遗产分布。

除了时空分布特征，材料与结构也是长城保护研究值得关注的重要内容。古代限于人力、财力、技术、运输等因素，长城多是就地取材，以最适宜地方环境的方式进行经济高效的修建。只有在靠近京师、重要城镇、要害关口的地方，墙体才使用砖砌。按材料和结构分类，可以将我国古代长城文化遗产的主体结构概括为石构、土结构、砖结构、混筑结构四大类（表1）。因地制宜、千"城"千貌是长城文化遗产的一大特点。

此外，作为守卫边疆的防御设施，长城并不仅仅是一堵墙。以明朝为例，明朝北部依托长城将防御区分成了9段进行管理，史称"九边重镇"，每一镇下又分别设置路、卫、所、旗等更小的管理单元[④]，是一个等级分明且运转高效的军事防御体系。除此之外，为了维护这个庞大体系的日常运作，明朝还实行屯兵制，即守卫人员战时是军人，闲时则是耕种劳作的农民，与普通百姓无异。另外，战争一方面是拼军力，另一方面是拼信息。为了能高效地组织和动员军事力量，及时应对擅长游击的蒙古军队，配合长城独有的空间特质，明朝的军事家们还设计了能快速反馈和传递信息的烽传、驿传系统⑤，以在有限的兵力条件下达到及时响应、迅速反击的效果。正是这套行之有效的空间和运维体系守卫了明朝北部边疆近三百年，让长城以南地区的人民免遭游牧民族的侵扰，农业兴旺、资本主义工商业萌芽，社会呈现稳定繁荣的景象。

表1 长城主体结构分类（按材料和结构分类）⑥

种类	分项	描述	示例
石构	第1类	主体结构用条石或块石砌筑	
	第2类	主体结构用石料干垒	
土结构	第1类	土料经夯打筑成	
	第2类	用黏土做成土坯，垒砌而成	
	第3类	用红柳、芦苇等植物和泥沙相互叠压，渐次堆高	
	第4类	在一侧开挖壕沟，将挖出的土在壕沟另一侧夯筑或堆筑而成	
砖结构	第1类	主体结构以砖为建造材料修筑的墙体	
混筑结构	第1类	内部为夯土或堆土，外部以石块包砌或干垒	
	第2类	主体结构由砖石两种材料砌筑而成	
	第3类	内部为夯土，外部用城砖包砌	

同时，长城不仅是古代的军事防御设施，还在近代中国革命中发挥了作用。九一八事变后，日本侵略者在东北三省建立伪满洲国，日本外相内田康哉在议会演讲时称："满蒙与中国系以长城为境界者……"⑦之后，中国爱国军人借助长城沿线重要关口，发起了激烈的保卫战和反击战，史称"长城抗战"。北京长城的重要关口古北口，就是"长城抗战"的重要战场之一。在今天的古北口长城上，还能清晰地看到当年抗日战争遗留下来的痕迹。

经历了千百年雨雪风霜的侵蚀，又饱受枪林弹雨的无情摧残，再加上当代人们有意无意地损毁，如今的长城已是延袤万余里却满目疮痍的东方巨龙。再加上大部分长城位于偏远且经济欠发达的地区，这些地区自身发展本就十分困难，保护长城更是心有余而力不足。面对如此宏大庞杂的遗产体系，如何有效保护、传承、利用是一个有待解决的难题。

2. 长城国家文化公园建设的需要

过去，我国文化遗产领域条块分割的现象比较严重。具体表现是面对同一个保护对象，不同的管理部门分管不同的内容，互相掣肘进而影响了保护效率和效果。又由于保护目的不同，发展时间不一致，同一个保护对象可能同时涉及历史文化名城、名镇、名村、街区，同时也可能被列为大遗址保护区、考古遗址公园，生态保护区等。⑧这样就给决策的精准性和执行的有效性带来了巨大挑战。为了解决文化遗产领域的相关突出问题，中国独创了"国家文化公园"的概念和管理模式，试图通过对具有相同文化价值的文化遗产和区域进行整体的保护和利用，以达到一种既经济又高效的保护和利用目的。⑨

国家文化公园的建设是实施国家文化强国与文化自信战略的重要举措。2016 年 3 月，中共中央办公厅、国务院办公厅联合发布《中华人民共和国国民经济和社会发展第十三个五年规划纲要》，把建设国家文化公园列为国家文化重大工程。2019 年 12 月，习近平总书记主持召开中央全面深化改革委员会会议，审议通过了《长城、大运河、长征国家文化公园建设方案》，并由中共中央办公厅、国务院办公厅联合发布。2020 年 10 月，中国共产党第十九届五中全会审议通过《中共中央关于制定国民经济和社会发展第十四个五年规划和二〇三五年远景目标的建议》，又将建设黄河国家文化公园列入规划目标。至此，以长城、大运河、长征、黄河为主体的国家文化公园建设的宏伟蓝图被勾勒清晰。

长城国家文化公园的建设已经在长城沿线 15 个省、直辖市、自治区的试点区域如火如荼开展，例如甘肃省、青海省、宁夏回族自治区、山西省、河北省、北京市、天津市、山东省、辽宁省等都陆续颁布了相应的长城国家文化公园建设保护规划。政策的利好以及科研实践人员的积极作为，在一定程度上推动了长城国家文化公园的建设，但是在实践过程中仍面临着许多现实问题。

长城国家文化公园建设，具有"地广、量大、技难"的特点。[10] "地广"是指长城文化遗产分布广泛，长城分布在我国北方地区以及接壤的邻国，且大多处于人迹罕至的地方，如何到达、如何勘测是需要克服的第一个问题。同时，长城文化遗产涉及长城本体、附属营堡、相关遗存、文物等，这是一个极其庞大的文物群，如何对相关资源进行整合组织，如何开展成体系、有效率的保护利用，这是需要解决的第二个问题。最后，我国历朝历代对长城的修建活动持续了两千多年，很多长城段落都是在原址上加建或者新建，存在反复叠压的情况，应该展现长城什么样的面貌，如何"真实"地展现长城的样貌，这是需要探索的第三个问题。

面对以上问题，传统技术方法的短板逐渐显现，例如有 84.6% 的长城墙体修建于山地和丘陵地区[11]，如何快速、安全、有效地对其进行测量、记录，采用传统的技术方法无疑困难重重，但无人机遥感等新技术方法则大有用武之地。

二、基于无人机遥感的技术方法探索

1. 无人机遥感技术应用进展分析

随着无人机制造和使用成本逐渐降低以及技术性能的逐步提升，民用无人机越来越普及，使用无人机遥感开展文化遗产的科学研究工作日益受到关注。2021 年在北京举办的第 28 届国际文化遗产记录科学委员会全球双年会（CIPA 2021）上，可以看到来自全球五大洲三十多个国家的科研、企业人员，都已经开展或者正在开展应用不同类型的无人机（固定翼、旋翼等），携带不同类型的传感器（可见光、多光谱、红外、激光雷达等），对不同地域、年代、类别的文化遗产开展多种多样的探索活动。

相对于卫星遥感、有人飞行器遥感以及地面遥感，无人机遥感与文化遗产保护及科学研究之间存在独特的适配性，可以概括为：受环境影响小，作业灵活度大，采集数据质量高。首先，相对于卫星和有人飞行器，无人机由于飞行高度较低，可以避免由云彩、雾气等带来的遥感信息缺失等问题；而且在危险环境、八级以下大风、小雨等条件下，无人机仍能正常工作，相对受环境影响较小。其次，卫星遥感和有人飞行器遥感作业机动性较小，作业角度受限，且无法避免地物遮挡，这些问题无人机遥感都能很好地避免；而相比地面遥感视野窄、复杂且繁复的工作流程，无人机遥感可以通过规划飞行结合手动飞行，自由灵活地采集不同高度、角度且多元的数据类型，具有极高的作业灵活度。最后，由于无人机遥感可以便捷、及时、无接触地到达一些人力难以企及的位置，配合贴近摄影测量技术，可获取高达毫米级精度的数据，这对于位于悬崖峭壁上的长城墙体、高耸的木结构佛塔、空中楼阁般的悬空寺等文化遗产来说，可以实现快速、高效、无损地采集多种类型的高质量数据。

近年来，随着无人机和传感器设备的迭代升级，以及计算机技术的发展，无人机遥感在长城文化遗产科学研究中的应用也与日俱增。在数据采集与系统研发方面，天津大学张玉坤教授团队常年深耕明长城，目前已完成一轮明长城全线的无人机可见光数据采集工作，并以地理信息系统（GIS）技术为基础技术支撑，构建了明长城防御体系基础信息数据库。[12] 在保护状态监测方面，孙晨红等人将无人机遥感与卫星遥感技术结合，面向陕西省榆林市府谷县 344 处明长城开展了动态监测研究。[13] 在病害诊断与保护方面，武汉大学团队基于无人机拍摄了高分辨率影像，利用深度学习算法提出了一种面向长城主体建筑的损伤定量评估方法，通过该算法可以将评估对象的损害等级归纳为三类。[14] 在价值挖掘与传承方面，张智等人基于长城学和数字孪生理论，提出了以无人机遥感技术为核心、循证分析和科学推演为主体的长城文化遗产价值挖掘与传承的理论框架和技术路径。[15]

2. 无人机遥感技术方法框架构建

借鉴既有技术方法，结合长城文化遗产数字化保护需求，本文建立了如图 2 所示的无人机遥感技术方法框架，涉及前期筹备、目标确定、设备组合、任务规划、野外作业、室内作业、成果导出等多个环节；通常，无人机遥感作业还需要经历内业、外业的往复工作。如图 2 所示，在开展外业工作之前，需要做大量的前期研究工作，前期工作的重中之重就是要先明确作业目标，即以问题为导向，带着明确的问题去开展野外工作。因为野外作业受作业时间、天气条件等诸多客观限制比较多，科学合理的作业目标能避免外业作业陷入片面求大求全的陷阱，进而极大地提高作业效率。当目标确立后，就可以开始组合无人机遥感系统，包括飞行平台、传感器、地面控制系统。[16] 合适的组合，能提高作业质量，避免重复劳动。基于确定好的无人机遥感系统，就可以制定具体的飞行计划，进而开展实际的外业、内业工作。当数据处理完成并获得第一批成果后，经常会发现数据漏测或者数据不理想的情况，因此需要返回去检查设备组合是否合理，是否需要更新替换设备，或是基于原有无人机遥感系统修改飞行任务，以此反复迭代进而获得理想的二维影像、三维模型等数字化成果集合。

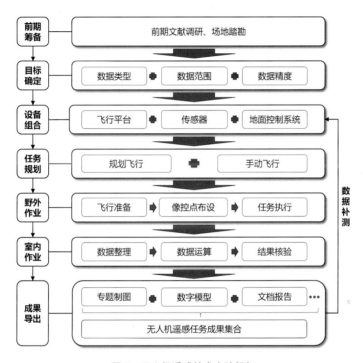

图2　无人机遥感技术方法框架

三、应用无人机遥感实践的典型案例

1.蟠龙山长城文化遗产保护特征分析

蟠龙山长城是长城国家文化公园（北京段）的重要组成部分，是典型的明代砖结构长城。本次无人机遥感应用的探索目标是从文化景观的角度，对蟠龙山长城文化遗产本体及其赋存环境进行数字化记录，并最终服务于长城国家文化公园的实际保护工程和建设项目。根据建筑、规划、景观学科的实际制图需要，通常需要宏观、中观、微观三个层面的制图信息，分别对应总平面图（反映总体环境信息，制图比例

1:2000~1:500）、建筑制图（反映长城本体建筑信息，制图比例 1:200~1:100）、详细制图（反映建筑构件细部信息，制图比例 1:20~1:10），不同比例的工程制图有着严格的图面信息要求和制图标准。[17]基于上述信息，规划设计人员和文物保护从业人员能够科学、精准、有效地开展保护、规划、修复等工作。

为了满足以上目标和要求，本次科学探索计划使用便携式无人机飞行平台，搭配可见光传感器，使用贴近摄影测量技术对重点段落——包含密云 309 号敌楼至密云 312 号敌楼的长城文化遗产本体（墙体、敌楼等），总长度约 400 米（图 3），进行精细化数据采集、记录和建模。

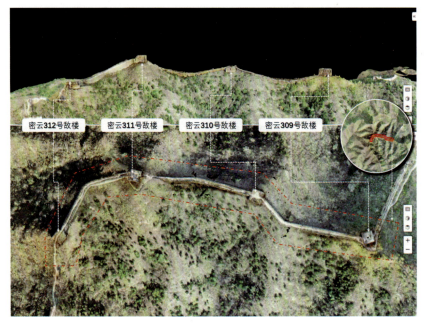

图 3　重点测量范围示意

蟠龙山长城位于北京密云的古北口镇，清代康熙皇帝描述此地为"地扼襟喉趋朔漠，天留锁钥枕雄关"。古北口关始建于唐，金改铁门关，明洪武十一年（1378）筑关城。蟠龙山长城文化遗产是古北口关的重要组成部分，它与卧虎山长城隔潮河相望，正所谓"地险东西分障塞，云开南北望神京"。

蟠龙山长城文化遗产沿山势蜿蜒绵延，气势磅礴，清代乾隆皇帝游历此处时曾感慨："鬼工犹觅费，民力信其艰。"不仅如此，正是由于此处军事地理位置极为特殊，蟠龙山长城文化遗产也见证了著名的古北口抗战。本次记录的敌楼之一——"将军楼"

（图4，密云309号敌楼）屋顶坑洞，正是被日军飞机炸弹（哑弹）破坏所致。

图4 "将军楼"（密云309号敌楼）

2. 蟠龙山长城文化遗产数字化保护实践

通过以上分析不难发现，古北口长城文化遗产的特点，一方面来自前人精巧绝伦的修建及之后历史活动留下的岁月痕迹，另一方面更来自其险要而独特的赋存环境的烘托。因此，面向古北口长城文化遗产的数字化记录，就不能仅仅停留在对长城本体的信息采集上，更应该拓展到对其赋存环境的考察和记录上。本次探索实践的测量范围综合考虑文化遗产建设控制地带范围，明代短程、中程火器的射程范围（分别为350米、350~1000米），被选段落的景观视野、山形地势、遗产状况等因素，选择密云309号敌楼至密云312号敌楼的长城文化遗产本体及其赋存环境进行调研和记录，使研究成果不仅能服务于长城本体的记录、分析、保护、利用，更能在文化景观的视野下展示古代军事地理的选址规律和建造技艺。

本次无人机遥感探索面临不少现实困难，其中之一就是长城两侧密集的草木，造成飞行阻碍，且部分作业墙体较低，导致飞行空间极其狭小，贴近飞行较难（图5）；长城为线性结构文化遗产，飞行距离与飞行时间较长。由于周边环境复杂，无法通过简单的规划飞行完成数据采集任务，而需要根据现场真实植被状况、游客人数、气候、风速、光照等因素，随时调整数据采集计划。

图 5　无人机距离墙面、植被均不足 0.5 米

本次无人机可见光遥感实践中遇到的最突出问题是：不能用一套规划飞行、摄影测量的方法和参数覆盖所有类型的测量对象，因而本项目将待测对象拆分成面、点、线三个维度进行分析和规划。基于前述无人机遥感技术方法框架，制定技术路线，我们将工作流程分为 8 个步骤（图 6），包括前期筹备、测量对象划分、测量样本、测量需求、航高 / 距离计算、飞行任务规划、数据处理、数据成果。其核心是基于测量要求的地面分辨率计算，进而深入规划飞行任务——分区、高度 / 距离、重叠度等。

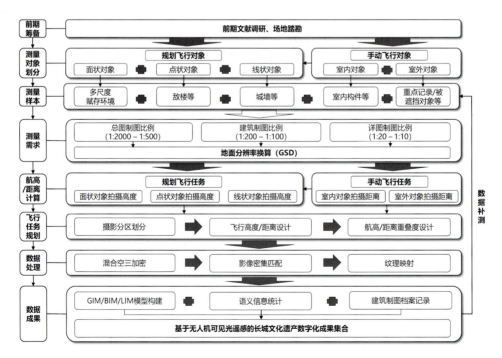

图 6　蟠龙山无人机遥感实践技术路线

经过反复对比试验，本次无人机可见光遥感的野外作业从宏观、中观、微观三个维度展开，分别对应工程制图中的总图制图、建筑制图、详图制图，并依据这三个方面的具体信息采集需求来制定飞行参数、规划飞行任务（表2）。其中在中观（建筑制图）和微观尺度（详图制图）方面，运用了贴近摄影测量的理论和方法，有计划地开展了数据采集工作。应用大疆精灵4 RTK飞行器采集数据，输出300DPI的数码影像，并通过大疆智图等数据计算软件开展内业运算、分析、建模、仿真等工作。

表2　飞行参数设计

	宏观层面	中观层面	微观层面
制图需求	总图制图	建筑制图	详细制图
制图比例	1:500	1:100	1:10
地面分辨率	4.233 厘米 / 像素	0.847 厘米 / 像素	0.085 厘米 / 像素
航高 / 距离[①]	154.5 米	30.9 米	3.09 米
任务规划	100 米井字飞行 50 米井字飞行 （过渡层）	25 米井字飞行 5 ~ 15 米环绕飞行 5 ~ 15 米线性规划飞行	2 ~ 3 米规划斜面飞行 0.5 ~ 3 米局部手动飞行 0.5 ~ 3 米手持飞机拍摄

正如预期中需要内业、外业往复工作，本次共开展了6次外业工作，并通过内业工作的核验，理清数据缺失、数据质量不达标等问题，进行有针对性的数据补测。通过内业、外业反复迭代的工作方式，最终精细化建模的模型精度达到了预期目标（图7）。从图中可以看出，无论是宏观层面的蟠龙山长城本体与赋存环境的关系，还是中观层面单体敌楼和分段墙体，以及微观层面每个砖块构件的损毁信息，都清晰可见且可量测，这为后续的保护工作奠定了扎实的基础。

四、总结与展望

文化复兴是中华民族伟大复兴的重要组成部分。长城作为中华民族的文化标识，保护好长城文化遗产，建设好长城国家文化公园，是伟大中国梦的重要支撑。科技的

图 7　蟠龙山长城文化遗产精细建模成果图示

发展为科学有效地保护、传承、利用长城文化遗产，提供了新思路和新途径。无人机遥感之于长城文化遗产保护，具有受环境影响小，作业灵活度大，采集数据质量高等优点，是一个值得探索和普及的技术方法。

面向长城国家文化公园建设，应呼吁更多专业的人才、更广泛的学科交叉、更多元的技术方法为之探索。应用无人机遥感采集完数据之后，如何进行下一步的分析、建模、展示，是需要进一步研究的问题。当前已有部分学者结合数字孪生理论和方法，开展长城文化遗产数字孪生的研究。这方面的探索，也将反过来对无人机遥感提出新的要求。随着民用无人机越来越轻便，续航能力越来越强，无人机遥感的劣势正在被逐渐弥补。下一步的研究将进入"深水区"，因此更需要探索和加强基于无人机遥感数据的知识挖掘和价值阐释研究，进而更有效、更切实地服务于长城国家文化公园建设。

附记：本文为国家文物局重点科研基地研究项目"长城文化遗产保护与利用的空间信息技术方法研究"（项目编号：2020ZCK203）的研究成果。

注释：

* 通讯作者：党安荣，教授、博士生导师，研究方向：城乡规划技术科学及文化遗产保护信息化，Email：danrong@mail.tsinghua.edu.cn

① 国家文物局：《中国长城保护报告》，《中国文物报》2016 年 12 月 2 日。

② 图中用黑色虚线圈出的是本课题组已经开展无人机遥感探索试验的省（直辖市、自治区），底图根据国家文物局《中国长城调查报告》资料重绘，来源：http://www.

ncha.gov.cn/art/2019/1/24/art_722_153488.html.

③ 罗哲文、董耀会：《关于长城学的几个基本理论问题》，《文物春秋》1990 年第 1 期。

④ 张玉坤、李严：《明长城九边重镇防御体系分布图说》，《华中建筑》2005 年第 2 期。

⑤ 徐凌玉：《明长城军事防御体系整体性保护策略》，天津大学 2018 年博士学位论文。

⑥ 资料来源：《长城维修工程施工规程（WW/T 0110–2020）》；《长城资源要素分类、
代码与图式（WW/T 0029–2010）》。

⑦ 金以林：《论长城抗战》，《抗日战争研究》1992 年第 1 期。

⑧ 钟晟：《文化共同体、文化认同与国家文化公园建设》，《江汉论坛》2022 年第 3 期。

⑨ 董耀会：《关于建设长城国家文化步道的几点思考》，《河北地质大学学报》2022
年第 6 期。

⑩ 张智、党安荣、侯妙乐等：《长城文化遗产保护与利用的信息技术方法框架构建》，
《遥感学报》2021 年第 12 期。

⑪ 于冰：《中国长城整体保护管理：挑战与探索》，《中国文化遗产》2018 年第 3 期。

⑫ 李严、张玉坤、李哲、徐凌玉：《明长城防御体系整体性保护策略》，《中国文化
遗产》2018 年第 3 期；李哲、孙肃、李严：《长城保护研究中多源航测数据利用框
架图》，《中国文化遗产》2018 年第 3 期；张玉坤、范熙晅、李严：《明代北边战
事与长城军事聚落修筑》，《天津大学学报（社会科学版）》2016 年第 2 期。

⑬ 孙晨红、辛凯强：《基于无人机和卫星遥感技术的长城变化监测》，《北京测绘》
2020 年第 9 期。

⑭ Gong Y., Zhang F., Jia X., Huang X., Li D., Mao Z. Deep Neural Networks for
Quantitative Damage Evaluation of Building Losses Using Aerial Oblique Images: Case Study
on the Great Wall (China). *Remote Sensing*，2021，13: 1321.

⑮ LAMB K. Principle–Based Digital Twins: A Scoping Review,2019；张智、党安荣、侯妙乐
等：《长城文化遗产保护与利用的信息技术方法框架构建》，《遥感学报》2021 年
第 12 期；Massafra A., Predari G., Gulli. Towards Digital Twin Driven Cultural Heritage
Management: A HBIM–Based Workflow for Energy Improvement of Modern Buildings.
ISPRS Annals of Photogrammetry，*Remote Sensing & Spatial Information Sciences*，2022
；党安荣、张智、信泰琦等：《长城文化遗产保护与传承数字化发展进程与趋势》，
收入燕山大学中国长城文化研究与传播中心编《长城学研究（第 1 辑）》，燕山大

学出版社 2022 年版，第 203~216 页。

⑯ 李德仁、李明：《无人机遥感系统的研究进展与应用前景》，《武汉大学学报（信息科学版）》2014 年第 5 期。

⑰ 中国建筑标准设计研究院主编：《建筑制图标准（2010GB/T 50104–2010）》。

⑱ 宏观、中观层面的飞行航高基于起飞点，微观层面的拍摄距离基于测量对象。

遥感技术在秦始皇陵考古研究中的应用

Applications of Remote Sensing to Archaeological Research of
Emperor Qinshihuang's Mausoleum Site

谭克龙[1]、周小虎[2]

1 中化地质矿山总局，北京，100028
2 西北大学地质学系，西安，710069

我国是具有悠久历史的文明古国，仅历代主要帝王陵墓就有 600 余座，每个帝王陵墓还有多个陪葬墓等附属设施、附属建筑及相应的古遗址群，它们共同构成帝王陵区。[①]我国丰富的历史文化遗产，不仅具有极高的科学和文化价值，而且对弘扬民族精神、促进当代经济社会发展具有重要意义。秦始皇陵是世界上最大的帝王陵墓之一，建陵前后历时 38 年，陵区分布范围达 56.25 平方千米。陵区除规模宏大的地宫建筑群，还有众多陪葬坑、陪葬墓群和其他遗迹，其布局、规模及其所反映的陵墓制度，在历代帝王陵墓中独树一帜；陪葬陵墓建造时间之久、规模之大、结构之复杂、随葬之丰富，世界罕见。1961 年，秦始皇陵被国务院确定为第一批全国重点文物保护单位；1974 年发现的秦始皇兵马俑被称为"世界第八大奇迹"；1987 年，秦始皇陵（含兵马俑坑）被列入《世界遗产名录》；2001 年，李岚清副总理视察秦始皇陵时，提议建立"秦始皇陵遗址公园"，并做出将自然科学技术应用到文物考古探测上来的指示。[②-④]

为了研究探索我国现代考古技术的方法体系，推动旅游经济的发展，以及研究开发国土资源和军事探测新技术，根据考古研究的需求，考古人员以秦始皇陵外城垣以内 2.13 平方千米为研究对象，利用先进的遥感探测技术和区内以往的遥感图像资料，结合多数据融合方法，深入分析提取研究区内各类浅层文物遗存的异常信息，借此评价各种遥感方法以提升考古的有效性；同时，探测陵区地下遗迹，为始皇陵封土下是否存在墓室建筑及陵园内是否有其他地下遗迹提供证据。

此次遥感考古勘测及研究，取得了一系列重大考古发现。一是发现了西向墓道。排除地面植被和人文活动异常，高光谱短波红外从土壤岩性、热红外从温度异常，均反映出与已经探明的东墓道形态一致、方向对称的线性异常。遥感和物探的结果均发现了西向墓道。封土堆中部有热异常，推断为地宫建筑群反映。二是阻排水渠仍然具有良好的阻水作用。地下阻排水渠东侧和南侧为低温异常区，在夜航温度图像上，此处比周围平均低3℃，而湿度比周围高5%，说明其阻水作用依然显著。三是首次初步探测出墓室建筑的位置、埋深、形状及尺寸。墓坑开挖规模，东西长约170米，南北约145米；宫墙顶深海拔约471米，高约16米，宽约8米，东西长约145米，南北宽约125米；宫墙之上有与宫墙位置、范围基本一致的细夯土墙，高约30米；墓室位于地宫中央，顶深海拔470~480米，高约15米，东西长约80米，南北宽约50米，墓室主体尚未坍塌和进水。这些均属于无损探测取得的成果，是以往考古部门孜孜以求而又无法获得的成果。四是封土堆中部存在矩形热异常。在夜航温度图像上，存在比周围高5℃的热异常，其形状与磁异常的分布一致，推断为地宫建筑群的反映。五是封土堆土石来源于南部骊山脚下的两个巨型凹陷坑。高光谱图像清楚地显示，在骊山脚下存在两个与周围地形极不协调的巨型凹陷坑。

此次工作成果不仅具有重要的科学价值，而且具有巨大的社会效益和经济效益。因考古勘查与工程勘查、环境调查、资源调查所使用的方法技术有相似之处，所以本次研究取得的技术成果，完全可以推广应用到工程勘查、环境调查和资源调查工作中。无论在我国，还是在全世界，目前的工程勘查、环境调查和资源调查都是一个需求量旺盛的大市场，大有用武之地。

一、秦始皇陵遥感考古的动议及经过

秦朝是中国历史上第一个统一的、多民族的、中央集权的封建制国家。[⑤]秦始皇嬴政（前259—前210）的一生只有短暂的50年，却导演了中国历史上最为波澜壮阔的一幕。秦始皇陵规模巨大，陵园布局和地下遗迹复杂，兵马俑的发现，仅称得上是"冰山一角"。秦始皇即位之初，就开工为自己建陵，这一工程伴随了始皇的整个政治生涯，到其下葬之时并未全部完工，则已历 38 年之久（前 246—前 208），比埃及胡夫金字塔的修造时间还长了 8 年。动用修陵人数最多时近 70 万人，几乎相当于修建胡夫金字塔人数的 8 倍。秦始皇陵园是中国历史上第一座规模庞大、设计完善的帝王陵园（图 1），是中国古文化的一次大汇集，就像一个巨大的迷宫，自 1974 年发现令世人震惊的秦始皇陵兵马俑以来，就一直是全世界关注的焦点（图 2）。⑥⑦

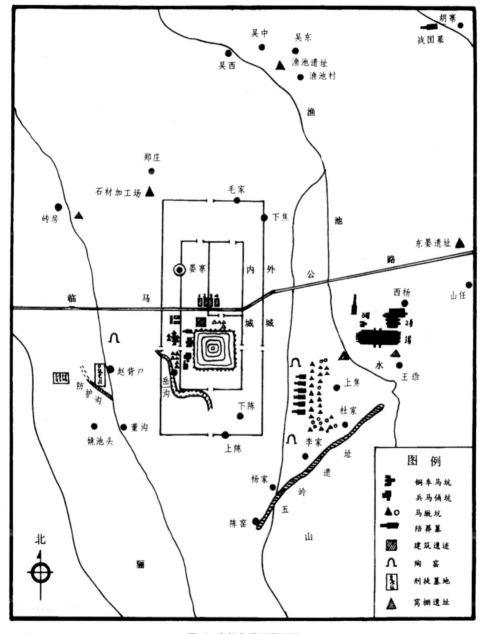

图 1　秦始皇陵区平面图

图2 秦始皇陵南侧（1914年2月16日，法国诗人谢阁兰拍摄）

　　近年来，先后在秦始皇陵区发现了一批高规格的陪葬品和陪葬坑，已经知道的有铠甲坑（图3），它的面积跟兵马俑一号坑差不多；还有文官俑坑、马厩坑、珍禽异兽坑、铜禽坑、铜车马坑等。[⑧-⑪]如此丰富的宝藏使人自然地联想到地宫的埋藏可能更加丰富，最重要的文物、建筑可能都集中在地宫。无论是考古学界还是一般社会群众，都希望知道地宫的情形，以满足自己的好奇心和求知欲。但整个陵园还有更多的谜团没有解开，秦始皇陵的内部结构到底是什么样？地宫存在吗？陵墓是如何采取防水措施的？秦始皇陵有几条墓道？这些问题仍然有待解决。

图3 铠甲坑（2003年摄）

秦始皇陵区位于渭河平原中部、骊山北麓，东距西安市30千米，距临潼区5千米。境内交通方便，有陇海线、西韩线两条铁路经过，公路有310国道、西潼高速公路、渭富公路、临马公路等（图4）。陵区正南北向分布，占地面积56.25平方千米。陵区的古代地面建筑早已荡然无存，只有陵丘残留地表，在陵丘四周建有现代围墙，墙外散布大量的现代民居。陵区周围广泛栽种石榴树，部分地面为农田。

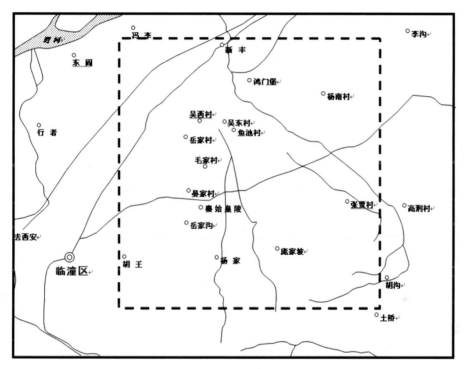

图4 秦始皇陵区交通位置图

秦灭亡以来的2000余年，秦始皇陵所经历的自然侵蚀与人为破坏，已使陵园地面建筑完全消失，地表仅存巨型的覆斗形封土。新中国成立后，经地方政府和文物部门的努力，陵园及周边区域得到保护，但由于当时对地下遗迹的分布情况知之甚少，没能圈定合理的保护范围，目前仅陵园外城垣内，就住有3个行政村、15个村民小组、1千余户村民，计6千余人，另有24个企事业单位。据多年的考古勘查资料显示，秦始皇陵园内的建筑基址埋藏较浅，多距地表仅30~40厘米，并被一些民宅、企事业单位院落占压。遗址区域内的农田、井渠、厂房及人员活动，直接对地下遗迹造成了破坏，并严重影响着陵园的历史环境景观，影响着国家的声誉和形象。如不能从根本上解决这些问题，将会对秦始皇陵这一珍贵的世界文化遗产造成难以补救的损失。遥感考古学是探讨如何应用现代遥感和信息科学的理论、技术和方法来解决文物考古问题的科学。具体地说，它是利用地学遥感手段获得田野考古信息，并结合地面田野考古方法、经验和成果，对所获得的信息进行处理和分析，从而进行考古研究的一门学科。[12][13]

根据秦始皇陵区的野外调查，近代对陵区文物遗迹损毁最严重的时期是1957年的"大跃进"运动和20世纪六七十年代的"农业学大寨"运动。大规模平整土地，导致大多数墓葬封土及地面古建筑消失，在当时文物保护意识薄弱的地区，对平整土地时出土的文物未予清理和登记，甚至出现故意毁坏的情况。这种情况的发生，使常规的地面考古调查很难发现遗迹现象，同时也增加了航空遥感考古的难度、降低了遥感勘测的精度和效率。所以，在秦始皇陵区开展遥感考古调查时，要尽量采用早期的、大规模平整土地之前的航空摄影图像。

本次收集的全色摄影图像有两个时相,即1956年10月25日(АЭРОХОТОАППАРАТ航空摄影机 Типа AXA)（图 5）和1974年9月的全色图像（图 6）。

图 5　1956 年秦始皇陵封土堆全色航片

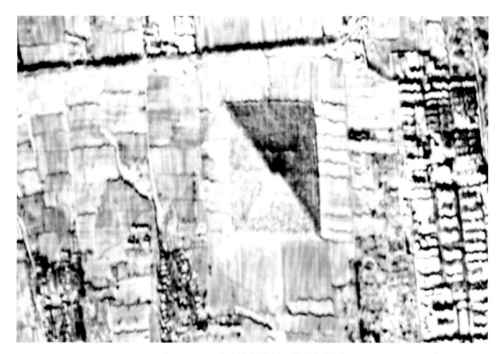

图 6 1974 年秦始皇陵封土堆全色摄影

　　1956 年的秦始皇陵封土堆全色图像是重点采用的资料，原图像比例尺为 1 ： 50000。当时的地面建筑密度和近代人工改造都比较少，加之时值初冬，农作物收割完毕，冬小麦刚播种，大部分树木已落叶，植物影响较小，便于多方位综合分析。不足之处是图像比例尺小，底片在保存过程中出现了少量的霉点，但不影响立体判读。

　　1974 年的秦始皇陵封土堆全色图像的比例尺为 1:10000。时值秋收季节，一些田块已成裸地，而另一些田块仍然被浓密植物覆盖；加之区内多数田块被大规模人为改造，天然坡地变成了梯田，地面土包和坟堆被夷为平地，一些文物标志遭到严重破坏等，影响了考古分析的效果。所以，秦始皇陵封土堆全色摄影的图像主要是基于 1956 年的图像，1974 年的全色图像只作为参考。

二、秦始皇陵园遥感考古新发现

1. 西向墓道的发现

　　从商周到秦汉，王墓通常有四条墓道，分别指向东、南、西、北四个方向，是最高身份和地位的象征，而诸侯、士大夫的墓葬，其地位由高而低，依次为二墓道、一墓道及无墓道。及至战国时期，随着周天子影响力日渐衰微，列国僭越现象不断发展，战国晚期秦国率先开始使用四条墓道。⑭ 始皇帝的陵寝，很可能也有四条墓道。但之前的考古勘探，已经确认的秦始皇陵只有一条东墓道。因此，对于秦始皇陵墓道的探索成为考古研究的重要任务之一。秦始皇陵墓巨大的规模，上方所用石料和土壤状况不同于相邻区域，以及陵墓四面斜坡目前没有任何建筑，为遥感探测墓道带来了便利条件。

野外调查了解到，为改变石榴园地的土壤条件，陵墓的上部每年3月份都要进行除草和翻土，从而使土壤成分全面显露。从遥感原理看，热红外图像更能反映土壤结构差异和细微的温度变化，为此需要重点集中对热红外图像进行处理。处理结果发现，从陵墓顶到西边缘，有条长约160米、宽约18米的线状图像，再用其他方法处理，得到的结果几乎一样。同时，在已经探明的东墓道位置上，也有一条线性图像，但是它远不如西侧的那样显著（图7）。由此证明，在遥感图像上发现的线性异常来自地面土壤成分和温度的差别。同期进行的地面钻探证明，遥感图像上发现的线性异常就是秦始皇陵的西墓道！2003年年底，在传统考古工具洛阳铲的帮助下，秦陵考古队终于证实了西墓道的存在！这是遥感考古对秦始皇陵墓制的又一重大发现。然而，秦始皇为何只为自己的墓室设计两条墓道，仍然是萦绕在考古专家心中的一个疑团。

2. 令人叹为观止的地下阻排水渠

图7　遥感影像上东西墓道之位置

秦始皇陵地区地层中含有多层自东南向西北流动的地下水，因此在地宫修筑过程中遇到的一个最大困难就是当下挖至潜水层以后如何排导多层的地下水，而且还要考虑地宫建成后的防水措施。此次探测出的地下阻排水系统，让所有的难题都迎刃而解，也让工程专家叹为观止，从而对秦朝建设者的高超智慧钦佩不已。据史书记载，为了防止山区洪水对秦始皇陵园地表的破坏，在秦始皇陵的东南方修建了约 2 千米长的拦水大坝，拦截从五条山沟冲下来的季节性洪水。为了抵御地下水对地宫的渗透和破坏，在陵墓的东、南、西侧修建了地下阻排水渠。在长期的山洪冲击下，拦水大坝早已形成一个巨大的豁口，每当山洪暴发时洪水从豁口奔涌而出，汇入陵墓东侧的小河向北流入一个大水坑。那么，这些洪水会不会渗入地下，威胁地宫呢？地宫中是否已进水？是否坍塌？这些都取决于地下阻排水渠目前的阻水效果。从地面看，地下阻排水渠的位置与相邻的区域一样，没有什么差异。根据野外测试的结果分析，正常状态下，地面湿度越大，温度越低。从经过温度计算的热红外图像看（图 8），地下阻排水渠为显著的低温区，温度只有 4.2℃ ~ 6.5℃，其他区域温度在 6℃ ~10℃。陵墓东侧低温区的宽度约 75 米，地下阻排水渠实际宽度 83 米，现今修建的道路掩盖了部分温度异常区域。这些图像特征说明，地下阻排水渠的作用依然存在。它使来自东南部山坡的地面和地下水改道，使水沿着地下阻排水渠东侧向北或从南侧向西绕过地宫，这样在东侧和南侧就形成了相对的地下富水区。此区域实际测量的地面湿度也相对较大，高出其他区域 5% ~ 10%。较高的湿度必然出现较大的水分挥发，带走较多的热量，所以地面温度必然降低。这个结论和采用自然电场法获取的结果完全一致，证实了地下阻排水渠的存在，也证实了它的阻水效果仍然存在，它仍在保护着地宫不受地下水的侵害。

3. 奇特的陵墓高温异常证实了地宫的确切位置

秦始皇的地宫是否真的存于封土之下，2000 年来众说纷纭。历史上有不可胜数的记载和传说，让秦始皇陵地宫成为千古之谜，并且头绪越来越复杂。有人推测封土下并非真正的地宫所在，更有人臆断秦始皇的墓室在南部的骊山里。当然，多数人还是认为墓室就在封土之下。但是，没有科学的根据，所有的说法都只能是推测。地宫是放置棺椁和随葬

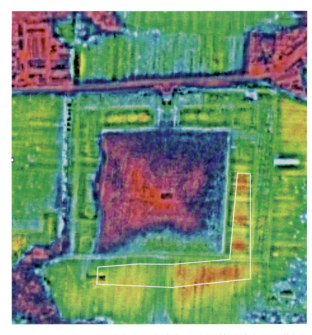

图 8　阻排水渠异常信息图（白线为 "L" 形堵阻排水渠通道）

器物的地方，为秦皇陵建筑的核心。各种推测在这次遥感和物探探测之后就结束了，因为探测结果给出了准确的结论——地宫就在封土堆下！根据探测，秦始皇陵墓室内没有进水，也没有坍塌。有关秦陵地宫的位置问题，遥感和物探的探测结果表明——地宫就在封土堆下。规模宏大的地宫位于封土堆顶台及其周围以下，距地面35米深，东西长170米，南北宽145米，主体和墓室均呈矩形状。墓室位于地宫中央，高15米，大小相当于一个标准的足球场。封土堆下墓室周围有一圈很厚的细夯土墙，即所谓的宫墙。在土墙内侧，还发现了一道石质宫墙。关中地区历史上曾遭受过8级以上的大地震，而秦始皇陵墓室完好无损，这与宫墙的坚固程度密切相关。

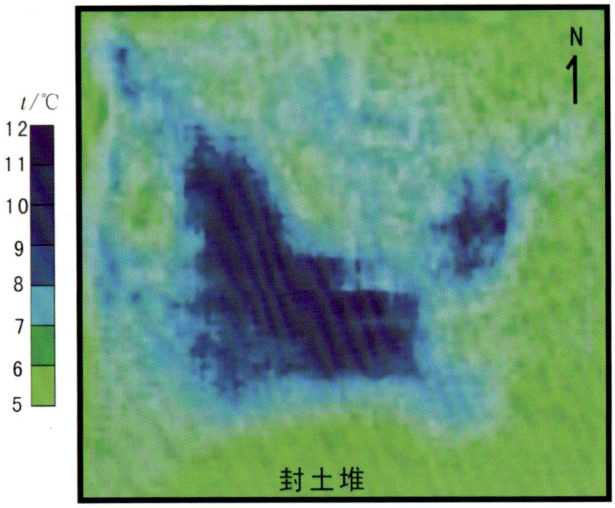

从热红外遥感图像上发现陵墓（图9）存在明显的高温区域，陵墓上存在明显的热异常分化区，尤其是陵墓的中间大约有180米×140米区域存在高温异常。陵墓的高温异常，是什么原因引起的呢？地面钻探发现：陵墓上从地面向下1米出现松散的地基，到约2米深处出现致密的地基。根据土壤学原理，土壤越致密，热传导性越好。据测定，陵墓的地基密度为1.95克/立方厘米，其他地区土壤的密度为1.59克/立方厘米。由此可见，陵墓地基中的孔隙大为降低，非常致密，其导热性优于其他土壤，在严寒的冬季，它把更多的地热传向地基表层。

根据地球物理勘探，致密地基的土壤磁性大为增强。其

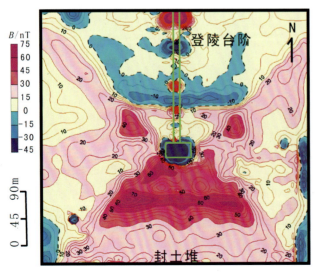

图9　秦始皇陵封土堆热异常状况图

图10　秦始皇陵封土堆高精度磁异常分布图

磁异常（图10）的分布形态（几乎为长方形）与图9彩色热红外的温度异常形态一致。陵墓中间出现的高温异常和高磁异常，成为证明陵墓下存在地宫的一个重要证据。如果没有地宫，也就没有必要在陵墓下铺设如此致密的地基，所以从陵墓的高温异常可以推断出陵墓下存在地宫。

4. 确定了秦始皇陵的用土来源

秦始皇陵墓的修建，需要大量土石，经测算约需210万立方米。秦始皇陵用土来自何处？多年来，考古研究者说法不一。通过1956年全色航空图像上的立体观测，在陵墓南侧发现有两个巨型凹坑，经进一步考察和计算，判定陵墓用土来自陵墓南侧山脚下。因为从山脚下取土，比其他地方路程近，而且一路下坡，工程难度小，古人没有必要舍近求远，避轻就重。图11展现的是陵墓南侧骊山脚下两个巨型取土坑，二者之和约为240万立方米，考虑运输中的土方损失，与陵墓的土方用量基本吻合，因此确定了修建秦始皇陵的土方是从这里挖掘的。

图11　封土堆南骊山脚下巨型取土凹陷（箭头所指位置）

三、扑朔迷离的秦皇陵

秦始皇陵是全世界最大的皇陵，先后征用近 70 万人，花费 38 年才修建而成。在陵区，除了秦始皇陵这个巨大的墓穴，还有豪华的宫室和众多随葬坑、陪葬墓和其他遗迹，陵区占地面积 60 平方千米。经过 30 多年的考古勘探，目前陵区内已发现各类文物遗迹 600 余处。其中，各类陪葬坑 180 座，秦代墓葬 400 余座。秦始皇陵及其陪葬的兵马俑，被联合国教科文组织列为世界文化遗产。但是，迄今为止，我们对秦始皇陵区的考古工作做得还远远不够，对地宫的详情、墓葬整体布局和分布、数量等方面，都需要做出进一步的调查。遥感考古，可增进人们对墓葬群的空间布局和数量的认识，查清有关文献记载的真实性，为秦始皇陵的深入研究、挖掘和开发利用提供可靠依据。对秦始皇陵区的遥感考古，拥有巨大经济效益和社会效益。遥感技术是当前和今后考古领域普遍采用的技术，希望通过遥感考古与地球物理综合探测技术的相关研究，把当前先进的高光谱遥感和热红外遥感技术与其他物探技术相结合，提高考古研究的效率和更深层次的探测精度，对今后的考古工作将具有指导和示范作用。

这次遥感考古调查和研究所取得的新发现，只是整个秦始皇陵地上、地下建筑群中很有限的一部分。秦始皇陵埋藏着太多的秘密，有些秘密是可以通过科学的探测和研究来解开，有些秘密则只有等到彻底发掘全部陵区的那一天才能找到答案，这也正是秦始皇陵的神秘性和巨大魅力所在。相信随着考古工作的进展，肯定还会有更大的意想不到的发现。

注释：

① 田有前：《试论秦陵墓制度的演变特征》，《秦汉研究》2011 年第 00 期。

② 韩宏：《秦始皇陵将启建遗址公园》，《文汇报》2003 年 5 月 21 日。

③ 朱思红：《世界文化遗产——秦始皇帝陵的保护》，《西北大学学报（哲学社会科学版）》2004 年第 3 期。

④《秦始皇帝陵博物院》，《中国文化遗产》2014 年第 5 期。

⑤ 杨东晨：《秦文化与当时世界诸国文化的对比研究》，《宁德师专学报（哲学社会科学版）》2001 年第 1 期。

⑥ 金欣：《秦始皇陵及兵马俑坑》，《新长征（党建版）》2013 年第 5 期。

⑦ 秦始皇帝陵博物院：《秦始皇陵区秦文化遗存剪影》，《军事历史》2013 年第 4 期。

⑧ 林静：《秦始皇陵的新发现》，《对外大传播》1999 年第 12 期。

⑨ 本刊讯：《甲胄藏千年 一出天地惊——秦始皇陵园发现大型铠甲坑》，《文博》1999 年第 5 期。

⑩ 刘占成：《秦陵"六号坑"性质商榷》，《秦文化论丛》2004 年第 00 期。

⑪ 何宏：《文官俑坑探微》，《秦文化论丛》2005 年第 00 期。

⑫ 栾盛楠：《遥感考古——探索人类文化遗产的新手段》，《东南文化》2004 年第 4 期。

⑬ 雷生霖：《论遥感技术在考古学中的应用及意义》，《东方博物》2011 年第 4 期。

⑭ 段清波、朱晨露：《古代陵墓墓道研究——中国古代陵墓制度研究之四》，《考古与文物》2019 年第 5 期。

新疆喀什地区遥感考古新发现

New Discoveries of Remote Sensing Archaeology in Kashi, Xinjiang

钱静轩

中国国家博物馆，北京，100006

喀什地处我国新疆维吾尔自治区的西南部，位于东经 71° 33′～79° 52′，北纬 35° 28′～40° 18′ 之间。从地图上看，新疆深居欧亚大陆腹地，而喀什恰似这一腹地的中央，处在"人类文明的十字路口"。正是这一特殊的地理位置，决定了喀什自古以来便是东西方交流的重要区域。

喀什东邻塔克拉玛干大沙漠，北枕天山南脉，西倚帕米尔高原，南靠喀喇昆仑山，形成三面环山、一面敞开的地理格局。喀什噶尔河和叶尔羌河是流经喀什的两条大河，在它们的孕育之下，河流沿岸形成了两片巨大的绿洲，为这片被沙海和高山包围的广袤大地注入了勃勃生机；充沛的水源，肥沃的土地，使这里自古以来便是新疆最为富庶的地区之一，而丝绸之路的开辟更为这里留下了悠久的历史和深厚的文化底蕴。

喀什为古疏勒国地，疏勒是汉唐西域诸国中的一个大国，也是丝绸之路上的重要节点。西域北道和南道分别沿着天山和昆仑山，绕过塔克拉玛干沙漠后在疏勒会合，又从这里启程，一路溯克孜勒苏河而上至中亚，继续西行可往西亚，乃至地中海沿岸，一路翻越帕米尔高原，可抵南亚印度次大陆。自西汉张骞"凿空"西域以来，满载奇珍异宝的商贾驼队、心怀虔诚信仰的僧侣和信徒、肩负国家使命的官员和使节，都曾沿着漫漫丝路驻足于此。也正是东西方物质和精神文化的荟萃融合，才孕育出了光辉灿烂的丝路文明，并给喀什留下了深深的印记。

时至今日，我们在喀什仍可见到大量保存下来的古代遗存。这其中既有反映佛教东传的寺院和石窟，也有见证了丝路兴衰变迁的古城和村镇，更有大量体现中央政权管辖和开发西域，保障丝路畅通的戍堡、烽燧、驿馆和屯田。这些遗址共同组成了一条丰富多彩的丝路文化景观长廊，不仅是我们了解喀什地区古代历史的宝贵材料，也集中反映了丝绸之路博大深远的文化内涵，具有重要的价值。2018—2019 年，中国国家博物馆与喀什地区文物局联合组队，对喀什境内丝路沿线上的重要古代遗址开展了系统的遥感考古调查工作，收获了许多新的发现和认识。在此，我们从中选取三处类型不同的遗址，结合考古发现和相关研究，并借助无人机航拍和卫星影像资料从空中鸟瞰遗址的全貌，对其进行概括性的介绍。这或许能使读者身临其境地感受到喀什在东西方经济和文化交往中所做出的贡献，也能为我们探索和了解丝绸之路提供一个不同于以往的崭新视角。

一、西域梵音——莫尔佛寺

佛教诞生于公元前 6 世纪—前 5 世纪的古印度，至迟于西汉末年沿丝绸之路传入我国，首先流行于塔里木盆地南北缘的西域绿洲诸国。疏勒是佛教传入西域的第一站，佛教传入后发展迅速，不仅僧徒信众日益增多，佛教寺院也相继建立，至公元 3—4 世纪疏勒已成为西域佛教重镇之一；入唐以后，佛教在疏勒更是盛极一时，在宗教上占据了绝对的统治地位。据玄奘《大唐西域记》所载，唐代疏勒的朅盘陀地区（今塔什库尔干塔吉克自治县）有伽蓝（"寺院"的梵语）十余所，乌铩地区（今莎车县）有伽蓝十余所，斫句迦（今叶城北部）有伽蓝数十所，而王国的统治中心佉沙地区（今喀什市区）有伽蓝数百所之多，僧徒有万余人之众。由于历史的沧桑变迁，保存至今的疏勒佛教遗迹已不多。据林梅村统计，在今喀什及其周边地区有大小古代佛教遗址19 处[①]，既有地面寺院，也有石窟寺，其中有半数集中分布在喀什和阿图什附近，另一半则散布于巴楚、莎车、叶城、塔什库尔干等地，年代大约在公元 2 世纪至 8 世纪末，相当于东汉末年到唐代中期，恰好见证了佛教从传入到发展繁荣，再由盛而衰的全过程。从古代的疏勒到今天的喀什，尽管繁华的佛国盛况已归于沉寂，但尚存的佛教遗迹说明，这里自古便是多种宗教并存的地区。

在这些佛教遗迹中，以位于喀什市伯什克然木乡的莫尔佛寺最引人关注，其地处古玛塔格山东端的一处黄土台地之上，南临恰克马克河北岸的冲积平原，东望茫茫无际的戈壁滩。台地呈西北—东南走向，地势自东而西缓缓升高。寺院坐落于台地的西缘，在犬牙交错的峰峦和荒芜不毛的大地衬托之下，既雄壮威严，又神秘莫测（图1）。

图 1　莫尔佛寺三维模型②

远在数千米之外便可遥遥望见两座高大的佛塔，一南一北，赫然矗立于台地之上，"圆顶佛塔"居南（图2），"梯形佛塔"立北（图3）。这两座佛塔是新疆目前保存较完整、体量较大、知名度颇高的佛塔，也是现存较早的疏勒佛教建筑实物。从造型和风格上看，这两座佛塔又明显不同于汉地常见的石质或木质楼阁式佛塔，而带有鲜明的地域特色与时代特征。

起源自古印度的佛塔，在梵语里称为 Stupa，汉语音译作"窣堵波"，本是为珍藏和掩埋佛祖舍利而修建的纪念性建筑物及供僧徒信众礼佛崇佛之所。

图 2　圆顶佛塔

早期的佛塔造型为覆钵式，以印度中部的桑志大塔为代表，其最显著的特征是佛塔底部有一巨大的圆形台基，在台基之上是低矮的覆钵丘，佛塔的通高远不及台基的直径。到了贵霜王朝时期，犍陀罗和中亚地区的佛塔，不仅覆钵丘逐渐升高，而且开始出现方形台基和圆柱

图 3　梯形佛塔

形塔身，佛塔的高度也渐渐超过台基的宽度。从这一特征上看，莫尔佛寺的"圆顶佛塔"在建筑结构和形制上带有强烈的犍陀罗风格，与现存于阿富汗、巴基斯坦等地的佛塔具有诸多相似之处。其通体用方形或梯形土坯砌筑，高约 11 米，塔基呈方形，其上再接圆柱状塔身。塔身高 5 米，穹顶呈圆形，直径略小于塔基，内部中空，有一柱形孔道直通塔顶，形似烟囱。"莫尔"在维吾尔语中为"烟囱"之意，佛寺也因此得名。相比较而言，不同于犍陀罗地区的佛塔以塔身为主体，"圆顶佛塔"的塔基高有 6 米余，共分为四层，底部三层为方形，最上一层为圆形，由下至上呈阶梯状内收。如此高大的塔基已彻底摆脱了覆钵式佛塔的造型特点，可视作佛塔在西域地区的新发展。这一类型的佛塔，还见于库车苏巴什大寺、于阗热瓦克佛寺、若羌楼兰故城、米兰佛寺等，其年代一般认为是在公元 3—4 世纪。③

　　与"圆顶佛塔"并置，偏居于寺院北部的"梯形塔"显然又是另一类型的佛塔建筑。其通高约 8 米，底部东西长 25 米，南北宽 24 米，塔顶呈不规则的方形，东西长 14.2 米，南北宽 13 米，通体以土坯垒砌，由四层方形平台叠筑而成，自下向上逐层收缩。虽遭到较为严重的破坏，但在南面和西面仍然依稀可见少量嵌入塔身的佛龛残迹。英国人斯坦因曾把这座佛塔与吐鲁番高昌故城和交河故城发现的塔状佛堂建筑进行类比。④这类建筑的最突出特征是外观由多层方形平台构成，并在每层台子的四面开设佛龛，年代多在公元 7—8 世纪之间。

图 4　航拍莫尔佛寺建筑遗迹

在两座佛塔之外，台地上还发现有若干规模不等的建筑基址，但其保存情况都不理想，规模大的有可能是讲经宣戒的佛殿、讲堂，小的或为僧人起居修行的僧房、禅室。在航拍影像上，依稀可辨识出一座基址的结构（图 4），其位于圆顶佛塔东北 35 米，平面为规整的长方形，方向北偏西 30°，门朝东

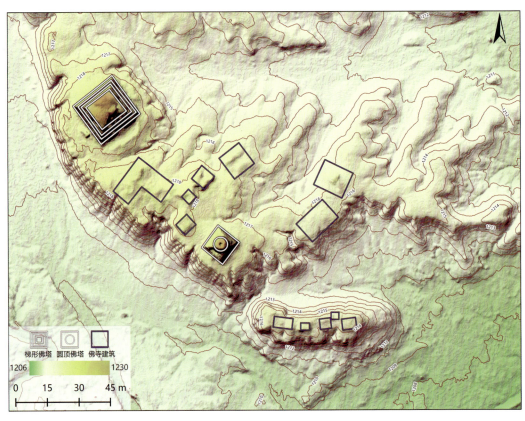

图 5　莫尔佛寺遗迹分布图

南，进深 15 米，面阔 12 米，面积约 180 平方米，内部以隔墙分为数小间，应为僧人的起居用房。

借助航拍资料，我们初步复原了佛寺的整体布局（图 5），寺院大略呈西北—东南向展开（方向 137°），在主要建筑区之外未发现有围墙，应是以黄土台地的边缘作为天然的界线。圆顶佛塔、梯形佛塔以及两塔之间的建筑基址群，一同构成了寺院的主要轴线。但这一轴线显然过于靠近台地西缘的陡崖，围绕两座佛塔的礼拜空间甚为局促，且有相当一部分的寺院建筑因长期的流水冲刷而塌落至崖下。

纵观西域和中原地区佛寺布局的演变趋势，在佛教传入初期，寺院普遍采用以大型佛塔作为中心建置，佛殿和僧房等附属建筑旁列其侧的布局方式。⑤这一点在莫尔佛寺也不例外。通过对两座佛塔时代特征的判断可知，莫尔佛寺的规划布局经历了明显的发展变化。具有早期时代特征的"圆顶佛塔"，无疑曾作为整个寺院的核心建筑和主要礼拜对象，被置于中心位置；其余寺院建筑，皆围绕其分布。而随着寺院向北增建"梯形佛塔"，整个佛寺的布局也一变而成南北双塔并立，寺院建筑居于其间的新形式。不仅如此，"梯形佛塔"上佛龛的出现，更代表崇佛礼拜的对象从以佛塔为主变为对佛塔和佛像的双重崇拜。

通过以上的分析，再结合佛教东传的大背景来看，莫尔佛寺在佛塔形制和寺院布局上，应受到了犍陀罗及中亚地区佛教文化的强烈影响。但也应看到，"圆顶佛塔"虽脱胎自覆钵式佛塔，但明显在原型基础上有了新发展。而"梯形佛塔"落成后双塔并立的布局形式，也是在早期以佛塔为主的寺院布局基础上产生的新变化。无独有偶，我们在龟兹、于阗、高昌等地的佛寺遗址中，也都能看到不同程度的与其类似的发展和变化，这反映出佛教传入西域后逐渐浸染了当地民族文化的色彩，佛寺建筑和寺院布局也出现了具有自身特色的新因素。继而这些新的因素又与外来因素一并传入中原，对汉地佛教寺院也造成了强烈的影响。由此观之，古丝路沿线上的佛教寺院遗迹，不仅是佛教东传的路标，更展现着佛教本土化和民族化的演进历程。

二、雪域边塞的守卫者——石头城

屹立于欧亚大陆中心的帕米尔高原，有着"世界屋脊"和"万山之祖"的美称，它既是东西方文化的分水岭，又是联系亚洲各地区的枢纽地带。在历史上，帕米尔高原很早就进入我国的版图，被我国古代文献称为"葱岭"。《汉书·西域传》载："南道西逾葱岭，则出大月氏、安息。……北道西逾葱岭，则出大宛、康居、奄蔡焉。"今天位于喀什地区西南部的塔什库尔干，处在帕米尔高原与西昆仑山脉之间，扼守着连接塔里木盆地与帕米尔高原的咽喉要道，具有不可取代的战略地位。

帕米尔高原由众多纵横交错的山脉和山脉间的 U 型河谷组成，居中呈南北向延伸的萨雷阔勒岭，将其分为东西两部分。塔什库尔干河养育了东帕米尔大地上最为宽阔的谷地，受剧烈的冰川侵蚀作用，该河谷宽度一般为 2~8 千米，最宽的地方可达 10 千米。河谷的自然条件十分优越，大小不一的草甸和湿地成片分布，不仅是优良的天然牧场，也可进行农业耕作。更为重要的是，翻越帕米尔高原的诸多古道最终都要汇入这一河谷，故沿河两岸保存有大量古代遗迹，这些遗迹为我们标示出古代交通线的走向。但由于深处高原腹地，又受种种条件的制约，在相当长的一段时间内，塔什库尔干都被视作考古的处女地。直到 20 世纪 70 年代以后，文物部门多次组织专业人员对这一地区进行调查，考古工作才取得了较大的进展。截至第三次全国文物普查结束，在塔什库尔干县境内已发现古代遗址 300 余处[⑥]，其中以石头城遗址最为重要。石头城遗址不仅历史悠久，且规模宏大，在新疆众多古城遗址中占有特殊地位。

塔什库尔干（Tashkurgan）在维吾尔语里是一个复合词，由 tar"石"，和 qurgan"塔、堡"组成，合起来便是"石头城"之意。这座古城位于县城的东北角，坐落在塔什库尔干河西岸的冰碛丘陵之上，海拔高度约为 3080 米，与河床高差近 25 米。在古城东侧壁立的陡崖之下是秀美的阿拉尔金草滩，该草滩与四周高大巍峨的皑皑雪山交相辉映，烘托出古城的磅礴气势。

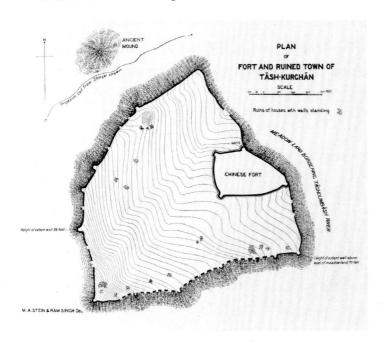

图 6　石头城的简易测绘图[⑦]

这一四面环山、踞岗临河的地理形势，正与《大唐西域记》中揭盘陀国"国大都城基大石岭，背徙多河"的记载相契合。1900年，斯坦因的第一次中亚考察，经由瓦罕走廊进入塔什库尔干（时称"蒲犁"），途中经过石头城时曾对其进行过踏查记录，并测绘有一张简略的古城平面图（图6）。1982年，在详细勘察的基础上，我国考古工作者对石头城进行了小规模的试掘，综合出土遗物和C14测年数据，确认古城早期地层的年代相当于唐代。[⑧]这一成果极大明晰了人们对城址性质的认识。目前，史学界和考古学界都普遍认为：石头城即玄奘所经之揭盘陀国都城，后为唐代葱岭守捉治所驻地。自2015年起，新疆自治区文物考古研究所开始对石头城遗址进行了系统的考古发掘，城址的平面形状和空间布局得以日渐清晰。[⑨]

石头城遗址由内、外两重城，及外城南、北两侧的墓葬区组成。外城依丘陵地势而筑，轮廓呈不规则的四边形，南北最长处约400米，东西最宽处约340米，面积近10万平方米。城垣起伏曲折，周长约1285米（北垣380米、西垣180米、南垣375米、东垣350米），四面都有不同程度的坍塌。北城垣保存情况稍好，现存高度约有2~3米，顶部宽1~3米，北垣、西垣外侧还附有马面数座。城垣为石包墙结构，两侧用大小不等的石块垒砌而成，内部以土石充填，马面的墙体则以土坯垒砌而就。在西垣中部有一处缺口，据了解早年间尚有一座大石门，应为古城的西门。参考斯坦因所绘平面图，在东垣北段位置也有一处明显缺口，近年的考古发掘也已证实这里是外城的东门。城内也依地形规划，建筑遗迹多位于北部和南部的高地上，中部较为低洼，有人工沟渠和蓄水池等供水设施，沟渠与西门外的新甘沟相通，引水入城后贯穿全城，渠水出东门泄入塔什库尔干河。

内城位于外城的东南部，约占全城面积1/3，平面呈三角形，东墙和南墙即外城的东墙和南墙，北墙筑于北子城和西子城之间。三座子城筑于高台之上，各占据了内城的一角，形成鼎足之势。北子城在清代末期还曾作为蒲犁厅衙署，保存尚好，近年也进行过修缮，平面形状略呈梯形，南北长118米，东西宽100米，西、北两面城墙置有夹城，在北侧设门，须通过曲折的台阶才可以进入城内（图7）。经考古发掘证实，有早期遗存被叠压在蒲犁厅衙署之下，其年代相当于唐代，另外发现有房址、佛教寺院等遗迹。东子城也清理出房址、北门、走廊等遗迹，并发现有三座圆形角楼，建筑规模和水平显示这是一处规格较高的建筑，有可能为军事堡垒。此外，在三座子城之间还散布有较多的建筑基址。

航拍资料为我们了解这座古城的形态布局，提供了许多有价值的信息（图8）。外

图 7　石头城遗址内城北子城

城的北、西、南三面城墙在航拍影像上被表现得非常清晰——北墙尚存有马面 8 座,
由东向西排列,间隔约为 50~60 米,最西侧的 3 座马面尤为高大,阴影标志十分明显。
西墙南段也残存有马面 1 座。相比之下,东面城墙保存情况较差,除北段大致可以看
出有 40 余米的墙基,其余大部分已经垮塌,只能沿陡崖边缘大致复原出城墙的轮廓。
外城的西南角稍向外侧凸出,其上有一座方形建筑遗迹,似为垛墙或角台建筑的残基。
东、西两城门较窄,虽在航拍影像上未发现有遗迹现象,但从数字表面模型上看,两
城门的位置正居于外城中部洼地的东西两端,坡度缓,高差小,不仅进出较为容易,
也便于引水入城。

　　在外城北部辨识出丰富的建筑基址遗迹,它们大多居于高地顶部的平缓地带,也
有少数分布在坡地之上。北墙中段有几处建筑基址沿墙分布,并有迹象表明其与城墙
相连通,应为城防工事和登城马道。中央偏东的位置有一处圆形台基,它近似覆钵形,
周长有 50 米许,高约 3~4 米,有可能为佛塔一类建筑。在其西南部密集分布着整片房
屋基址群,由东北向西南延伸,依地形高低错落。基址纵横排列十分有序,形制也较
齐整,应为一片民居遗迹。其中保存情况稍好的,能看出残存的墙基,房址以方形为主,
面积大小不等,在 10~20 平方米。考古发掘证实,这些房址经历过多次的改扩建和修补。

在外城中部偏东，发现有一道西北—东南方向的护堤，长约 40 米，以石块垒砌而成，南接一处形状颇为规整的低洼地，面积约有 1200 平方米，据发掘者推测该遗迹为城内的蓄水设施。

内城中，北子城占据了全城的制高点，符合古代城市布局中宫城地势最高的特点。但在航拍影像上，除参观栈道外，房址、寺院等遗迹都未见踪迹；城东因临近陡崖，塌陷较为严重。东子城、西子城的轮廓在正射影像上也比较模糊，但在数字表面模型上有明显的高差变化，据此可大致复原出子城的轮廓。特别是西子城的东北角，它与内城北墙相交的位置有清晰的表现，这对认识古城的空间布局具有重要意义。在东子城顶部还能辨识出建筑残基数座，平面形状呈方形。此外，在子城之间还有较多用石块垒砌的房屋基址，三五座基址聚拢为一组建筑单元，但相对分散，保存情况也较差，结构并不清楚，实地调查发现房址中散布有较多形制不同的石磨盘，以及少量石质建

图 8　石头城遗址复原图

筑构件。

综合航拍影像和考古资料，可以发现石头城遗址的形制布局具有相当强的整体性和防御性，是经过总体规划设计的。首先，古城的选址东临宽阔汹涌的塔什库尔干河，并依地势而建，居高临下，形势险峻，据守易，仰攻难。其次，城址的防御设施颇为完备，外城垣的营筑使古城在西侧也有了较为充足的战略纵深，而将两座窄小的城门置于东西两侧地势低洼之处，不仅能大幅度降低城门防御的薄弱之处，更能够有效发挥城内制高点的作战优势；再次，内城中三座子城的设防十分严密，各自具有较强的防守能力，又可相互拱卫，首尾相顾，构成一个严密的防御整体。

经过近几年的考古调查和发掘工作，基本清楚了外城墙、马面以及城墙内侧房址之间的相对年代关系，并且在北子城内还发现有早期建筑遗迹。这些发现说明，城址前后沿用了相当长的时间，跨越了多个历史时期，现存的形制布局是由早到晚渐次发展而来的。结合史籍文献、遗址面貌以及出土文物推测，石头城的建设应肇始于魏晋时期的揭盘陀国，并作为一国之都经历了多次增筑、扩建，至唐代开元中期在此建立葱岭守捉时基本确立了现存的形制布局。该城虽在唐中期没于吐蕃，但仍为后代沿用，直至清代还作为蒲犁厅衙署的所在地，1000多年来一直守卫着帕米尔高原上的丝路古道。

三、丝路驿站——穷吞木遗址

位于喀什地区东部的巴楚县，地处叶尔羌河与喀什噶尔河下游，塔克拉玛干沙漠的西北缘。在汉唐时期，这里是龟兹和疏勒两大绿洲强国的中间地带，也是西域北道上东西往来的必经之地。目前，从巴楚县东北到柯坪县阿恰乡一带是一片人迹罕至的沙漠，东西长70多千米，南北宽20多千米。殊不知，在这漫漫黄沙之下竟然掩埋着丝路古道和许多古代人类活动的遗迹。

公元7世纪中叶，唐王朝击溃西突厥后控制了西域，将安西都护府自西州迁至龟兹。此后，为维护丝绸之路的畅通，以及保证整个西域地区的稳定，唐王朝不仅以安西都护府为中心构筑了完备的军事屯戍体系，还"开通道路，别置馆驿"，建立起四通八达的驿路网络。由安西都护府所在地龟兹通往疏勒镇的东西交通要道在《新唐书·地理志》中有所载录，要道其中一段自龟兹西境重镇拨换城前往据史德城的路线，大体上正横贯了今天巴楚东北部的沙漠。

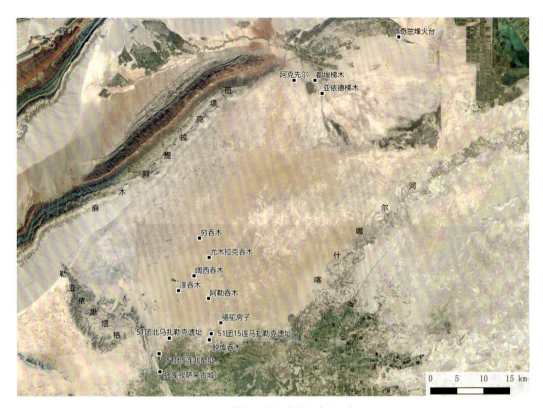

图 9 巴楚东北部沙漠中的遗址分布

通过 30 多年来的文物普查、复查和发掘，考古工作者在巴楚东北部的沙漠中发现了多座古代城址、戍堡和烽燧⑩（图 9）。若将这些分散兀立的遗址比作"点"，那么将这些点连缀起来的"线"正是驿路古道，从而证实了《新唐书·地理志》"自拨换、碎叶西南渡浑河，百八十里有济浊馆，故和平铺也。又经故达幹城，百二十里至谒者馆。又六十里至据史德城"的记载。⑪更难能可贵的是，围绕这些点还分布着灌溉渠系和农田耕地组成的"面"。这一系列考古发现是唐朝政权经略和开发西域地区的重要物证，为我们深入认识唐代丝路中道的军事防御和屯垦开发情况，了解唐代丝路沿线的社会经济面貌提供了重要的材料。

在这些遗址中，我们要着重介绍的是穷吞木遗址。其地处巴楚县东北 67 千米的大漠深处，"穷"在维吾尔语中是"宏大"之意，"吞木"则是指"塔"或"高台"，"穷吞木"直译就是"宏大的高台"。而单从烽火台的建筑体量来看，它也的确实至名归，是这片沙漠中最大的烽火台。不仅如此，烽火台还西接一座方形小城，这也是其他几处烽火台不具备的建置，该小城应为一处军防戍堡，故当地人还称其为"吞木先尔"，汉语意思为"有高台的城子"。

1908 年 5 月，第二次中亚科考期间，斯坦因从柯坪前往巴楚，沿途调查了穷吞木，采集到钱币、陶器、青铜器、玻璃器、木器、织物等遗物，并在其周围发现有古代居住址、农田、水渠等遗迹。他据此判断穷吞木不仅是古代交通线上的一座驿站，还是一处有相当规模的居住点。[12]1983 年 12 月，文化部文物局和新疆博物馆联合对穷吞木进行了系统的考古调查和试掘，这次工作的情况见于柳晋文先生所撰《巴楚—柯坪古丝道调查》一文。[13]据他所记，戍堡平面呈近似正方形，中轴方向北偏西 40°，东西长约 60 米，南北宽约 64 米，堡墙以土坯砌筑，残高 5.5 米。烽火台坐落于南墙中部，同样以土坯垒砌，草泥抹面，剖面呈梯形，残高约 7.8 米。在戍堡东南约 500 米处，发现有小型建筑遗迹，周围有陶窑多处，是主要的制陶区域。此外，在戍堡西约 2000 米处，还发现一座被焚毁的小型佛教寺院。调查和试掘所获遗物颇丰，不仅有大量陶器、各式铜钱，还有麦、粟、桃、杏、核桃等作物的种子和果实。根据

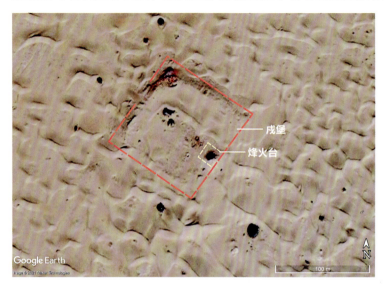

图 10　Google Earth 卫星影像（2002 年 10 月）

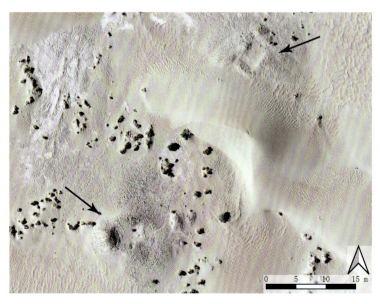

图 11　穷吞木遗址南侧的窑址

遗址所出土的开元通宝、乾元重宝、大历元宝推断，穷吞木的年代主体为唐代，加之其地理方位所在，可基本确定其为《新唐书·地理志》所载之谒者馆故址。

2019 年，我们对穷吞木及其周边区域进行了遥感考古调查。观察卫星影像能够发现，戍堡建于人工夯筑的土台之上，土台整体略高出周围地面，边缘呈漫坡状。戍堡呈东北—西南向坐落，平面呈正方形，四面堡墙已基本损毁，仅在北墙西段尚存一小段长 8 米余的残墙，但墙基围合成的轮廓基本可见。在北墙中段存一缺口，疑为堡门（图 10）。南墙上的烽火台本是戍堡的制高点，但因近年受到严重的人为盗挖，现已残破成高约数米余的土埠。戍堡内几乎完全被流沙覆盖，未见有明显的遗迹现象，散布的沙包上生长着茂密的红柳丛，可知流沙侵袭年代已很久远。徒步踏查地表，见有较多的碎陶片和动物骨骼，还采集到残铜钱、建筑木构件、石柱础、骨质饰件等遗物。戍堡周遭散落有相当多的碎陶片和窑渣，凡未被流沙覆盖的地面几乎都有人工遗物暴露。在戍堡南侧发现有陶窑 4 座，坍塌的窑体堆积范围很大，长约 15 米、宽约 10 米，呈小土包

图 12　穷吞木遗址北 3.2 千米的渠系、田块

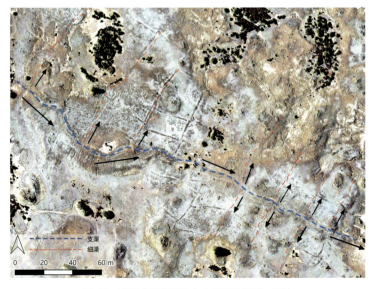

图 13　穷吞木遗址西南 2.5 千米的渠系、田块

状隆起于地面，残高约 40~70 厘米，在其周围散落有大量的窑渣和陶片。从正射影像上看，陶窑多遭到盗挖破坏，窑室顶部已坍塌为圆角四边形（图 11）。

穷吞木四周被鱼鳞状的沙丘环绕，为了扩大调查覆盖的范围，我们根据卫星遥感影像上的线索，利用无人机在戍堡周边进行了低空航拍，发现有古代人工渠系和农田遗存。这些遗迹时而被沙漠掩盖，时而显露，其中以戍堡北 3.2 千米和西南 2.5 千米的现象最为清晰（图 12、图 13）。从正射影像上看，这些人工渠系具有明显的线性特征，轮廓清晰，较易分辨，可大致分为三类：干渠、支渠和细渠。干渠的影像特征为等粗的线段，具有一定的宽度，走向笔直，延伸较长，在渠道内还生长有成排的红柳；支渠不仅宽度比干渠窄小，长度也较短，走向依地形弯曲多变；细渠最窄，往往沿干渠、支渠密集分布，排列有序，交错成网，直接将水引入大田中，并与田垄阡陌一起将大田分割为形状规整的田块。

那么在沟渠中流淌的水又来自哪里呢？现在的喀什噶尔河流经至巴楚县城已经断流，但从空中打量，我们通过卫星遥感影像能够在这片沙漠中辨识出许多的水体残迹。枯竭的古湖泊在影像上呈现为大小不同，形状各异的棕黑色和深黑色斑块，如墨玉般镶嵌在沙海之中。干涸的古河道在沙梁和沙丘之间蜿蜒伸展，留下了长短不一、宽窄不等的印记，受流沙的覆盖，呈现为断续相连的线段，又相互交织成复杂的河道网络。这些水体遗迹的发现证明，这一区域在历史上远非现在这般干旱荒凉，这里北有天山南麓支脉山前洪积带上的大量间歇性溪流，南有喀什噶尔河的支流水道，过去曾经是水草丰美、自然生态环境优越的绿洲。这些溪流水道的存在，不仅为驻守在烽燧和驿站的戍卒提供了可资利用的水源，也滋润了跋涉于丝路古道的旅行者们干裂的嘴唇。

四、结语

丝绸之路是一条横贯欧亚大陆的古代陆路交通线，它不仅冲破了不同文化圈的藩篱，更跨越了各种自然环境的阻隔，在人类文明和历史的发展进程中占有重要地位。它既是东西方物质文化和精神文化交流、融合的空间载体，也是反映人类与环境之间复杂交互作用的文化景观。因此，将考古材料置于区域生态环境的背景中加以考察和分析是十分有必要的。

本文尝试运用遥感影像资料对喀什地区的 3 处重要遗址进行了观测和分析，其目的不仅是对以往有关考古工作的补充和完善，而且希望充分发挥无人机航拍和卫星遥感手段的独特视角，自上而下对遗址的空间布局、形态进行有效复原，并以遗址为中心探寻人类活动的环境背景，从而为研究古代人地关系提供更加丰富的信息。在研究层次上，不同于传统田野考古学"庖丁解牛"般的微观视角，遥感考古更多的是从中观和宏观层面下手，对古代遗存开展整体性和区域性的研究，更加关注人类活动对于地表空间的改造和利用，以挖掘潜在的和不显著的人类活动遗存。目前，我们的相关研究尚处在初始阶段，但已取得了一些新的发现和认识，随着工作的逐渐深入，在丝绸之路的考古学研究领域，我们相信遥感考古可以而且能够发挥更加显著的作用。

附记：本研究系新疆维吾尔自治区高层次人才引进工程"喀什地区古代丝绸之路遥感考古调查（二期）"项目的阶段性成果。

注释：

① 林梅村：《疏勒佛教考古概述》，《新疆文物》1992 年第 2 期。

② 莫尔佛寺三维模型由内蒙古大学蒙古历史学系李哲副教授制作。

③ 林立：《西域古佛寺——新疆古代地面佛寺研究》，科学出版社 2018 年版，第 66 页。

④ 〔英〕奥雷尔·斯坦因著，巫新华等译：《古代和田——中国新疆考古发掘的详细报告》（第 1 卷），山东人民出版社 2009 年版，第 90 页。

⑤ 宿白：《东汉魏晋南北朝佛寺布局初探》，《庆祝邓广铭教授九十华诞论文集》，河北教育出版社 1997 年版，第 31~49 页。

⑥ 据喀什地区第三次全国不可移动文物普查资料。

⑦ M.Aurel Stein, Ancient Khotan: Detalled Report of Archaeological Explorations in Chinese Turkestan, *Vol.II Plates*, Oxford: Clarendon Press, 1907, Plate: XIX.

⑧ 王炳华：《"丝绸之路"南道我国境内帕米尔路段调查》，《丝绸之路考古研究》，新疆人民出版社 1993 年版，第 58~81 页。

⑨ 党志豪、侯知军、王永强：《2018 年新疆考古收获》，《西域研究》2019 年第 2 期。

⑩ 新疆维吾尔自治区文物普查办公室、喀什地区文物普查队：《喀什地区文物普查报告》，《新疆文物》1993 年 3 期；新疆维吾尔自治区文物普查办公室、阿克苏地区文物普查队：《阿克苏地区文物普查报告》，《新疆文物》1995 年第 4 期。

⑪ 张平：《唐代龟兹军镇驻防史迹的调查与研究》，《龟兹学研究（第五辑）》，新疆大学出版社 2012 年版，第 176~208 页。

⑫ 〔英〕奥雷尔·斯坦因著，巫新华等译：《西域考古图记（第三卷）》，广西师范大学出版社 1998 年版，第 748 页。

⑬ 柳晋文：《巴楚—柯坪古丝道调查——兼述"济浊馆"、"谒者馆"之地望》，《新疆文物》1985 年第 1 期。

新疆轮台航空考古的重要发现

Important Finding of Aerial Archaeological Survey in Luntai, Xinjiang

于丽君、朱建峰★、孙雨、聂跃平

中国科学院空天信息创新研究院，北京，100101

　　新疆轮台县地处天山南麓、塔里木盆地北缘，属于暖温带大陆性干旱气候，行政区划上属于新疆巴音郭楞蒙古自治州，面积 14185 平方千米。轮台是多民族聚集地，有维吾尔族、汉族等 13 个民族，汉唐文化、佛教文化、伊斯兰文化在此交织融合。

　　轮台自古以来就是战略要地。汉宣帝神爵二年（前 60），汉朝政府在此设立西域都护府，管辖包括现在昆仑山北麓、天山南北、东疆地区、帕米尔及其以西的广大地区，标志着新疆正式纳入中国版图。西域都护府是汉代中央政府在西域行使国家权力的最高机构，对于加强中原王朝对西域地区的管理、促进中华多源一体文化的形成，发挥了至关重要的作用。轮台因此成为古丝绸之路中道上的重镇，使得东西方的经济往来与文化交流得更为紧密。

　　据新疆维吾尔自治区第三次文物普查资料显示，在轮台境内分布有各类古代遗址 40 余处。其中，汉代相关城址 10 处，主要分布在野云沟乡、策大雅乡、轮台镇东南的荒漠之中，是研究西域都护府的重要遗址。

　　关于西域都护府的所在地，学术界一直存在争论。1928 年，黄文弼先生踏入塔里木盆地进行考古调查，开启了中国近代学者对西域都护府的探索之旅。此后，林梅村[①]、张安福[②]等一批考古学家、历史学家，围绕轮台多处古城遗址进行了大量的研究。然而，因缺乏有力的证据，西域都护府的治所所在益发变得扑朔迷离。近年来，航空考古等科技手段被应用在轮台县多处遗址的考古探测中，为西域都护府的探寻提供了一些线索，对研究古代西域的历史文化具有重要的意义。

一、轮台航空考古调查始末

轮台县遗址的无人机航空考古调查工作，依托于"十二五"国家科技支撑课题"我国典型遗址遥感与地球物理综合考古研究"和"十三五"国家重点研发计划项目"天地联合田野考古调查关键技术"项目，由国家文物局组织，中国科学院空天信息创新研究院（原中国科学院遥感与数字地球研究所）承担实施。通过获取研究区多源遥感数据，挖掘考古弱信息，进行分类筛选确定考古靶区，采用多种地球物理的综合探测与数据融合，提高考古勘探的准确性，并与考古钻探结果进行对比验证，最终形成西部干旱区遥感与地球物理综合考古的技术示范。

在相关研究工作中，我们开展了以奎玉克协海尔古城为重点的综合考古。首先，通过无人机获取典型遗址的高分辨率遥感影像，从中提取出遗址周边的环境信息和遗迹的遥感特征；随后，将遥感考古与传统考古方式相结合，厘清了古城的基本格局。

2017 年，"汉唐丝绸之路的开拓——西域都护府研讨会"在新疆轮台县举办。围绕近年来新疆轮台考古取得的进展，近百名专家学者热烈研讨，大大推进了西域都护府治所位置的研究，并将其重点锁定在轮台县境内。[③]

二、在荒漠中寻找曾经的西域政治中心

奎玉克协海尔古城又名"轮台古城"，1957 年公布为自治区级文物保护单位。该遗址位于轮台县东南约 20 千米的荒漠之中，迪那河下游喀拉塔勒河冲积地带。据新疆第三次文物普查资料记载，该城垣为夯土建筑，城墙坍塌仅存墙基。古城周长约 940 米，墙基宽约 5~8 米不等，残高不足 1 米。城中偏西有一座高台，残高约 10 米，城墙西北角和南侧有缺口。对古城开展文物调查时，曾在城中发现红衣黑胎的陶片和红底黑花的彩陶片、手制的罐、石镰、石磨盘等遗物及一些较大的畜骨，如今仅存散落的陶片。

2016 年 7 月 20 日，我们对古城遗址进行了无人机航拍，获取到高分辨率的正射影像（DOM）和数字高程模型（DEM）数据。从无人机正射影像（图 1）上可知，城墙

的位置和走向明显，缺口位置的墙基无法识别，城中高台建筑的南北两侧均呈现不同程度的缺失。在图2的DEM数据上，城墙走势更为直观，有助于考古分析和古城形制的判断；西墙北侧、南墙西侧与北墙东侧存在明显缺口，根据影像特征推测，北墙东侧缺口应是引水的沟渠。DEM数据能够准确地

图1 奎玉克协海尔古城正射影像

描绘出地形、河道、建筑和城墙遗迹。从图3中早期的Corona卫星影像上，人们也能找到城墙缺口的痕迹，证明城墙的残缺并非近代的破坏作用所致，也有可能是古人建城时有意为之。通过历史影像分析，能够对无人机航拍数据作出有益的补充。

在城中高台建筑周围进行电磁法勘探，反演出遗址地下电导率的分布（如图4）。

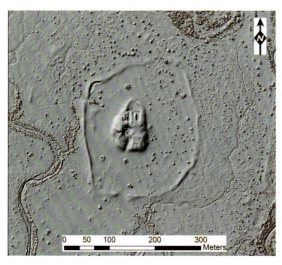

图2 奎玉克协海尔古城 DEM 数据

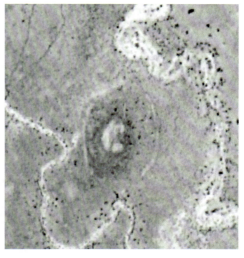

图3 奎玉克协海尔古城 Corona 影像

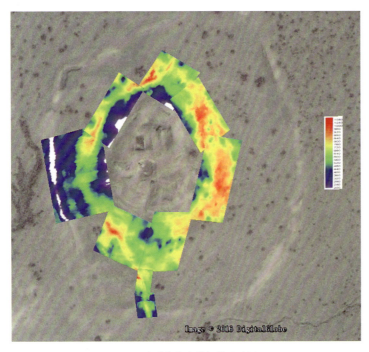

图 4　电磁法考古勘探结果分析

结果显示，在高台建筑的外围存在高电导率的圆形闭合区域，表明该区域地下土壤的含水量较高，推测其可能为壕沟，这与高密度电法勘探的结果一致。

经过航空影像与多源卫星遥感影像分析，辅之以电磁法、高密度电法、探地雷达等多种地球物理勘探手段，以及考古钻探与测年的方法进行结果验证，我们大致探明了遗址的形制与布局。古城复原后的效果如图 5 所示。奎玉克协海尔古城城墙边长约为 230 米，按照汉代度量衡 1 丈约为 2.31 米计算，该古城规模恰为汉制中的"百

图 5　奎玉克协海尔遗址复原图

丈"④。这似乎暗示着，在汉代西域的土地上，中原文化已经在此生根。奎玉克协海尔古城与西域都护府是否存在着某种关联，值得关注。

自2018年起，新疆文物考古研究所对奎玉克协海尔古城进行了主动性考古发掘，主要发掘区域集中在城中南墙西侧的缺口处（图6）、东侧城墙、中心高台建筑。目前，考古发掘工作正在呈现古城的发展脉络，并揭示其所代表的文明演变过程。

图6　奎玉克协海尔考古发掘进展的正射影像（2018年8月摄，奎玉克协海尔古城考古队供图）

三、逐渐揭开西域都护府的位置之谜

奎玉克协海尔古城的航空考古，有助于我们正确认识古城的形制、格局、规模及其所代表的地理文化内涵。然而，要寻找到曾经存在的西域都护府的准确位置，当前还有很多考古工作要做。

据《汉书·西域传》记载："都护治乌垒城，去阳关二千七百三十八里，与渠犁田官相近。"这段文字，为我们探寻西域都护府提供了大致的方位。但要从轮台荒漠中的多处遗址获取到直接或间接的考古证据也绝非易事。令人振奋的是，近年来新疆考古事业受到国家有关部门高度重视，会聚了全国公众的热情与期待，这为西域都护府的考古研究提供了有利契机。

目前，在奎玉克协海尔古城以东4千米处的卓尔库特古城，也开展了考古发掘工作。随着轮台考古工作的不断深入，相继涌现出的考古新发现，日益拓展着我们对于丝绸之路上古代西域文明认知的广度和深度。西域都护府的位置之谜正逐渐被揭开，两千年前的那段波澜壮阔的历史，必将更加生动地呈现在世人面前。

附记：本文系国家重点研发计划项目"天地联合田野考古调查关键技术"（项目批准号：2020YFC1521900）国家科技支撑计划课题"我国典型遗址遥感与地球物理综合考古研究"（项目推准号：2015BAK01B01）的研究成果。

注释：

* 通讯作者：朱建峰，副研究员，研究方向：遥感考古，E-mail：zhujf@aircas.ac.cn

① 林梅村：《考古学视野下的西域都护府今址研究》，《历史研究》2013年第6期。
② 张安福：《如何确定汉代西域都护府的大体位置》，《光明日报》2013年5月29日。
③ 《西域都护府遗址所在地理位置认识有重大推进》，《新疆人文地理》2017年第12期。
④ 于丽君、聂跃平、杨林等：《新疆轮台奎玉克协海尔古城空间考古综合研究》，《遥感技术与应用》2020年第1期。

新疆汉代长城资源遥感考古调查与发现

The Investigation and Discovery of the Great Wall Resources in the Han Dynasty in Xinjiang Based on Remote Sensing Archaeology

高华光[1]、朱建峰[2]

中国国家博物馆，北京，100006
中国科学院空天信息创新研究院，北京，100101

丝绸之路是连接欧亚大陆东西方的古代文明之路，而西域则是多元文化碰撞交流的枢纽。《史记》《汉书》中称西域为"西国""西北国"，而狭义上的西域，通常是指阳关、玉门关以西，葱岭以东，天山南北的广大区域[1]，也就是现在我国的新疆地区。从公元前139年起，在长达20年的时间里，汉武帝两次派遣张骞出使西域，行程万余里，历经艰险，凿空西域，开辟了以西安为起点，经甘肃、新疆，到中亚、西亚，是连接地中海各国的陆上丝绸之路。"凿空，开通也。"张骞"凿空"之举打开了东西方直接交往的大门，使中原和西域第一次有了真正意义上的沟通和联系[2]，东西方的货物、文化、艺术以及宗教等在这条交通线上川流不息，促进了东西方物质和文化的交流，深刻影响了世界历史的发展。

为了保护这条来之不易的交通线的安全畅通，为了向往来于此的使者、商人等提供粮食和饮水供应，以及给东西方正常贸易提供方便，汉朝沿着丝绸之路在西域地区修建了关亭、障塞和烽燧等长城设施，此即新疆汉代长城。对新疆汉代长城的调查研究，不仅可以让单纯的文献资料实体化，而且有助于梳理汉代丝绸之路的具体走向和布局，对丝绸之路的考古研究具有重要意义。[3]

一、新疆长城资源的遥感考古调查

对长城资源的研究和保护，必须对长城资源的基本情况有一个清楚的了解和认识。鉴于地面调查的诸多限制，近年来，我们在新疆长城资源调查中采用了遥感技术，主要是通过遥感技术对新疆长城资源进行判读、解译、准确测定，然后据此开展对长城的空间数据、防御体系和空间特征的研究。

2009—2010 年，在全国第三次文物普查中，中国科学院遥感应用研究所、中国国家博物馆、新疆维吾尔自治区文物局在新疆地区，利用遥感技术在全新疆进行了大范围的考古调查与遗址分析，成功预测了大量的古遗址，填补了恶劣环境下地面调查的空白地区，并且对广阔区域内发散式分布的遗址进行了有效识别，其中就包括新疆的汉代长城遗址。遥感考古技术的全局视角，有效地弥补了长城地面调查的疏漏，并且为其深入研究提供了大量的基础数据与成功的经验模式。新疆的第三次文物普查成果，对进一步解决新疆汉长城分布范围、汉长城建制及保存状况等问题，提供了更多的信息。

图 1　汉长城资源遥感分布图

2013—2017 年，中国科学院遥感与数字地球研究所在新疆第三次文物普查成果基础上，重点开展了包括数字高程模型（DEM）、数字正射影像（DOM）数据、数字线划图（DLG）、长城专题影像地图数据等在内的基础地理信息数据的长城资源专题数据生产，在高分辨率卫星影像上提取了长城及其附属设施的空间特征，按照有关特征进行分类统计与测量：一是测定了长城资源点的空间分布，量算单体遗址周围的空间数据以及环境地貌信息；二是对长城资源数据进行全局空间统计分析与数据分类研究，测量了在线状分布的长城本体和点状分布的军事聚落之间空间结构，以及交通和资讯传播线路；三是分析了长城防御层次体系和空间依存关系，研究了长城整体性布局与"点—线—带"地理尺度层次的空间实体和文化遗存。另外，还结合虚拟仿真与空间测量技术，构建了带状区域立体影像模型，进行三维模拟与虚拟仿真，客观、真实、生动地展示了长城资源三维地理环境及其空间分布，最终实现了以长城资源数据为基础，结合历史与考古资料，来构建虚拟场景以及模拟相应历史事件的目的（图 2）。

图 2　烽燧遗址的三维可视化

二、屹立在西域的汉代烽燧

新疆汉代长城是汉北边长城防务体系向西域延伸时修筑的军事设施，是由驿站、烽燧和亭障所组成的一个庞大的防御体系。[④]此区域的长城具有少见墙体，而以烽燧线代替长城墙体的特点，主要分为夯土、土石混筑、土草相间及土木相间等建筑形式[⑤]（图3）。从整体来看，烽燧线的延续就像守护丝绸之路的长城一样，既为商贸、文化交流提供补给，又是一张巨大的边疆防卫网（图4）。

这些散落在新疆广大地域的汉代烽燧，至今仍挺拔矗立在新疆大地上，是边疆开发、民族交往和文化融合的历史见证，也成为丝绸之路和考古研究的重要实物佐证。简要介绍几处烽燧遗址：

1. 营盘遗址

营盘遗址城墙为近圆形，直径180米，城垣底宽5~8米，墙残高1.5~6米，是罗布泊地区保存较完好的汉代夯土建筑遗址（图5）。其中有佛寺遗址位于古城北部，主要是佛塔遗址；古墓葬位于古城西北约1.5千米，余存墓葬360余座，为1997年"全国

图3　烽燧遗址空间量测

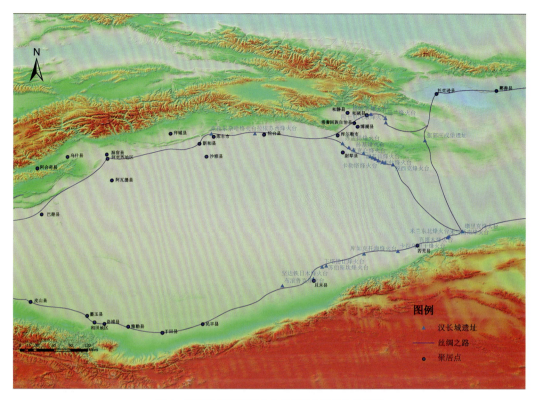

图 4 新疆的汉代烽燧分布与丝绸之路的文化线路

图 5 营盘遗址

图 6　亚克仑烽燧

图 7　孙基烽燧

图 8　四十里大墩烽燧

考古十大新发现"之一，建筑年代为汉晋时期。营盘遗址作为官办的屯兵驿站，位于丝绸之路"古楼兰道"的枢纽位置，一方面扼守丝绸之路的中道，起到保护商旅的作用；另一方面也可以借助孔雀河开展土地屯垦。调查研究营盘遗址，对汉晋经营的西域以及丝路贸易和人类学等方面的学术研究，具有较高的价值。

2. 亚克仑烽燧

亚克仑烽燧位于新疆尉犁县兴平镇喀拉洪村东北 14 千米的荒漠中，南距孔雀河 19 千米，为汉晋时期烽燧（图 6）。烽燧建于一座南北长 120 米、东西宽 50 米、高 16 米的被冲刷后保留下来的雅丹台地顶部中央。坍塌损毁严重，遗址保存较差。上面残存一段东西长 2 米、宽 15 米、高 37 米的土坯建筑，为顺砖错缝砌法，土坯 30 层，土坯尺寸多为 40 厘米 ×20 厘米 ×10 厘米，部分为 46 厘米 ×22 厘米 ×10 厘米。该建筑南侧台地上，散布有黑色的砾石和夹砂红褐陶片。1915 年，斯坦因曾到此做过调查，称之为"守望屋"。当时它尚存约 58 米见方的围墙状建筑，围墙厚约 12 米，南面墙高约 305 米，其余墙高约 3 米。从南墙下垃圾堆中，发现一片写着汉文的小纸片和几小片素绸。

3. 孙基烽燧

孙基烽燧属于孔雀河烽燧群，位于库鲁克塔格山南缘、孔雀河北岸，西距亚克仑烽火台 12 千米，东距萨其该烽火台 23 千米，为土坯建筑，建筑年代为汉晋时期。烽体底长 18 米、宽 10.8 米、残高 7.3 米（图 7）。烽体由内体和外体组成，内层为一层砂石土、一层芦苇的筑造法，外体为土坯平砌垒筑。该烽火台是汉晋时期西域的一处军事通信、交通、安全设施。

4. 四十里大墩烽燧

四十里大墩烽火台位于焉耆盆地东部，南距博斯腾湖 5.9 千米，建于硝井子村南 10 千米的沙土梁上。烽火台平面呈正方形，立面呈梯形，底边长 6.8 米，顶边长 4.6 米，存高 5.8 米，夯土建筑（图 8）。黄土层平铺树枝、圆木夹层，厚 15~20 厘米，建筑年代为汉晋时期。它是当时楼兰区域一处军事通信、交通和安全设施。

三、丝绸之路安宁与繁荣的守护者

汉长城的修建，巩固了汉朝政权，保障了丝绸之路上经济贸易的正常开展，为丝绸之路的安宁与繁荣做出了贡献。汉武帝时期，面对以匈奴、羌等为首的游牧民族的不断袭扰，汉朝军队主动出击，取得胜利后，在新的疆域筑起长城，巩固了新拓疆域的安全并解除了匈奴对长安的威胁。随着丝绸之路的开拓，汉朝政府在西北地区分段筑起的长城，为保护丝路安全畅通发挥了重要作用。

修建长城防御了北方少数民族的军事侵扰和掠夺，但并不阻碍民族间的正常交往，相反，中央与西域的联系因此空前频繁。安定的社会环境和商贸交流，促进了各民族融合和统一的多民族国家的形成与发展。由于边塞、边城之间经济贸易交流的不断加强，长城沿线地区与西域诸国政治、经济都取得了较大发展。

另外，汉长城对此后的军事布局、建筑史等方面，也产生了一定的影响。新疆汉长城建筑，无论是平面布局、构造形式，还是防御设施配置，都显现出鲜明的中原建筑文化特征。以汉长城修筑为契机，将汉朝较为先进的物质文化和生产方式传播到西域地区，西域地区由此开始全面吸收中原的建筑理论与经验，加速了中原建筑文化在西域的传播，西北地区的居住模式、城市规划及建筑技术也从中吸收了大量中原文化元素。⑥

总之，汉长城和丝绸之路一脉相承、密不可分。正是因为长城文化和丝路文化的相互交融，才形成了今天的以"和平合作、开放包容、互学互鉴、互利共赢"为核心的丝路精神。而对新疆汉长城的遥感考古调查与发现，也成为丝绸之路考古研究的重要组成部分。

注释：

① 张国刚：《中国历史上的"西域"》，《南风窗》2016 年第 26 期。

② 李瑞：《浅析张骞"凿空"之举及其历史意义》，《丝绸之路》2017 第 18 期。

③ 黄永美、徐卫民：《汉长城的修建、功能及现代意义》，《科学·经济·社会》2012 年第 3 期。

④ 江娜：《汉代边防体系研究》，华中师范大学 2013 年博士学位论文。

⑤ 段清波、徐卫民编著：《中国历代长城发现与研究》，科学出版社 2014 年版，第 197~215 页。

⑥ 王琳峰：《从屯田到守边——以玉门关为例谈经济与军事双重因素下的汉长城体系》，《西部人居环境学刊》2017 年第 2 期。

居延遗址群的首次航空摄影考古调查记

The Record of the First Aerial Photographic Archaeological Surveying of Ancient Sites in Juyan

李刚[1]、杨林[1]、塔拉[2]、丁晓波[3]、雷生霖[1]、姚乐音[1]、策仁扣[4]

1 中国国家博物馆，北京，100006
2 内蒙古自治区文物考古研究所，呼和浩特，010000
3 中国测绘科学研究院，北京，100000
4 额济纳旗文物管理所，额济纳旗，735400

在内蒙古西部的中蒙边界与祁连山之间，有一条自南向北的河流，它在甘肃境内称黑河，约当穿过北纬40°线之后又名弱水，继续向北进入内蒙古则称额济纳河，再向北则分为东西两支，西为木仁高勒，东为额木讷高勒（本地称河为"高勒"）。这条源自祁连山融雪的中国第二大内陆河，经张掖向西至金塔县北折流入今额济纳旗，在巴丹吉林沙漠西侧摆动铺开，形成面积超过两万平方千米的冲积扇，最终注入额济纳旗境内的中央戈壁，其西支末端形成嘎顺淖尔，东支形成苏泊淖尔（本地称湖为"淖尔"）。但古代弱水下游则有另一东北向

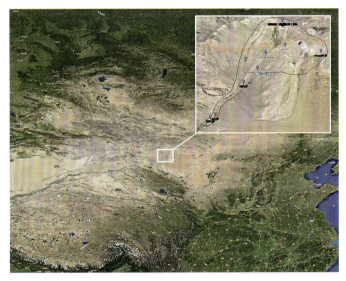

图 1　居延遗址群的位置与分布范围

干流，并分出众多支流，它们作网状分布，很像一株干枯的树枝，其中有一粗大的主干，并从主干之旁分出若干枝杈……最终都注入居延泽[1]，唐代称居延海，居延遗址群即位于上述河网形成的三角洲地带（图1）。

广义的居延遗址群则是自西汉至元朝时期诸多遗址的合称，闻名遐迩的东风航天城、酒泉卫星发射中心即位于居延遗址群所在三角洲上游的顶点，为居延赋予了全新的使命。弱水右岸向东至贺兰山、狼山、黄河500余千米，其左岸向西约400余千米至北山，南抵河西走廊、北至阿尔泰山南麓，皆沙漠戈壁地貌，不适合人类生活，弱水中下游流域是这一广大区域内最大的绿洲，特殊的地理条件使其自古以来都是通达西域与北上的交通枢纽和战略要地。

太初三年（前102），汉武帝派遣伏波将军路博德为强弩都尉，屯驻居延地区，修筑障塞、亭燧等军事设施，设置居延都尉府、肩水都尉府。东汉时期（25—220），又在居延地区设张掖郡居延属国[2]，属凉州管辖，治所在居延县。西汉末年，在居延边塞设立西海郡，治所在居延地区。西夏（1038—1227）在居延设立黑水镇燕军司，其治所就设在黑城（又名黑水城）。

2006年4月，内蒙古自治区文物考古研究所与中国国家博物馆遥感与航空摄影考古研究中心、中测新图（北京）遥感技术有限责任公司组成的航空考古调查工作队开赴额济纳旗，首次对居延遗址群开展了为期一个月的航空摄影考古调查。

一、居延遗址群的发现和早期研究

居延遗址群为世人所知，并引发学术界的关注，与外国探险队所公布的黑城遗址信息不无关系。俄国人 Г.Н·波塔宁（Григорий Николаевич Потанин）于1886年到达额济纳地区，将土尔扈特人说起的在黑城里所得遗物之事记入其考察报告《中国的唐古特——西藏边区与中央蒙古》。1887年毕业于圣彼得堡军事学校的柯兹洛夫（Козлов）对于额济纳以及黑城的了解，即源于此书。[3]

1908年3月上旬，柯兹洛夫首次独立率领考察队到了额济纳河下游的苏泊淖尔湖畔。土尔扈特王爷达希贝勒派出当地最好的向导巴塔给考察队带路。3月19日，柯兹洛夫一行14人终于到达黑城，并将掘得的少量遗物运往俄国。1909年6月12日，柯兹洛夫率俄国考察队再次来到黑城，在城内及城外诸佛塔展开大规模发掘。[4]1914年，奥雷尔·斯坦因（Marc Aurel Stein）率英国考察队到达额济纳绿洲考察，并进入了黑城，绘制了黑城平面图。⑤ 1923 年，美国考察队在黑城考察。⑥ 1926 年，柯兹洛夫率苏联考察队第三次到达额济纳。⑦

1927 年 9 月 24 日，中瑞西北科学考查团黄文弼支队到达额济纳大本营，次日黄文弼在距营地西南半里处发现汉代房址和部分烽燧遗址。至 10 月下旬，黄文弼支队在黑城一带寻找居延城，并向南考察烽燧等遗迹至毛目附近，其间发现了汉代简牍。在黄文弼自大本营向南考察之时，贝格曼（Bergmann）支队于 10 月 22 日到达黑城，之后几天也采集到一些汉代陶片。11 月 8~9 日，黄文弼、贝格曼等随考查团大队分别出发，前往新疆。

1930 年 3 月，贝格曼再次来到额济纳。至 1931 年 3 月，贝格曼在额济纳河流域发掘出一万余枚汉简，绘制了黑城的平面图，并对这一地区的其他城址、烽燧、佛寺、聚落遗址做了大量调查和测量工作。⑧居延汉简的大量发现及对居延遗址群的测绘，使居延遗址群备受学术界瞩目。贝格曼在居延所获汉简悉数运至北京，后经历抗战又被辗转运至台湾。

1960 年代初，陈梦家先生对居延汉简及障塞城址等做了详细的梳理考证。⑨

1972—1974 年，甘肃省博物馆等单位对额济纳河流域的汉代遗址进行调查发掘，又获汉简近 2 万枚。⑩ 1976 年，居延考古队在布肯托尼以北区域的考古调查中采集汉简 173 枚。⑪ 1982 年，甘肃省文物工作队在甲渠候官遗址复查发掘现场时又采集到汉简 22 枚。⑫ 20 世纪 80 年代，中国社会科学院考古研究所在居延遗址调查时亦发现汉简 200 余枚。⑬ 1998—2002 年，内蒙古自治区文物考古研究所与阿拉善盟博物馆、额济纳旗文物管理所组成联合考古队，又对额济纳河流域的汉代遗址进行了重点调查和清理，获汉简 500 余枚。⑭

至此，已发现的居延汉简数量累计达 3 万余枚，数量超过敦煌、武威等地的发现。但随着时间的推移，出土这些简牍的遗址难以抵挡诸种外力的作用，日渐消损。虽然以往的考古工作也留下一些遗址影像，但它们都是在地面拍摄的，难以一睹遗址全貌。

二、居延遗址群的首次航空摄影调查

2005 年冬，中国测绘科学院所属中测新图（北京）遥感技术有限责任公司，利用

图 2　搭载航空数字相机的蜜蜂 11 型飞机在额济纳旗首飞（2006 年 4 月摄）

北京航空航天大学研制的蜜蜂 11 型超轻型飞机，搭载数字航摄相机的航测系统试飞成功，并与内蒙古自治区文物考古研究所及中国国家博物馆达成合作协议。经过四个月的准备工作，居延遗址群的航空摄影调查成为这一新型航摄系统的第一个应用项目（图 2）。

2006 年 4 月 8 日，中国国家博物馆遥感与航空摄影考古研究中心与中测新图人员携带专用厢式卡车的蜜蜂 11 型航测飞机，驱车从北京出发，到达呼和浩特市后与内蒙古自治区文物考古研究所的工作人员会合，4 月 9 日到达内蒙古阿拉善盟阿拉善左旗，停留一宿于 4 月 10 日抵达额济纳旗政府所在地——达来呼布镇。当日午后的沙尘暴成为迎接这支航摄考古队的见面礼。

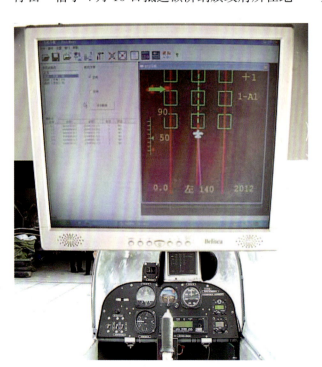

图 3　蜜蜂 11 型飞机的驾驶舱和航摄控制界面

当地车辆被风暴飞沙打成白色的车牌和磨砂前脸、风挡，这番景象着实给了所有人一个下马威！好在从阿拉善左旗出发前我们被当地人提醒，用透明胶带把车辆迎风面贴个结实，车辆没什么损失，但这也预示了飞行将要面临的风险。

这是国内首次使用有人机搭载数字航摄相机利用 GPS 定点控制摄影仪，对考古遗址进行的垂直航摄。该系统由蜜蜂 11 型超轻型飞机、TOPDC45 数码相机、

GPS 导航摄影控制器等构成（图 3）。飞行系统总重 420 千克，巡航速度 105 千米 / 小时，最大航程 800 千米，起飞滑跑距离 114 米，降落滑跑距离 94 米。机组由一名飞行员及一名摄影员组成，飞行员控制飞机沿预设航线、高度飞行，数字相机则根据 GPS 数据在飞机到达预设范围时启动快门。该低空数码航摄系统可车载运抵航摄区域附近，对起降场地要求较低，具有灵活机动、安全性较高和飞行成本较低的特点。本次航摄设定的最高地面分辨率为 0.05~0.2 米，可清晰判读地面遗迹，并达到考古测绘要求。

在定点曝光的前提下，必须对拍摄目标的经纬度坐标进行核查，以防坐标读数偏差导致飞机偏离目标。到达额济纳旗的第二天，航拍人员即开展了航测系统的调试、试飞和地面遗迹的坐标核查。根据遗址分布，选择两处起降场：一处是位于达来呼布镇环城西路以西 2.58 千米、312 省道以北 1 千米处的简易机场；另一处则位于黑城西关外约 600 米处的开阔地。

航摄飞行从 4 月 13 日延续至 5 月 1 日，主要航摄目标包括：黑城（K799）、绿城、红城（T74）、居延城（K710）、大同城（K789）、雅布赖城（K688）、温都格城（K749）、甲渠塞部分亭障、卅井塞部分烽燧，以及五塔、一塔、双塔、绿城子塔等佛教塔及红庙等寺院遗址。对体量较大的城址设定航高 550 米、正射影像地面分辨率 0.1 米，体量较小的烽燧及佛塔则设定航高 350 米、地面分辨率 0.05 米，对较大场景及烽燧串拍摄航高为 1000 米，地面分辨率 0.2 米。本次航摄调查，除了获取上述遗址的高分辨率正射数字影像，还逐一进行了空中盘旋观察和斜摄作业，并在航摄过程中新发现两处寺院遗址及多处水渠、田畦遗迹。蜜蜂 11 型飞机总共起降 40 余架次，航摄覆盖面积 70 余平方千米。

三、低空与高空影像揭示的遗迹现象

1. 甲渠候官障坞的地表扰动与贝格曼的发掘痕迹

甲渠候官是甲渠塞的指挥所（A8），位于依肯河西岸。1930—1931 年，中瑞西北科学考查团的贝格曼支队发掘了此遗址，编号 A8，俗称破城子，出土汉简 5216 枚。1973—1974 年，甘肃省文物考古研究所居延考古队，来到该遗址再次发掘，出土汉简 7944 枚。首次获取甲渠候官的空中影像，是 2006 年 4 月 18 日对甲渠候官的两次低空航摄——第一次为正摄（图 4），第二次为斜摄。

图 4　甲渠候官遗址（A8，2006 年 4 月航摄）

图 5　贝格曼支队在甲渠候官东南部的发掘地点（2010 年 10 月卫星影像）

障居遗址北部，为边长 15×15 米的方形夯土建筑，障壁厚实，内有隔间若干；坞接于障南，边长 39×41 米，设东门。⑮ 障、坞四周可见较密集的地表扰动（图 4 中黄色虚线圈绘的区域），或为建设障、坞及内部房屋的建筑取土所致，抑或是贝格曼于 1930 年底的试掘及甘肃省博物馆于 1974 年 7 至 10 月间的发掘堆土。

贝格曼一行当时在"破城子"的试掘，部分工作是发掘了其坞城东南面的三个地点，如图 5 所示自西向东的三个黄色线圈所示——西边小圈无号，中间为第 I 地点，东部大圈为第 II 地点。贝格曼在甲渠候官所获大多数汉简，即出土于这三处堆积（图 5）。1974 年甘肃省博物馆又对此处做了全面发掘，出土汉简 7000 多枚。

2. 以博罗松治为卅井候官的可疑之处

以破城子（A8）为例，障、坞保存较好，是甲渠塞规模最大、等级最高的建筑遗址，此处为甲渠塞的指挥所——甲渠候官，已成为学界共识。陈梦家先生统计了居延、肩水二都尉所辖诸塞，除了卅井塞，每塞至少有一障，但处于居延、肩水两都尉辖区分界位置的卅井塞，未有发现障的报告……仅推测博罗松治（P9）为卅井候官之所在。⑯ 居延汉代防御体系的障，成为识别诸塞候官所在的一个必要条件。

被陈梦家先生推测为卅井候官所在的博罗松治（P9）亭堠坐落于一处大致可分二层自然台地中央台顶部，东侧相接5间房，此外台顶未有再发现其他人工遗迹的报告，在台顶西南侧的二层台上，则有一道30×30米的方形坞墙（图6）……出土的封检都属于"卅井官"或"卅井候官"。⑰

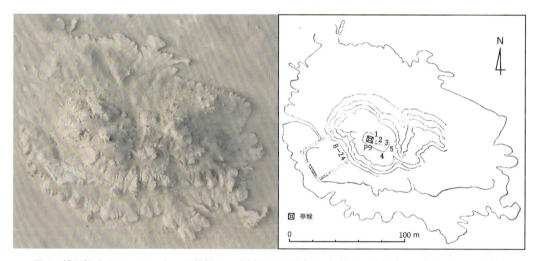

图6 博罗松治（P9，2006年4月航摄），右侧平面图据《居延汉简甲乙编》（下册）第306页图转绘

2006年的航拍，摄取了卅井塞的三个遗迹点，即西起第3、第4及最东端的亭堠⑱，分别与贝格曼编号的T141、A20、P9（博罗松治）相对应。如图7左，A20的正射影像，亭堠东南20米可见一方形宽体围墙基，出入口似在东北角，墙体坍塌后的堆积边长约26米，其东南边距塞墙亦为20米，并与塞墙平行，从墙体厚度和边长尺寸看，有可能是障。亭堠北似接一边长约10米的方形墙基，与亭堠合围成一个小院，抑或是贴近亭堠的房址。在障、亭东北面，有一串东南至西北向排列的6个矮丘，疑为"燔积薪"之薪墩（X）遗迹，自南向北编为X1至X6，该遗迹原本可能是在地面垒砌的小型墩台，用于放置和点燃积薪，坍塌后堆积的直径约10米。⑲X1至X4呈直线分布，中心距约35米；X5与X4中心距增大为49米，并东北方偏离X1至X4的延长线为16米；X6与X5的中心间距增大到55米，向东北方偏离X1至X4的延长线为52米。此列薪墩东侧，可见墙基遗迹，疑为坞墙，南端抵塞墙，并与之接近垂直，残长约130米。亭、

障的西北面则见转折分布的墙基，似可与薪墩外侧之墙及塞墙合围成坞，从现存的外围残墙推测，其合围周长应不小于 550 米。

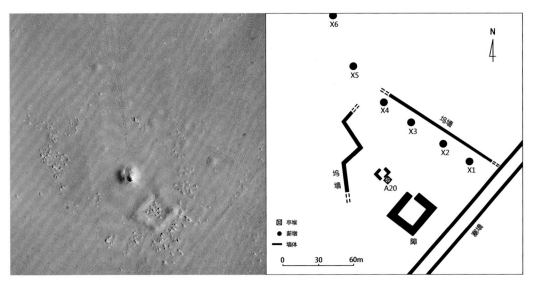

图 7　A20 亭堠及附近遗迹（2006 年 4 月航摄）

与 A20 建筑群相比，推测博罗松治为卅井候官有如下几个疑点：

第一，博罗松治无障，且坞的面积比 A20 小了许多。博罗松治坞东北部贴近中央台陡坎，是否有人工坞墙尚未可知，如以天然陡坎为据，四边周长合计约 120 米，小于甲渠坞的 160 米，远小于 A20 坞的 550 米。卅井塞 30 余个亭隧之中，A20 及近旁遗迹的组成最为丰富，障、塞、亭、薪墩、坞皆具，其建筑等级、规模皆明显高于及大于博罗松治，且可能拥有卅井塞唯一的障。

第二，博罗松治偏居一隅，若作为卅井塞的指挥所，其位置既不利于联络本塞诸隧，又远离了居延、肩水诸塞重点拱卫的河流两岸。若敌人从东面来袭，则博罗松治会首先被困而丧失指挥职能。A20 是卅井塞西起第四隧，既非端点，又靠近额木讷高勒，可避免首当其冲，又有利于与居延及肩水沿河诸隧的联络。

第三，博罗松治所出封检皆属于"卅井官"或"卅井候官"，似不能成为此处即为卅井候官的充分证据。仅以上述封检为据，难以判断其为发件还是收件？如是后者，则只能证明其邮件皆来自卅井候官，而不能充分证明博罗松治是发件处。作为候官，收发邮件的来源及去向会比较复杂，且来自上级都尉或其他候官的邮件一般较多。或受目前考古发现的限制，卅井候官的所在地，有待进一步求证。

3.T141 的薪墩非常规布局及可能存在的引水蓄水设施

T141 属卅井塞西起之第三隧，是 A20 的西邻，两者相距 1.8 千米。7 个薪墩约呈 n 字型分布在亭墩西北面（X1 至 X7），其中 X1 至 X4 成一线，南北向排列，堆积直径约 10 米；X5、X6、X7 则向东向南回转，且体量略小，堆积直径约 6 米。薪墩西侧可见一道墙垣，南端接近塞墙，但并不与之垂直（图 8）。薪墩连线与塞墙垂直，有利于两侧亭隧观察和分辨燃烧积薪的个数。薪墩连线与塞墙平行，则有利于塞内观察。X1 至 X4 成一线，有利于向西侧的 A21 及东侧的 A20 传递燃积薪信息，但 X5 至 X7 的体量较小，位置奇特，目前仍难解其意。

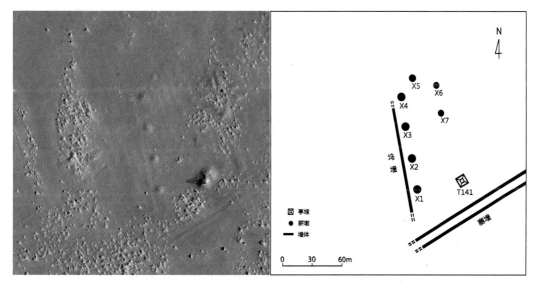

图 8　卅井塞 T141 亭墩及附近遗迹（2006 年 4 月航摄）

在 T141 亭墩的西面，可见一条东西向沟渠，西端伸向额木讷高勒，东端似接一蓄水池。蓄水池略呈椭圆形，东西长约 10 米，南北宽约 5 米，东距 T141 坞墙约 40 米，西距额木讷高勒约 2000 米，西部有流沙覆盖，渠道是否通达河边尚未可知，东部可辨长度约 600 余米，有可能是向 T141 引水之用（图 9）。以上现象尚待地面工作的验证。

4. 大同城及城外遗迹

武则天垂拱四年（688），安北都护府自漠北南迁，即以大同城为治所。2006 年 4 月的正射影像显示，郭城西北角及北壁大部已被河流摆动切割不存，余部可见墙台，但大部已被流沙掩埋；东、西两门瓮城尚存，其构造与一般瓮城稍有不同，即门对面墙体较长，近于夹城；郭城南壁及内城墙垣较完整，因流沙侵入，城内地表已见不到遗迹现

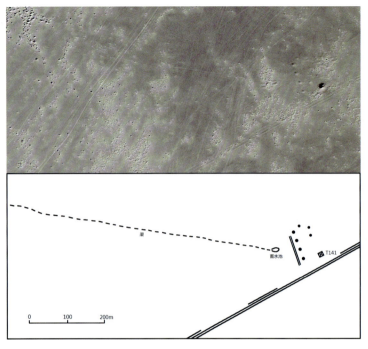

象，城外东南面仍可见水渠遗迹（图10）。

5.黑城关厢及周边田畦的现身

西夏所建黑城，亦称黑水城，元朝时称亦集乃路，至晚清民国时，则称哈喇浩特，亦写作哈拉浩特。黑城虽然不是额济纳河流域最早的城址，却是规模最大、城垣最雄伟的和最多灾多难的。自黑城受到学术界关注以来，无论是

图9　卅井塞亭燧（T141）西面的渠池〔据2013年1月的卫星影像转绘〕

西方探险者，还是国内的研究者，关注最多的是城内的构造和埋藏物，此前研究黑城的有关人员，所绘制的黑城平面图，都仅表现城郭及城内布局，其原因大致有三：一是研究者的注意力主要分配在城内；二是所谓的猫行地毯效应，即猫行走在地毯上，由于目视高度限制，无法看出地毯上的花纹规律；三是流沙覆盖，建筑基址难以现形。

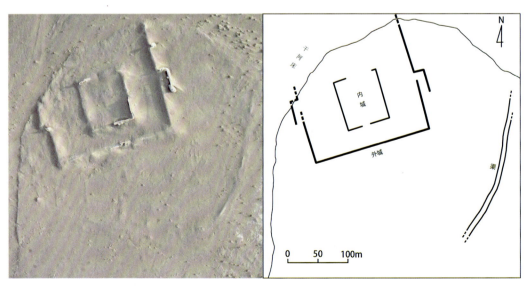

图10　大同城及南壁外遗迹的正射影像〔2006年4月航摄〕

图 11　黑城及东关外斜摄影像（2006 年 4 月，镜向 315°）

同理，黑城附近田畦的存在，之前也无人提及。

值得庆幸的是，笔者在蜜蜂 11 型飞机上执行黑城斜摄任务时，东关外的大片建筑基址和西北面的田畦立刻映入眼帘（图 11）。利用正射影像可以更清晰地判读黑城东

图 12　黑城及东关外的建筑遗迹正射影像（2006 年 4 月航摄）

图 13　黑城外西北面的田畦遗迹（2006 年 4 月，镜像 170°）

关厢的建筑基址和道路分布——东关外的关厢建筑沿东关外大街南北排开，南北覆盖超过东壁长度，向东渐延渐收，平面分布呈三角形，若以东壁为三角形的底，则东关外大街相当于这三角形的高，约与黑城南北壁的长度相当。

可见，关厢建筑的占地面积是相当大的（图 12）。

在黑城北约 85 米处，应有一条东西向明渠经过，渠沟开口处宽度当不小于 18 米，大部已被流沙掩埋，目前仅在城外东北面可见其遗迹（图 12 右上角）。但有一处被关厢建筑叠压，推测此渠可能早于黑城，或至少在关厢发展到晚期时已经废弃。

黑城西北面分布着高大的流沙岗，一般情况下人员车辆不易进入，但在空中观察，高大沙岗之间有大片非常醒目的平整而发白的地面；降低飞行高度观察，可见方格田畦，且是明显的经由人工平整的农田遗迹（图 13）。

此外，通过判读航片可知，黑城周边仍有重要遗迹存在。因正式调查报告尚未付梓，本文在此仅做概略介绍。

四、探索居延，任重道远

根据以往的调查与发掘成果，居延遗址群是汉河西四郡之中地面遗迹和出土物最为丰富的古代绿洲遗址群。沧海桑田，2000 年来气候、水文等自然因素的变化，以及受战争、民族迁徙、基本建设等人为因素的影响，我们今天已很难目睹居延遗址群的全貌。从已发掘遗址的数量与未发掘遗址的数量比例来看，目前收藏在各博物馆的出土物或不足总体的十之一二。居延绿洲自石器时代至近世，是西北地区为数不多的适合人居之地，地上地下遗存之丰富，应远超现在的认知。2006 年春季的这次航空摄影调查，虽然获取了 70 余平方千米的地面数字影像，但比照超过 2 万平方千米的居延绿洲及冲积扇区，则如杯水车薪，而如此广阔的戈壁流沙地带，无论驱车还是地面踏查都显得力不从心。所以，进一步通过航空、航天平台获取地面影像，并加以分析判读，将是保护、研究居延遗址群最为高效的手段。

注释：

① 景爱：《沙漠考古通论》，紫禁城出版社 1999 年版，第 201 页。

② 汉先后在河西设置过张掖郡、酒泉郡、张掖居延属国，管理少数民族。

③ 杨建新：《杨建新文集（五）》，民族出版社 2013 年版，第 354 页。

④ [俄] 彼·库·柯兹洛夫著，王希隆、丁淑琴译：《蒙古、安多和死城哈喇浩特》，兰州大学出版社 2002 年版，第 84 页。

⑤ [英] 斯坦因著，向达译：《斯坦因西域考古记》，中华书局 1936 年版，第 256 页。

⑥ [美] 兰登·华尔纳著，姜洪源、魏宏举译：《在中国漫长的古道上》，新疆人民出版社 2001 年版，第 74 页。

⑦ 王希隆：《〈蒙古、安多与死城哈喇浩特序〉序——彼·库·科兹洛夫及其第六次中国西部考察》，《北方民族大学学报（哲学社会科学版）》2011 年第 5 期。

⑧ [瑞典] 弗克·贝格曼：《内蒙古额济纳河流域考古报告》，学苑出版社 2014 年版，第 486 页。

⑨ 陈梦家：《汉简考述》，《考古学报》1963 年第 1 期。

⑩ 甘肃居延考古队：《居延汉代遗址的发掘和新出土的简册文物》，《文物》1978 年第 1 期。

⑪ 甘肃省文物考古研究所、甘肃省博物馆、文化部古文献研究室、中国社会科学院历史研究所编：《居延新简：甲渠候官与第四燧》，文物出版社 1990 年版。

⑫ 甘肃省文物工作队：《额济纳河下游汉代烽燧遗址调查报告》，《汉简研究文集》，甘肃人民出版社 1984 年版。

⑬ 魏坚、昌硕：《居延汉代烽燧的调查发掘及其功能初探》，孙家洲主编《额济纳汉简释文校本》，文物出版社 2007 年版，第 116 页。

⑭ 魏坚主编：《额济纳汉简》，广西师范大学出版社 2005 年版，第 22 页。

⑮ 中国社会科学院考古研究所编：《居延汉简甲乙编》（下册），中华书局 1980 年版，

第 304 页。

⑯ 陈梦家：《汉简缀述》，中华书局 2004 年版。

⑰ 中国社会科学院考古研究所编：《居延汉简甲乙编》（下册），中华书局 1980 年版，第 306~307 页。

⑱ 本文以"亭燧"替代当前学界流行的"烽燧"、唐代的"烽台"及民间常用"烽火台"之称谓。《汉书·匈奴传》："建塞徼，起亭隧，筑外城，设屯戍以守之，然后边境得用少安。"（班固撰，颜师古注：《汉书·匈奴传》，卷九十四下、匈奴第六十四下，中华书局 1962 年版）。亭即指覆斗形或圆形的夯土台及其上曾经存在的有顶无墙的建筑，用以瞭望敌情，今仅存的亭下夯土台遗迹，依汉代文献暂称"亭燧"。

⑲ 此类遗迹在卅井塞多有出现，其功能或与平时放置积薪，警报敌情时点燃积薪相关，即在亭附近建设若干有一定间距的小型地台，将积薪托举高于地面，防止薪柴在地面遇水受潮，其位置固定，发生敌情时点燃数量依《塞上烽火品约》而定，有利于两侧亭隧观察判断。

汉魏洛阳故城雷达遥感科技考古方法与发现

Methods and Findings of Imaging Radar Remote Sensing for the Archaeological
Prospection in Han-Wei Capital City of Luoyang

姜爱辉[1]、陈富龙[2]★

山东师范大学，济南，250358
中国科学院空天信息创新研究院，北京，100094

作为河洛地区的典型遗址，汉魏故城是"丝绸之路：长安—天山廊道的路网"世界遗产项目的重要遗址点，其考古价值重大。多模式、多分辨率的雷达遥感为考古提供了新数据源、新方法和新技术支持。作者针对目前基于植被指标的雷达遥感考古研究主要集中于单时相、长波段（L、C 波段）SAR 数据的问题，研究分析了多时相 X 波段 COSMO–SkyMed 数据的后向散射系数值，提出了一种基于时序植被指标的"两步走方法"：第一步，计算遗址区/非遗址区冬小麦样本在多时相 SAR 影像中的后向散射系数均值及二者的时序均值差值，设定第一步时序植被指标筛选阈值；第二步，计算筛选出的影像后向散射系数均值、方差以及交会点值，确定第二步的时序植被指标筛选阈值，完成"两步走方法"疑似遗址区识别。地球物理探测手段验证了基于时序植被指标的"两步走方法"的准确性，为汉魏故城遗址的挖掘提供了有效信息，同时揭示了多时相 X 波段 SAR 数据在考古探测中的适用性。该工作联合中国科学院空天信息创新研究院完成，得到了洛阳市文物局大遗址保护办公室、河南省科学院地理研究所和中国社会科学院考古研究所汉魏洛阳城工作队的支持和指导。建议读者需具备一定的遥感原理和遥感考古知识基础。

一、雷达遥感考古

古代遗迹是人类在过去生活中所留下的痕迹，是由人类在生产和生活过程中改变地表自然状态后形成的存在。随着时间流逝虽然这些遗迹被破坏或掩埋，但是由于它们都是由人工建成的，因此可表现出跟周围自然环境不同的特点。这些不同点可以通过植被生长状况、土地利用现状、地表湿度和微地形等标识被遥感影像记录下来，并以一定形式呈现，包括在遥感影像上表征为不同的大小、形状、阴影、位置、色调以及纹理等；进而研究人员可以通过分析遥感影像特征来对遗址的形状、分布以及古人类的生活环境进行勾画。简而言之，基于遥感技术对考古目标及其所在区域环境进行无损探测，记录分析遗址形状以及分布特征等信息，为考古领域提供数据基础和发掘靶区的方法可统称为遥感考古。[①]

相对于传统田野考古的侵入性和高成本，遥感考古具有覆盖范围广、时空分辨率高、光谱分辨率高、穿透能力强和对考古文物的无损探测等优势，能够不与遗址本体接触，通过揭示考古目标的土壤类型、面积延伸与分布以及其他次表面的状况等信息，助力田野考古聚焦感兴趣考古目标。[②]随着遥感技术的发展，遥感考古逐渐表现出多数据源融合和多技术融合的特点。例如可综合光学遥感、激光雷达、物理探测和合成孔径雷达（Synthetic Aperture Radar，SAR）等影像数据，实现星地一体化遥感考古；同时，结合人工智能、虚拟现实等技术，可实现遗址科技考古发掘和数字化保护。

雷达遥感作为遥感考古的一种重要手段，具有全天时、全天候、多波长、主动式无损探测等特点，充分弥补了光学传感器受天气限制的不足。[③]以 SAR 为代表的雷达遥感具有相位和强度双重信息，可通过雷达电磁波后向散射特性、微地形敏感性以及地表穿透性（干旱荒漠），为考古目标的探测提供丰富的信息。通过学科交叉和技术融合，雷达遥感在考古现实需求牵引下，已经日益成为高效、准确、大尺度地表、地下遗址探测发现的重要科技手段。

二、汉魏故城遗址及雷达遥感影像介绍

1. 汉魏故城

汉魏洛阳城遗址因在汉魏两代最为繁盛，所以史称汉魏洛阳故城，简称汉魏故城。

汉魏故城的历史背景复杂，作为中国古代最大的都城，经历多个朝代后，先后延续使用了将近1600年。其中，最早可以追溯到西周时期，周公营建洛邑，在此筑城，称成周；因城在洛水之北，东周时又称为洛阳；西汉时期，刘邦定都于此；建武元年（25），东汉光武帝也将都城定于此处，并改名为雒阳；其后曹魏定都时复改为洛阳；西晋亦以此为都；公元494年，北魏孝文帝将都城从平城迁到此地。汉魏故城历史背景复杂，考古研究价值重大，罗马帝国与古中国为数不多的四次交往中，其中有三次是在汉魏故城中进行的，因此这座城见证了陆上丝绸之路第一次从中国延伸到欧洲的过程，也见证了中西方文化交流的开始。④同时，汉魏故城是世界文化遗产"丝绸之路：长安—天山廊道的路网"中国境内的22个遗址点中唯一的都城遗址，也是国务院公布的第一批全国重点文物保护单位。

汉魏故城位于今河南省洛阳市城东15千米处，具体地理位置如图1左图所示，红色方框圈出的是汉魏故城遗址的具体位置，它东据虎牢关，西控函谷关，南跨洛水河，北依邙山到黄河。汉魏故城遗址总面积可达100平方千米，北魏时期汉魏故城的城市规模达到最大，主要可分为宫城、内城和外郭城三重城圈，其宫城和内城具体布局如图1右图所示，城内主要建筑为宫城、宫殿、衙署、苑囿等。⑤北魏宫城为长方形，南北长约1400米，东西宽约660米，太极殿为宫中正殿。今存遗址内城东垣残长3895米，

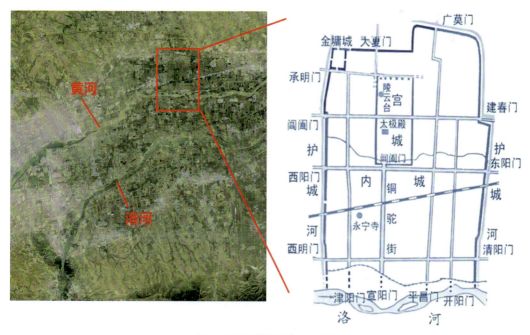

图1　汉魏故城地理位置示意图

西垣残长 4290 米，北垣长 3700 米，南垣已为洛河所淹，残垣一般高出地面 1~2 米，北垣东段高出地面 5~7 米。城墙皆夯土板筑而成，周长约 14 千米。[⑥] 近年来，汉魏故城主要是配合大遗址保护展示开展考古发掘工作[⑦]，已完成宫城阊阖门、二号门、三号门、宫城西南角、铜驼街、西阳门内大街等遗址的考古发掘工作，并对遗址进行了保护展示，宫城轴线已初步显现，目前正在对太极殿及其周边附属建筑遗迹进行考古发掘。汉魏故城遗址所在区域四季分明，春季干旱多风，夏季炎热多雨，秋季气候凉爽，冬季寒冷干燥，是属于南温带亚温润气候区。汉魏故城遗址地域多为农田和村舍，种植的农作物以冬小麦和夏玉米为主，冬小麦一般在当年的 10 月份播种，第二年的 6 月份收割。

2. 遥感资料的种类

汉魏故城的雷达遥感考古研究主要是分析植被对遗迹的反映情况，所用到的雷达影像资料主要包括 X 波段 COSMO-SkyMed SAR 影像和探地雷达（Ground Penetrating Radar, GPR）实地物探数据。其中，COSMO-SkyMed 卫星数据采用条带模式（Stripmap），HH 极化，获取时间周期为 2013 年 2 月 27 日—2013 年 6 月 19 日（即每隔 4~8 天获取一景 COSMO 雷达影像）。采集的 20 景时序影像，正好覆盖了冬小麦从返青期—拔节期—孕穗期—抽穗期—乳熟期—成熟期的整个物候期，为研究冬小麦生长过程时序后向散射特性及其地下遗存对其生长周期的影响提供了第一手数据。图 2 中的黑白色图像展示了 2013 年 04 月 20 日 采 集 的 COSMO-SkyMed SAR 影像覆盖范围，红色方框标示汉魏故城所在位置。

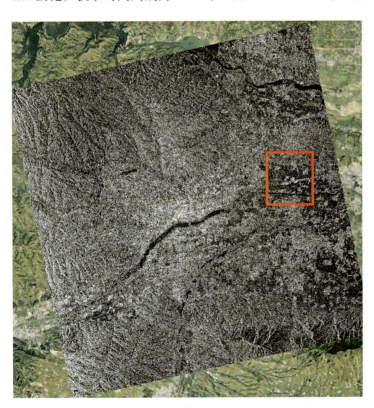

图 2　2013 年 04 月 20 日采集的 COSMO-SkyMed 影像
（底图为 Google Earth 影像，红色方框内表示的汉魏故城位置）

三、汉魏故城雷达遥感科技考古方法

1. 冬小麦后向散射特性分析

冬小麦生长周期在 SAR 时序影像的后向散射变化特性大致可分为三个阶段：第一阶段，在冬小麦的生长初期（返青期和拔节期），叶子数量较少，叶面积较小；反射回来的回波信号受土壤背景影响较大。若地下有人工遗迹，例如城墙、道路等，小麦的长势不如地下无人工遗迹的区域，在雷达影像上表征较强后向散射。第二阶段，随着小麦的生长发育，经历孕穗期—抽穗期—乳熟期，叶面积逐渐增大，叶子数量也逐渐增多，冬小麦后向散射系数受地表土壤扰动减小，雷达图像呈现为递减的后向散射值。第三阶段，历经成熟期，随着冬小麦成熟变黄及叶片脱落，在雷达图像上表征出逐渐增强的后向散射值。总体而言，冬小麦在 SAR 影像上可表征出时序后向散射递减—增大的变化特征；若地下有遗存，区域后向散射特性会表征出相应的时序异常信息。

2. 时序 SAR 影像处理与分析（两步走方法）

为研究遗址区和非遗址区植被时序 SAR 后向散射特性差异，结合史料记载、现场勘探资料以及谷歌地球（Google Earth）历史影像，在汉魏故城遗址的宫城区范围内选择了10组样本，其中遗址区样本和非遗址区样本各5组，每个样本约1000个像元，样本位置具体如图3所示。为更好地呈现样本所在位置，图3是以 GF-1 数据（2013年09月28日采集）为底图，绿色表示非遗址区样本位置，黄色表示遗

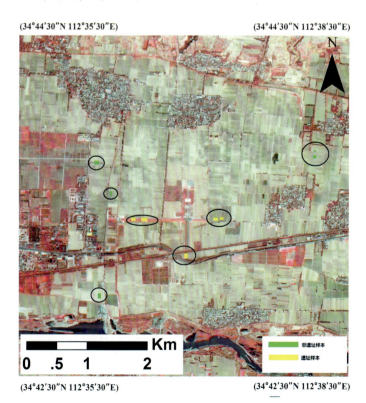

图 3　遗址区和非遗址区样本分布图（黄色为遗址区样本，绿色为非遗址区样本，底图为 2013 年 09 月 28 日获取的 GF-1 影像）

址区样本位置，同时要保证样本都落在小麦种植区内。

对于选取的冬小麦覆盖区遗址/非遗址区样本，分别计算遗址和非遗址样本像元时序后向散射系数均值，并绘制遗址/非遗址后向散射系数均值时序折线图，如图4的虚线所示。通过观察虚线的变化特征，可以看出在冬小麦的生长期内，遗址/非遗址区冬小麦后向散射系数变化趋势是一致的，即随着冬小麦的返青（2013年3月7日—2013年5月2日），及小麦叶子数量的增多，后向散射系数受土壤背景影响降低，因此后向散射系数值先减小，然后到了乳熟期后向散射系数又逐渐增大，在这期间小麦叶子数量趋于稳定并且在成熟期后期叶子逐渐干枯凋落。而且，除去成熟期后期（2013年6月7日—2013年6月19日）外，遗址区样本的后向散射系数一直高于非遗址区。接下来，计算遗址/非遗址后向散射系数均值差值（Differential Value，D-Value），在图4中用实线表示。通过观察实线的变化特征，可以发现遗址/非遗址后向散射系数均值差值（D-Value）在冬小麦返青期有明显的增大趋势，在冬小麦的成熟期有明显的下降趋势。结合数据采集期间的降水量（图4直方图）还可以发现，在2013年4月4日、5月6日、5月26日和6月19日降水量分别为3毫米、3毫米、13毫米和1毫米，降

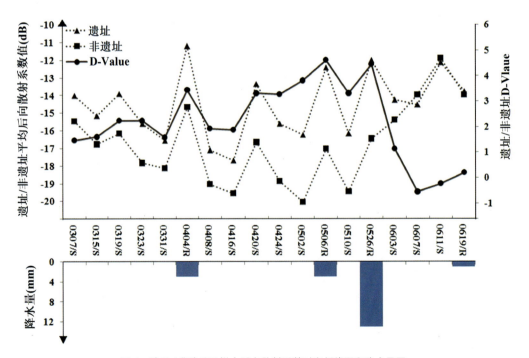

图4　遗址/非遗址区样本后向散射系数时序折线图和降水量图
（虚线：遗址/非遗址后向散射系数均值时序折线图；实线：遗址/非遗址后向散射系数均值差值折线图）

水导致了土壤湿度和介电常数的增大，与之对应的后向散射系数也会增大。但是遗址 /
非遗址后向散射系数增加幅度是不一样的，遗址区大于非遗址区后向散射系数增大幅
度值，这是因为汉魏故城遗址区地下遗存主要为夯土、古道路等类型的紧密型结构，
降水很难渗入下去，使遗址区地表湿度大于非遗址区，进而遗址区的后向散射系数增
加幅度较大。

通过分析遗址区和非遗址区冬小麦雷达后向散射特性的时序变化，以及它们之间
差值（D-Value）的时序变化可以看出，遗址区和非遗址区冬小麦的后向散射系数时序
变化趋势基本一致，只有在成熟期（2013 年 06 月 07 日—2013 年 06 月 19 日）有些许
差异。虽然遗址区和非遗址区冬小麦后向散射系数时序变化趋势一致，但是它们在数
值的大小上仍有差别，遗址区冬小麦的后向散射系数值在 2013 年 02 月 27 日—2013 年
06 月 03 日之间一直高于非遗址区冬小麦的后向散射系数值，只有在 2013 年 06 月 07 日—
2013 年 06 月 19 日之间，到了冬小麦的成熟期后期才基本没有差别，保持一致。基
于遗址 / 非遗址区冬小麦后向散射特性差异特点，计算时序平均均值差值（Temporal-
Average Difference，TAD），并通过 TAD 值来筛选参与疑似遗址区提取的影像，经筛选
后最终有 7 景影像符合条件，这 7 景影像的遗址区和非遗址区冬小麦后向散射特性差
别明显，更具有代表性，此为两步走方法的第一步。

为了更好地分析遗址 / 非遗址区冬小麦的后向散射系数之间的差异，绘制筛选出 7
景 SAR 影像遗址 / 非遗址样本后向散射系数直方图，并计算其均值、方差以及交会点
处的后向散射系数值，如图 5（a）所示。其中，红色线表示的是遗址区（Ch）样本的
直方图，而蓝色线表示的是非遗址区（NCh）样本的直方图，$P\_(d_i)$ 表示的是遗址
区和非遗址区样本直方图交会处的值。对于第一步所筛选出来的 7 景影像（2013 年 04
月 04 日—2013 年 05 月 26 日），其后向散射系数值在 $P_(d_i)<T_i<\mu_(Ch_i)
+\delta_(Ch_i)$ 这个阈值区间内的判定为疑似遗址区，这是两步走方法的第二步。

四、汉魏洛阳故城雷达遥感科技考古发现

经过两步走方法的筛选，最终符合两步筛选标准的疑似遗址区被标注出来，如图 6
（左）所示，用黄色的点表示。通过观察图 6（左）中筛选点的分布可以看出，经历两
步走方法后所筛选出来疑似遗址区主要集中在汉魏故城遗址宫城内，并呈不同程度的

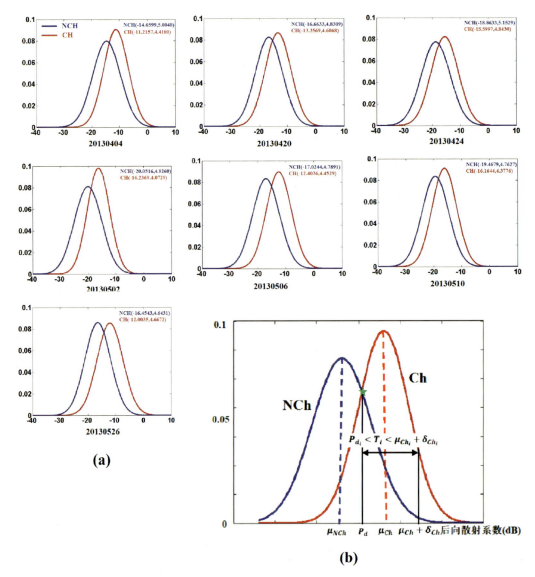

图 5 遗址（Ch）/ 非遗址（NCh）样本后向散射系数直方图

（a）经第一步分类后的 7 景影像遗址 / 非遗址样本后向散射系数直方图；（b）遗址区区间值

集中。

纹理特征是判断考古遗存的一大重要指标，因为考古遗存一般呈现出规则的形状，如线型、圆形、长方形等。线性特征一般对应古道路或古城墙遗址，圆形或方形对应人工建筑遗迹。为更加准确地识别疑似遗址区，将纹理特征这一因素加入进来。根据图 6（左）中纹理特征和空间特征，针对比较集中的区域，可以判断出线性和点云痕迹，并人工标注出来，如图 6（右）所示，也就是最终的遗址预测图。

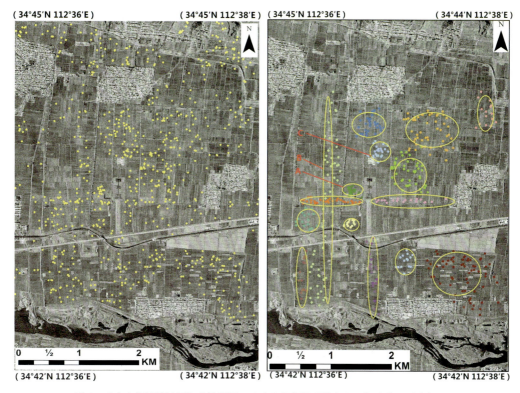

图6 （左）疑似遗址区初步结果图；（右）根据纹理信息人工标注的预测遗存图

　　为验证两步走方法筛选出的疑似遗址区的准确性，选取了3个子预测区用地球物理探测方法（探地雷达和高密度电阻法）进行验证，其中包括两个点云特征（A、C）和一个线性特征区（B）。

　　点云特征C标出的区域在2015年已经进行了发掘，地下遗存主要为墙体和夯土结构，如图7所示，其几何形状与经过两步走方法识别出的点云特征一致。点云C位于太极殿遗址东北角，埋深大概为0.5~1.5米之间。在2013年COSMO-SkyMed数据采集期间尚未开始发掘，受墙体和夯土的介质影响，使得这一区域的土壤水分含量低于自然地表土壤水分含量，从而影响冬小麦在雷达图像上的后向散射特性，而且发掘现场的考古发现与预测遗址区的点云特征位置对应。

　　在点云特征A和线性特征B所对应的区域位置，实地分别使用探地雷达（GPR）和高密度电阻法（ERT）两种物理探测方法进行了数据采集。在A所对应的位置，GPR采集了4条测线，分别标注为Line 01~04，测线长度为76米，ERT也采集了4条测线（图8a所示），白色线表示GPR采集位置，红色线表示ERT采集位置；在B所

图 7　点云特征 C 所对应的实地区域和 2015 年发掘现场图

对应的位置，GPR 也采集了 4 条测线，也分别标注为 Line 01~04，ERT 采集了 2 条测线，分别为 Line 01 和 Line 04（图 8b 所示）。

图 9 和图 10 分别展示了 A 和 B 区域所对应的 GPR 和 ERT 数据第四条测线（Line

图 8　地球物理探测方法（GPR 和 ERT）验证区域（左图对应子域 A，右图对应子域 B）

04）的处理结果，其中，上面（a）为 ERT 结果，下面（b）为 GPR 结果。从图 9 可以看出，点云 A 所对应的区域，经过 ERT 勘察解译后，人类活动遗存的信号主要集中在地下 0.5~2 米深度。GPR 探测也验证了上述结论，在图 9（下）的 GPR 结果图中，红色箭头标出了考古遗存可能存在的位置。

同样，线性特征 B 区域所对应的结果如图 10 所示。ERT 结果显示，人类活动遗存的信号主要集中在地下 0.5~2 米深度；GPR 结果图中，红色箭头和曲线标示了考古遗存可能存在的位置。综合点云特征区域 A 和线性特征区域 B 的物探结果，汉魏故城主要的人类遗存埋深在 0.5~2 米之间，探测数据与田野发掘结果高度一致。

综上所述，预测疑似遗址子区 A、B、C 的现场发掘结果和地球物理探测，均证实了研究提出两步走方法在大范围无损考古探测的有效性。

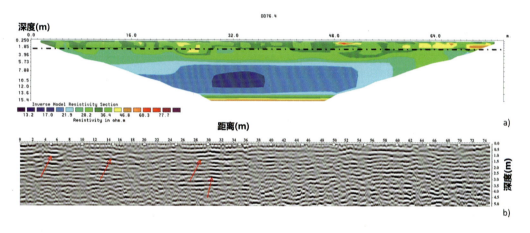

图 9　A 区域 Line04 所对应的 ERT（上）和 GPR（下）结果图

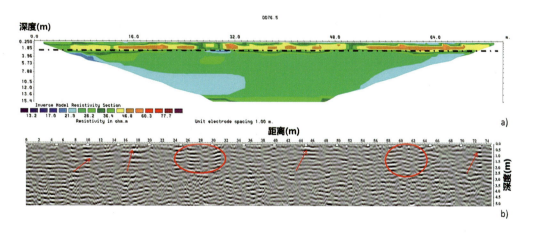

图 10　B 区域 line04 所对应的 ERT（上）和 GPR（下）结果图

五、总结

在汉魏故城的雷达遥感科技考古研究中，运用两步走方法，充分发挥多时相、高分辨率 SAR 影像的优势，通过对大遗址范围内冬小麦时序散射特性的分析和研究，并配合考古发掘和物探验证等工作，对遗址范围内疑似遗址的总体情况进行了筛选和定位，发现了一些新的线状和面状遗迹，为汉魏故城的考古学研究提供了新的线索，同时也为遗址雷达遥感考古研究积累了成功的经验。但是，汉魏故城作为一个较为特殊的遗址，遗存埋藏深度较浅，为遗址 / 非遗址冬小麦长势差异分析提供了有利条件，因此对于两步走方法的普适性有待验证。另外，对于疑似遗址区的筛选是否可以实现自动化也是该研究需进一步开展的工作。

通过汉魏故城的雷达遥感科技考古研究实例，我们发现雷达遥感考古还面临一系列挑战。首先，在遥感考古领域应用雷达影像的实例还是很少，远不及光学遥感应用广泛，没有发挥出 SAR 影像的潜力；其次，目前对于遥感考古的实施需要遥感专业人员和考古专业人员有效配合，尚未实现两个学科的有效融合，因此培养具备遥感考古的专业人才十分必要；最后，遥感数据成为考古的常规手段还有一段路要走，需要文物部门和遥感工作者一起努力。

注释：

通讯作者：陈富龙，研究员，研究方向为文化遗产遥感与可持续发展，E-mail: chenfl@aircas.ac.cn

① 聂跃平、杨林：《中国遥感技术在考古中的应用与发展》，《遥感学报》2009 年第 5 期。

② 李淑英：《中国遥感考古的应用综述》，《中国城市经济》2011 年第 1 期。

③ 陈富龙：《雷达遥感考古机理、应用与展望》，《遥感技术与应用》2015 年第 5 期。

④ 段鹏琦：《汉魏洛阳故城》，文物出版社 2009 年版，第 21~47 页。

⑤ 中国科学院考古研究所洛阳工作队：《汉魏洛阳城初步勘查》，《考古》1973 年第 4 期。

⑥ 王月梅：《汉魏洛阳故城考古遗址公园（第二批国家考古遗址公园）》，见中国考古网。

⑦ 李文艳：《国家考古遗址公园保护性展示初探——以汉魏故城国家考古遗址公园为例》，《遗产与保护研究》2018 年第 8 期。

唐代瓜州至沙州间邮驿系统的数字化重建

Digital Reconstruction of the Post System from Guazhou to Shazhou in Tang Dynasty

王心源、骆磊、刘传胜

中国科学院空天信息创新研究院、联合国教科文组织国际自然与文化遗产空间技术中心，
北京，100101

根据敦煌遗书中 P.2005《沙州都督府图经卷第三》记载，唐天授二年（691）后瓜州、沙州二州间的驿道，在芦草沟古绿洲上共置有常乐驿、阶亭驿、甘草驿、长亭驿、白亭驿、横涧驿和清泉驿 7 座驿站，并详细记录了各驿站与州城、相邻驿站之间的方位信息。实际上，自汉代起，该区已经建立边境防御的长城系统。由于全球气候环境变化和人类活动的影响，古代瓜州与沙州间的芦草沟古绿洲逐渐被雅丹地貌、沙漠、戈壁和荒滩所代替，以致人迹罕至，实地考察非常困难。经过数十年的艰苦努力，前人基本弄清楚了一些遗址位置以及相关信息，但还有一些如甘草驿、长亭驿、白亭驿等的位置，仍然没有确定，这造成考古工作者对已发现遗址性质的不同看法，对瓜州与沙州间的烽驿系统以及丝绸之路走向研究等问题，也产生了不同认识。[①-③]

航天遥感考古就是从卫星、飞船等空间平台上，运用摄影机、扫描仪、成像光谱仪、雷达、激光雷达（Lidar）等成像设备，获取考古遗址及其环境的电磁波特征信息，以及地形与环境信息等，再运用计算机图形图像处理技术，对这些影像进行增强和处理，然后根据遗址范围内地表现状和光谱成像规律等的相互关系，对影像的色调、纹理、图案及其时空分布进行研究，判定遗迹或现象的位置、分布、形状等特征，进而进行遗址探查、考古测量、古地理环境和古遗址复原等工作。[④-⑥]航天遥感考古具有覆盖

范围大、光谱范围广、时空分辨率高、光谱分辨率高，以及对考古对象无损探测等特点，使其在像山区、戈壁、荒漠、沙漠、雨林等人迹罕至地区的考古发现与调查具有独特的优势。⑦-⑫

一、瓜（瓜州）—沙（敦煌）段汉唐烽驿系统初步调研

在国家自然科学基金资助下，笔者联合兰州大学、甘肃省文物考古研究所、瓜州县文物局、国际自然与文化遗产空间技术中心等单位的专家，基于多分辨卫星影像、文物普查数据、历史文献以及考古资料等多元数据，借助遥感技术（Remote Rensing，RS）、地理信息系统（Geographic Information System，GIS）和全球导航卫星系统（Global Navigation Satellite System，GNSS），分别于 2013 年和 2014 年对丝绸之路瓜—沙段进行了遥感考古研究与实地调查：发现了 8 处古城遗址，并对其形制等进行了较详细的勘测与考证，采集到磨制石器、陶瓷残片、砖瓦残片、铁器残片、1 枚王莽时期的"契刀五百"残币、1 枚五铢钱残币和 1 枚开元通宝残币；发现 2 处村落遗址，共 13 座房址，1 处疑似墓葬遗址；发现唐代甘草、长亭两驿遗址所在，根据遥感图像对白亭驿位置做出初步判断。结合敦煌遗书 P.2005《沙州都督府图经卷第三》等史料，用较准确的数字化再现武后天授二年（691）后瓜、沙二州间新驿道的走向、分布，以及诸驿的空间特征。

2013 年，丝绸之路瓜—沙段遥感考古研究成果，荣获"2012—2013 年度中国遥感十大事件"称号，中央电视台、新华社、中国新闻社、《光明日报》、《人民日报》、《科技日报》、中国新闻网等权威媒体，对该项考察工作进行了跟踪报道，酒泉电视台全程跟踪拍摄；同时，在 2014 年野外考察期间，中央电视台科教栏目组，围绕丝绸之路与汉长城进行了全程跟踪拍摄。这是一个将科学工作对社会公众进行推广普及的典型范例，社会公众由此对科技考古有了更深层次的认识。

二、航天遥感数据获取与空间考古发现

1. 数据与方法准备

瓜州、沙州是河西走廊最西端的两块绿洲，由疏勒河与党河的滋润发育而成，彼

此相距约 130 千米，现今面积各约 400 平方千米（图 1）。[⑬]

这次调研活动，基于卫星影像、文物普查数据、历史文献以及考古资料等多元数据，通过 RS、GIS 与 GNSS 技术的综合分析应用，在芦草沟古绿洲开展遥感考古工作，为瓜、沙二州间烽驿系统与古代交流通道的恢复提供了科学依据，也为深入研究汉唐时期整个河西地区的烽—驿系统、交流通道，以及古丝绸之路变迁提供了可资借鉴的方法。

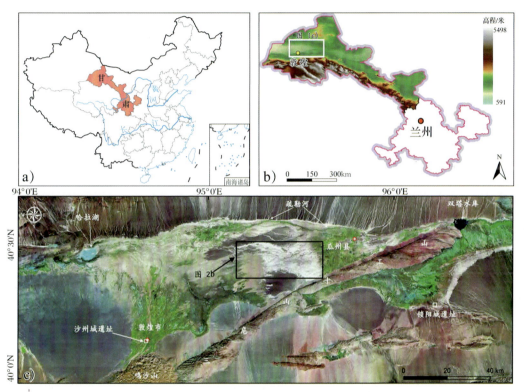

图 1　（a）河西走廊及瓜、沙二州位置图；（b）图为河西走廊地貌晕渲图，根据 USGS 提供的 90 米分辨率 SRTM 数据制作；（c）为瓜、沙二州假彩色合成遥感影像图，根据 USGS 提供的 15 米分辨率 Landsat ETM+ 数据制作

这次调研活动，使用的多元数据包括多分辨率卫星遥感数据，第三次全国文物普查数据和敦煌遗书、考古资料等中外历史文献。多分辨率卫星遥感数据主要有 WorldView-2（WV-2）高分辨率数据、资源三号（ZY-3）卫星全色波段影像、Landsat-7（LS-7）ETM+ 数据。

为了做好这次调研活动，我们首先在室内利用地理信息系统（GIS）软件将汉长城遗址、干（古）水系，瓜州县第三次全国文物普查数据，以及前人的考古资料、历史文献与古地图等多类型数据，转换为具有统一地理参考的空间数据，按照本文作者在注释⑤中制定的规则，分别进行缓冲区分析与叠加分析，获得遗址存在的疑似区，再由高分辨率遥感图像确定疑似点，最后去野外实地考察与证实。⑭2013 年 8 和 10 月，基于 GIS 空间分析提供的疑似区 WV-2 高分辨率影像解译结果，利用 GPS 定位技术，遥感考古联合考察队前后两次对今巴州古城遗址以北、汉长城以南，敦煌绿洲以东、瓜州绿洲以西（图 2）的雅丹地貌群，进行了野外考察和实地调查。联合考察队由中国科学院遥感与数字地球研究所、兰州大学、甘肃省文物考古研究所、瓜州县文物局、瓜州县博物馆与联合国教科文组织（UNESCO）国际自然与文化遗产空间技术中心的遥感考古、文物考古、环境考古专家和技术人员组成。文物考古专家根据遗址地表残存的器物以及遗址本身的规制，综合给出了遗址的初步年代。

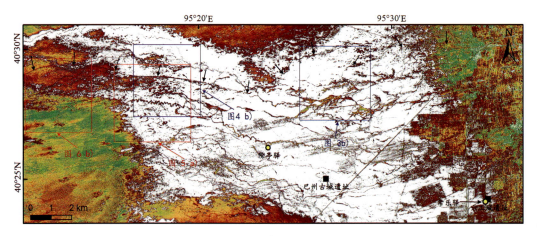

图 2　遥感考古疑似区分布图（底图为 ZY-3 全色波段灰度影像密度分割图，黑色箭头指向汉长城遗址）

2. 遥感考古新发现的证实与遗址特征

（1）新发现古城遗址 1（编号 BZ-1）

古城遗址 1 位于巴州古城遗址北略偏东 6.8 千米处（遗址精确的经纬度坐标此处略去，下同，海拔为 1122 米），北距汉长城遗址 1.5 千米，沿汉长城东距瓜州县城约 20 千米。WV-2 提供的疑似区图像显示，在汉长城遗址以南 1 千米左右，古河道有一段向南弯曲，在河道南岸河曲中心部位，发现一个由 3 个同心矩形组成的对称图形（图 3a），与风向控制的雅丹地貌分布的特征完全不同，且纹理特征明显，疑是人工遗迹。考察队到达可疑点以北约 1.5 千米的汉长城遗址，向南走过风蚀台地到达疑似点。首先看到的是遍地的瓦、陶残片，然后在西南角发现了石磨残块，最后在遗址东墙外发现灰堆。

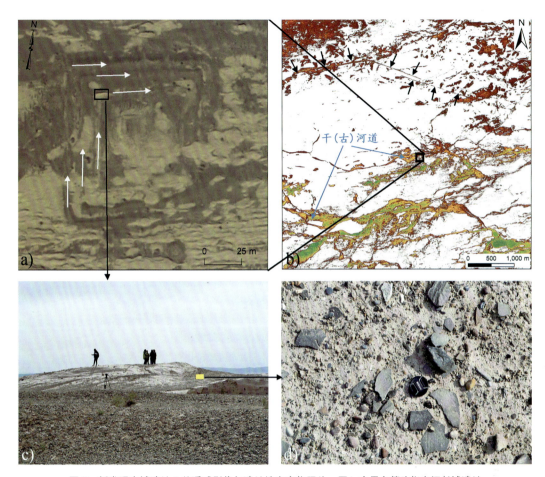

图 3　新发现古城遗址 1 的遥感影像与遗址地表实物照片，图 b 中黑色箭头指向汉长城遗址

该古城址现已无明显的墙体遗存，但在地表从外向里依次残存有 3 道城墙墙基，宽约 3.5 米，墙基间距 8~10 米。现场测得最外围墙基南北长约 104 米，东西宽约 94 米；中间墙基南北长约 86 米，东西宽约 79 米；最内围墙基南北长约 64 米，东西宽约 59 米。通过与巴州古城遗址内的古代遗物对比分析，考察队文物考古专家初步判定该城址与巴州古城遗址同属于汉晋时期，其建筑规模为汉代长城沿线候官的建制。瓜州县文物局暂命名其为巴州古城 1 号遗址，本文暂记作 BZ-1。

（2）新发现古城遗址 2（编号 BZ-2）

古城遗址 2 位于巴州古城遗址西北 13.5 千米处（海拔为 1102 米），汉长城遗址斯坦因编号 T.37.a 号烽燧南侧，沿汉长城东距小宛破城遗址约 62 千米。从 WV-2 提供的疑似区高分辨率图像可见，在 T.37a 号烽燧南侧约 80 米处，有一个近似矩形的图形（图

4a），且被一条干（古）河道分割成南北两部分，疑为人工遗迹。2013 年 10 月 13 日中午，考察队到达 T.37.a 号烽燧以南约 1 千米的干（古）河道，向西北穿过干（古）河道与风蚀台地达到可疑点附近，首先看到的是一条南北向的由砾石堆积形成的梁，后证实此为该遗址的东墙；由于风蚀作用强烈，该遗址内文化层单薄，仅在西北角发现了少量的瓦陶残片。

图 4　新发现古城遗址 2 的遥感影像与遗址地表实物照片，图 b 中黑色箭头指向汉长城遗址

　　该古城址现已无明显的墙体遗存，但在地表残存有城墙的墙基，宽 1~2 米。现场测得墙基东、西墙长各 127 米，北墙长 110 米，南墙长 100 米。通过与巴州古城遗址

以及 BZ-1 古遗址内的古代遗物对比分析，初步判定该城址属于汉晋时期。该城在废弃后，曾有间歇性河流从该遗址的东南角流入，向西穿城经西墙而出。城址内及周边残留有古代遗物，考察队文物考古专家初步判定该城址属于汉晋时期，其建筑规模为汉代长城沿线候官的建制。瓜州县文物局暂命名其为巴州古城 2 号遗址，本文暂记作 BZ-2。

（3）新发现古城遗址 3（编号 BZ-3）

古城遗址 3 位于巴州古城遗址西北 14.2 千米处（海拔为 1105 米），北距汉长城遗址 3 千米（图 5a），东南距阶亭驿遗址约为 13.5 千米。WV-2 提供的疑似区高分辨率图像显示，阶亭驿遗址西北 13.5 千米处，在干（古）河道的北侧发现由两个近似同心正方形组成的图形（图 5b），与风向控制的雅丹地貌分布的特征完全不同，且像一个"回"字，疑是人工遗迹。接着，考察队到达疑似区以北约 1.3 千米的干（古）河道，向南穿过干（古）河道与风蚀台地到达可疑点。遗址西侧有一干涸湖床，其中还有茂密的芦苇丛生。

该遗址城墙现已不明显，墙宽 2~3 米，墙体夯土层约 8~10 厘米，东南角现存城墙残垣高 1.93 米，东北角残高 2.25 米，西北角残高 2.12 米（图 5c），西南角由于风蚀作用被厚厚的砾石层覆盖。现场测得墙基东、西墙宽各约 43 米，南、北墙长各约 43 米。距东南角 14 米处有古生活垃圾堆，在其中找到动物骨头数枚，保留有明显的用火遗迹。在北墙内侧，发现了大量的瓦片（图 5d）和青砖残片（图 5e）。考察队专家通过对遗址内古代遗物的判识与分析，初步判定该城址始于汉晋时期，沿用至唐宋时期，其建筑规模与唐代河西地区驿站的形制相当。瓜州县文物局暂命名其为巴州古城 3 号遗址，本文暂记作 BZ-3。

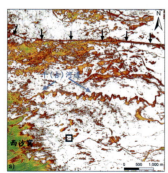

图 5　新发现古城遗址 3 的遥感影像与遗址地表实物照片，图 a 中黑色箭头指向汉长城遗址

（4）新发现古城遗址 4（编号 XSW-1）

古城遗址 4 位于巴州古城遗址西北 20.1 千米处（海拔为 1098 米），北距汉长城遗址 3 千米（图 6b），东南距 BZ-3 遗址直线距离约为 6.1 千米，亦见于史料文献记载。WV-2 提供的疑似区高分辨率图像显示，在西沙窝沙漠北端，今古河道北侧，有一个被削了东南角的矩形图形（图 6a），与该区域风向控制的红柳沙包延伸方向和雅丹地貌分布的方向完全不同，且纹理特征明显，怀疑是人工形成的。14 日上午，考察队到达可疑点以东约 5 千米的西沙窝东缘，向西穿越沙窝地带达到可疑点。首先发现了由红柳和泥沙筑成的东边墙体残基一直延伸到南端（图 6c），其筑成材料与汉长城的筑成材料一样（图 6d），且构筑形式一致。

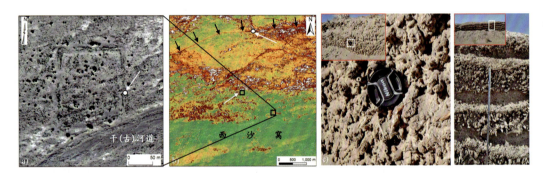

图 6　新发现古城遗址 4 的遥感影像与遗址地表实物照片，图 b 中黑色箭头指向汉长城遗址

该遗址被废弃后，由于流水作用，加之西沙窝的风吹沙北侵与风蚀作用等，南墙已被侵蚀殆尽，东墙被部分侵蚀，北墙和西墙现已无明显的墙体遗存，但在地表仍残存有墙基的沙梁，宽 7~9 米。现场测得东墙残长约 139 米，西墙长约 173 米，北墙宽约 132 米。通过与汉长城建筑材料与构筑方式的对比，初步判定该城址为汉晋时期，其建筑规模与汉代长城沿线都尉府的建制相当。瓜州县文物局暂命名其为西沙窝 1 号古城遗址，本文暂记作 XSW-1。

（5）新发现古城遗址 5（编号 XSW-2）

古城遗址 5 位于巴州古城遗址西北 21.2 千米处（海拔为 1093 米），北距汉长城遗址 2 千米，东南距 XSW-1 古遗址距离约 1.3 千米（图 6b）。WV-2 提供的疑似区图像显示，在汉长城遗址以南 2 千米左右，西沙窝沙漠北端，XSW 遗址西北边，有一个近似菱形的特殊地物图案（图 7a），与该区域风向控制的红柳沙包延伸方向和雅丹地貌分布的方向完全不同，且纹理特征较明显，怀疑是人工形成的。考察队从 XSW-1 古城遗址出发，向西北穿越沙窝地带达到可疑点。到达可疑点后，首先看到的是砾石堆积形成的西墙（图7b），然后在西墙内侧偏北处发现一片红烧土（图7c），土堆上散落有瓦陶残片（图7d）。最后，在红烧土堆东侧，发现了一枚王莽时期的"契刀五百"残币（图7e、7f）。

图 7　新发现古城遗址 5 的遥感影像与遗址地表实物照片

该遗址被废弃后，由于强烈的风蚀作用，加之西沙窝的北侵等，南墙已消失，东墙被部分侵蚀，北墙和西墙现已无墙体遗存，但在地表仍残存有被砾石层覆盖的墙基遗迹，宽 1~2 米。现场测得东墙残长约 92 米，西墙长约 90 米，北墙宽约 91 米。鉴于"契刀五百"钱币的发现，以及与其他古城遗址内的古代遗物的对比分析，初步判定该城址始于西汉末年，其建筑规模与汉代长城沿线候官的建制相当。瓜州县文物局暂命名其为西沙窝 2 号古城遗址，本文将其暂记作 XSW-2。

三、唐瓜—沙州间驿道系统数字化重建

阶亭驿遗址西北 13.5 千米处新发现的 BZ-3 遗址，湮没于雅丹地貌之中。由于经受了千年的风蚀，虽无明显的墙体存在，但其东南西北四个城角仍然残存。通过对地表发现的砖瓦残块等古代遗物的比较分析，初步确定该遗址的使用时间不晚于唐。

基于对史料、文献的梳理与研读，了解到汉唐时期河西地区不同级别的行政单位，在城址形制上是遵循一定规律呈现的。[15] 对于单个驿站而言，其单边墙长一般为 30~70 米。据 P.2005，甘草驿，在沙州城东北 145 唐里（1 唐里约合今 540 米 [16]，145 唐里约合今 78.3 千米），东南距阶亭驿 25 唐里（约合今 13.5 千米），驿侧有甘草，故命

名其为甘草驿。BZ-3 遗址，单边墙长 43 米。位于阶亭驿遗址西北 13.5 千米处，今从 BZ-3 遗址出发，向西绕行西沙窝北端，经东碱墩到达沙州城的路程约合 76.6 千米，与 P.2005 中的记载基本吻合。综上，BZ-3 遗址在形制和方位信息上与甘草驿基本一致。

另据 P.2005，长亭驿，西南距沙州城 120 唐里（约 64.8 千米），东距甘草驿 25 唐里（约 13.5 千米），置于长亭烽之下，因烽而得名。今从 XSW-1,2 古城遗址出发，向东绕行 西沙窝北端至甘草驿的路程约合 13 千米，又经东碱墩到达沙州城的路程约合 66.6 千米，与 P.2005 中的记载基本吻合。XSW-1,2 古城遗址的方位信息与唐代长亭驿的方位信息 基本一致，至少可以得出该区域汉唐时期存在连续的人类活动，很有可能上述两处新 发现的汉代古城遗址沿用至隋唐时期。对于长亭驿的准确的位置信息、XSW-1 古城遗 址与 XSW-2 古城遗址的时空关联性，需要后期开展深入的研究。

对于白亭驿遗址，根据我们的研究，在 WV-2 高分辨率影像上发现了疑似遗址。 它呈正方形，单边墙长约 30 米，西北角疑似有一烽燧遗址（图 8）。该疑似遗址西南 距沙州故城遗址的直线距离约 40 千米，东北与 XSW-1 古遗址的直线距离约 22 千米， 均与 P.2005 中记载的"白亭驿，右，在州东北八十里，东北（去）长亭驿四十里，同 前奉敕移，为置白亭烽下，因烽为号"基本一致。但由于该疑似遗址位于东碱墩腹地 的沙窝地带，地形地貌极其复杂，14 日下午考察队在几次尝试进入失败后，放弃了对 该疑似遗址的现场考证工作。

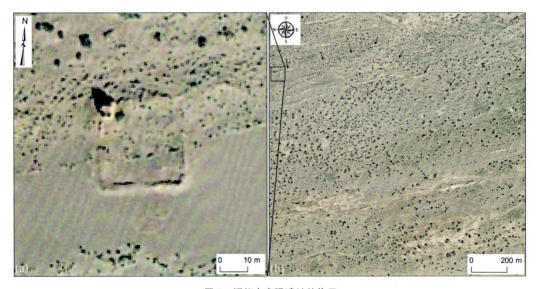

图 8　疑似白亭驿遗址的位置

图 a 疑似白亭驿遗址的 WV-2 遥感图像；图 b 疑似白亭驿遗址位于汉长城遗址南侧，黑色箭头指向汉长城遗址据 P. 2005，唐代瓜州、沙州间的驿道曾在今三危山至十工山以南，高宗永淳二年（683）改移山北，至武后天授二年（691），以旧路石碛山险，迂曲近贼，奏请近北安置，于旧道之北奉敕置新道：由常乐驿西行至阶亭驿，又西北行经甘草、长亭二驿，再西行至白亭驿，最后东南行经横涧、清泉二驿到达沙州城。在北道新置的 7 个驿站中，常乐驿位于六工城遗址内，阶亭驿遗址位于巴州古城遗址西南 2.3 千米处的古遗址，横涧驿在今咸水沟附近的古烽燧处，清泉驿位于今敦煌市区以东 20 千米的故城遗址。基于 P.2005 等资料提供的线索，借助 3S 技术，发现了甘草、长亭两驿的遗址所在，数字化恢复 P.2005 中所描述的公元 691 年之后瓜州、沙州间的新驿道及诸驿（图 9）。

图 9　武周天授二年（691）后瓜州、沙州间新驿道及诸驿分布遥感图

瓜州、沙州间芦草沟古绿洲遥感考古新发现，不仅完善了长期以来瓜州、沙州史地研究中的一些不足，而且对于今天敦煌、瓜州两地乃至整个河西走廊地区的绿洲开发与利用、经济可持续发展与新型城镇化建设具有重要的参考价值，可以为河西地区积极响应国家建设丝绸之路经济带的战略提供切实的历史借鉴。而且对于今天敦煌、瓜州两地乃至整个河西走廊地区的绿洲开发与利用，区域经济可持续发展与新型城镇化建设，均具有重要的参考价值。

遥感技术与考古学、历史学、地学等的有效结合，为丝绸之路古绿洲、古城镇、古水系、古道路，以及区域社会经济文化发展变迁的研究提供了科学的手段与方法。在中华文明传承创新区建设、丝绸之路申遗、文化遗产监测预警和预防性保护中发挥了重要作用。未来，要加强天、空、地一体化的空间考古研究，加大主动保护与数字化保护的力度，实现联合国提出的SDG11.4"进一步加大努力，保护和捍卫世界文化和自然遗产"的目标。

注释:

① 李并成：《唐代瓜、沙二州间驿站考》，《历史地理（第十三辑）》，上海人民出版社1996年版，第93~101页。

② 李并成：《汉敦煌郡宜禾、中都都尉府有关问题考》，《西北师大学报（社会科学版）》，1995年第2期。

③ 李正宇：《古本敦煌乡土志八种笺证》，甘肃人民出版社2008年版，第1~144页。

④ 邓飚、郭华东：《遥感考古研究综述》，《遥感信息》2010年第1期。

⑤ 王心源、陆应诚、高超等：《广义遥感环境考古的技术整合》，《安徽大学学报（自然科学版）》2005年第2期。

⑥ 聂跃平、杨林：《中国遥感技术在考古中的应用与发展》，《遥感学报》2009年第5期。

⑦ 郭华东、刘浩、王心源等：《航天成像雷达对阿拉善高原次地表古水系探测与古环境分析》，《中国科学（D辑：地球科学）》2000年第1期。

⑧ 吕厚远、夏训诚、刘嘉麒等：《罗布泊新发现古城与5个考古遗址的年代学初步研究》，《科学通报》2010年第3期。

⑨ Wang X. Y., Guo H. D., Chang Y. M., et al. On Paleodrainage Evolution in Mid-late Epipleistocene Based on Radar Remote Sensing in Northeastern Ejin Banner, Inner Mongolia. *Journal of Geographical Sciences*, 2004,2: 235-241.

⑩ Conolly J., Lake M. *Geographical Information Systems in Archaeology*. Landon: Cambridge University Press, 2006.1-327.

⑪ Wiseman J., El-Baz F. *Remote Sensing in Archaeology*. New York: Springer, 2007.1-103.

⑫ Lasaponara R., Masini N. Satellite Remote Sensing, *A New Tool for Archaeology*. New York: Springer, 2012.1-127.

⑬ 李并成：《瓜沙二州间一块消失了的绿洲》，《敦煌研究》1994年第3期。

⑭ Luo Lei, Wang Xinyuan, Liu Chuansheng, GuoHuadong, Du Xiaocui. Integrated RS, GIS and GPS Approaches to Archaeological Prospecting in the Hexi Corridor, NW China:

A Case Study of the Royal Road to Ancient Dunhuang. *J. Archaeol. Sci.* 2014,50:178–190.

⑮ （东汉）班固撰，（唐）颜师古注：《汉书·武帝本纪》，中华书局 1962 年版，第 155~216 页。

⑯ 吴慧：《新编简明中国度量衡通史》，中国计量出版社 2006 年版，第 207 页。

航空摄影考古在孔雀河流域烽燧群中的实践

Practice of Aerial Photographic Archaeology in the Beacon Tower Sites in the Peacock River

徐佑成、郭艳荣

新疆维吾尔自治区文物考古研究所，乌鲁木齐，830011

航空考古可对遗址进行多视角视频和影像拍摄，也可对遗址进行倾斜摄影测量，可获得丰硕的成果资料，有利于从空间视角上理解和认识古人类活动轨迹。本文以孔雀河流域烽燧群为主要研究对象，通过航空考古在烽燧线路中的应用实践，结合地理信息系统技术，从空间视角上阐述孔雀河烽燧群在古代交通要道上的重要作用和历史地位。

新疆地域辽阔，历代中央王朝为保障丝绸之路畅通，有效治理和管辖西域，抵御外敌入侵，在新疆天山南北修建了大量烽燧，起到了很好的信号传递和军事防御作用。烽燧作为长城资源的重要组成部分，是中央政权对西域实施有效管辖治理、维护国家统一、维持西域社会稳定的有力见证，具有十分重要的价值和意义。

孔雀河发源于博斯腾湖，位于塔里木河以北，库鲁克塔格山以南，自西北向东南流，末端汇入罗布泊洼地，沿线全长约 440 千米。孔雀河流域分布有大量的胡杨、骆驼刺、红柳等植被，自旧石器时代晚期至汉唐时期，一直有人类活动于此。孔雀河烽燧群沿河道呈东西向线状分布，分布于库尔勒市至营盘古城之间长约 150 千米范围内。孔雀河烽燧群西起苏盖提烽燧，周边城址有托布力其古城、萨尔墩古城；东至脱西克烽燧，东面有营盘古城、兴地北山口遗址等。该线烽燧群分布点多线长，所处环境十分恶劣，给考古调查工作带来了困难。为快速获取烽燧遗址视频、影像及测绘资料，考古队积极借助航空工具开展烽燧考古调查，为烽燧考古研究提供了有力的技术支持。

一、孔雀河流域烽燧群概况

1896 年斯文·赫定考察了孔雀河烽燧群中部分烽燧，根据出土遗物及烽燧的保存状况，初步认为是几个世纪以前的建筑遗址。[①] 1914 年斯坦因在从营盘古城前往库尔勒的途中，对孔雀河烽燧群中的脱西克（Y.I）、克亚克库都克（Y.II）、库木什（Y.III）、沙鲁瓦克（Y.IV）、阿克吾尔地克（Y.V）、萨其该（Y.VI 台格日勒伽克吐拉烽燧）、孙基（Y.VII 桑耶烽燧）、亚克伦（Y.VIII 亚尔喀热勒烽燧）、苏盖提（Y.IX）9 座烽燧进行了调查[②]，采集、挖掘了部分遗物，并发表了详细的文字资料，有的还绘制了图纸，拍摄了照片。

据"三普"资料[③]，孔雀河流域周边现存有 11 处烽燧，在斯坦因调查的基础上，新发现脱西克西烽燧、卡勒塔烽燧 2 处，流域沿线的烽燧统称为孔雀河流域烽燧群，主要有苏盖提烽燧、亚克仑烽燧、孙基烽燧、萨其该烽燧、阿克吾尔地克烽燧、沙鲁瓦克烽燧、库木什烽燧、卡勒塔烽燧、克亚克库都克烽燧、脱西克西烽燧、脱西克烽燧等（图 1）。从出土遗物、碳十四测年表明，沿线烽燧皆修筑于唐代。孔雀河流域烽燧群主要分布于荒漠戈壁地带，遗址本体受风沙和盐碱化侵蚀严重，保存状况较差，大部分烽燧主体已坍塌，仅有少部分烽燧保存较好。烽燧主要采用当地的泥土制成土坯，利用当地的芦苇与胡杨圆木，一层一层叠加砌筑而成。大部分烽燧仅存单体建筑，呈覆斗形，也有少部分烽燧为组合型建筑，如克亚克库都克烽燧、脱西克烽燧。除烽体外，还发现有房屋、围墙等附属建筑。

2019—2020 年，孔雀河流域的克亚克库都

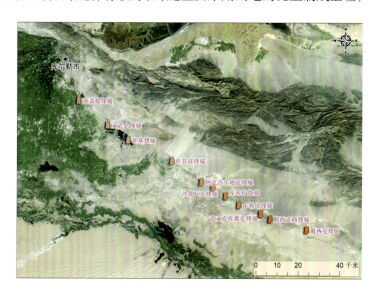

图 1 孔雀河流域烽燧群分布图

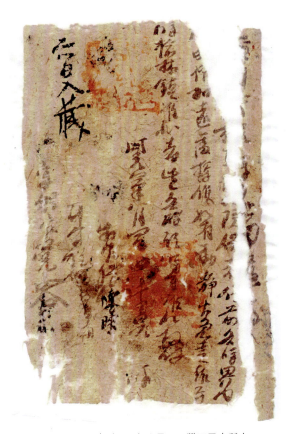

图2 开元四年（716）八月四日牒下界内所由
为加远番探候防备等事

克烽燧发掘出土了大量木简、纸质文书等遗物，确定了该烽燧修筑于唐代。出土文书显示，克亚克库都克烽燧遗址为焉耆镇下属军事预警设施，在唐代被称为"沙堆烽"，同时也是一处游弈所治所（图2）。焉耆最初作为安西四镇之一，其防御的重点是来自巴音布鲁克草原的突厥诸部，但随着吐蕃的崛起，为争夺对青海吐谷浑地区控制权，唐与吐蕃进行了长期的斗争。咸亨元年（670），薛仁贵以十余万兵败于大非川；仪凤三年（1678），李敬玄以十八万兵败于青海湖。吐蕃在与唐的较量中获得胜利，占据了青海西部，自此之后吐蕃控制了青海吐谷浑地区，打开了通往安西四镇的门户。随着西域地区军事形势的变化，焉耆东线从后方逐渐演变为前沿阵地，焉耆镇东部的孔雀河一线，成为需要严密防守的前沿阵地，故在此道修筑烽燧，成为有效防止吐蕃沿"楼兰路"偷袭焉耆镇而设置的预警设施。此次考古调查，全程采用航空考古技术对克亚克库都克烽燧及周边烽燧进行数据采集，获取了视频、影像及测绘资料成果。

二、主要路线与方法

航空考古，主要利用航空器搭载相机或其他设备，对文物遗址进行多视角拍摄，获得视频与影像数据，经内业处理，生成考古所需的研究成果。近几年来，随着小型无人机技术的不断发展，航空考古技术在文物遗址中进行了大量有益尝试，逐步成为考古的主要技术和方法，解决了考古中无法快速从空中视角获取遗址影像资料的难题，以及从空中对文物遗址进行空间测量的难题，为全面解读遗址空间布局和文化层信息供了技术支持。④无人机配备了软件操控系统，只需在软件中设定相机光圈、快门、ISO，以及飞机航高、飞行范围及航向重叠度等参数，飞机可按照既定程序完成遗址区航飞任务。通过内业软件处理，生成考古所需专题图成果。

为厘清该区域的烽燧群空间分布关系，需要从宏观到微观不同视角对遗址进行全面分析，在该区域大范围内，需要采用国内最新卫星影像、地形和水系等基础资料对整个孔雀河流域进行初步判断和分析；对孔雀河烽燧群重点区域，需要利用无人机低空航测技术对沿线烽燧进行高清晰拍摄，生成真三维模型数据，基于空间信息技术对沿线烽燧的形制布局、构筑方式、时空分布关系进行综合分析。

孔雀河流域烽燧与城址、墓葬相比，占地面积小，一般为50~2000平方米。因此，在航空考古调查中，配备大疆无人机航空器可满足工作需求，它具有操控简单、携带方便，能全方位、多角度、高清晰获取大量烽燧视频与影像资料。为全面测量、记录、分析和展示烽燧遗址，航空考古调查在遗址中主要有三个方面的工作内容：一是利用航空考古技术对烽燧及周边环境进行大场景多视角拍摄，为研究烽燧及周边环境关系提供丰富的影像资料；借助无人机低空航测，获取大场景正射影像数据，全面分析烽燧及周边的地形、水系及植被等环境关系。二是利用无人机低空拍摄对烽燧本体区域进行360°环绕视频拍摄，为考古研究留存丰富视频数据资料。三是利用无人机低空倾斜摄影测量技术对烽燧本体拍摄连续影像，通过内业数据处理，生成考古所需的真三维影像模型、数字高程模型及正射影像图，为绘制烽燧空间考古专题图提供底图数据源（图3）。

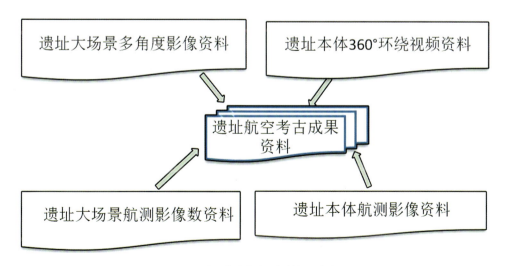

图3 遗址航空考古主要拍摄的内容

三、航空考古主要成果

基于航空考古在烽燧群中的应用，更能从空间视角去探索和研究孔雀河流域烽燧群的重要历史文化价值。利用无人机航空技术对孔雀河流域沿线 11 处烽燧进行实地调查和影像资料采集，通过内业数据处理，可获得视频、影像及三维模型等数据成果。

首先，开展航空考古工作，熟练掌握无人机设备和软件的操作规程尤为重要，这关系到实地采集数据工作的效率与质量。孔雀河流域烽燧多处于荒无人烟的沙漠戈壁中，烽燧距离地表残高为 3~11 米，风沙天气极为常见。航空考古在烽燧的实践应用中，大部分烽燧距离地表高差为 6~11 米，给遗址三维建模造成了难度，此次主要采用大疆无人机精灵 4，航高约 30 米（3 倍于遗址残高）进行正拍，按照井字形进行倾斜 45°航向拍摄，对烽燧外立面进行连续环绕拍照。从多角度连续拍摄航片，结合少量 GPS控制点，通过影像建模处理，得到了 11 处烽燧遗址真三维纹理信息，各个细节得到完美呈现，同时也解决了烽燧真三维以及外立面出现空洞的技术问题。

其次，此次航空考古调查，利用无人机低空拍摄技术对 11 处烽燧本体进行 360°环绕视频专题拍摄，获取了遗址高清晰视频资料，通过对烽燧遗址保存现状、植被、水文、土壤情况等属性数据进行全方位分析和提取，弥补了实地调查中存在遗漏或认识不全的问题，对关键问题通过视频数据进行反复核查验证。

再次，无人机低空航测技术具有精度高、作业效率高、数据分析能力强等特点，很大程度上解决了人工测绘的痛点，故其在这次烽燧群考古调查中得到了较好的应用。同时，无人机低空航测、RTK 测量与地理信息系统技术在克亚克库都克烽燧整个考古发掘中得到综合应用，主要有两个方面的应用研究成果：一是改进了烽燧考古探方布设方法。利用无人机低空航测生成烽燧正射影像图，结合 RTK 测量、地理信息系统技术，可直接在室内完成烽燧布方规划，再将规划探方进行实地放样，这样布设探方符合遗址考古发掘实际需求，特别适用于遗址探方分区发掘，或者布设探方不是正南北的遗址。二是可生成多时段烽燧考古发掘专题图成果。一般遗址考古发掘周期长，无人机低空航测可根据遗址的发掘进度进行实时影像数据采集，将遗址不同时段的正射影像、数字高程模型及文物矢量数据集成于地理信息系统平台中，可分层叠加展示，也可对不同地层数据进行对比分析、出土文物密集度分析，生成考古所需的各类专题图，如文物遗迹分布图、出土文物的空间分布图等（图 4、图 5）。

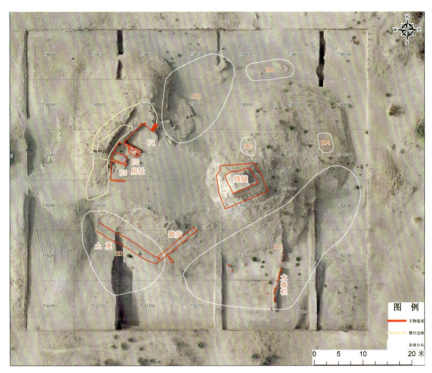

图 4　克亚克库都克烽燧考古发掘区航空影像图

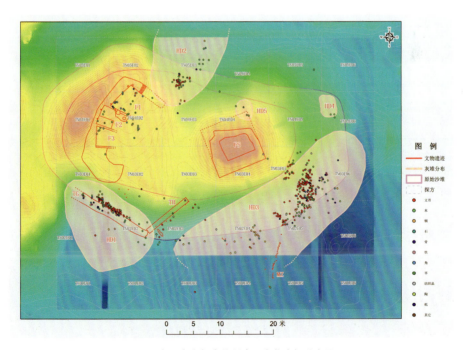

图 5　克亚克库都克烽燧出土文物空间分布图

最后，从空间位置分布来看，孔雀河流域烽燧群作为一个整体来研究，其与周边的城址有着紧密联系。烽燧点之间通视距离对交通线路和军事防御起着重要的作用。[5] 孔雀河流域烽燧点相互之间距离15千米以上的有4处区域：苏盖提烽燧与亚克仑烽燧相距23.4千米、孙基烽燧与萨其该烽燧相距30千米、萨其该烽燧与阿克吾尔地克烽燧相距22.3千米、脱西克西烽燧与脱西克烽燧相距23.6千米。其他烽燧点相互之间距离一般在8~15千米，通过实地验证，15千米以内的烽燧点之间距离通视性较好，能起到较好的传递信号作用。可以看出，烽燧之间通视距离不能太远，否则无法起到交通线路警戒和军事防御的作用。按照距离推算，沿线上的烽燧点相互间距离在15千米以上的4处区域中间（苏盖提烽燧至阿克吾尔地克烽燧）很有可能还有烽燧存在。当前，由于孔雀河流域北岸沿线地表分布有许多自然形成的红柳包沙丘，它们与烽燧十分相似，有少部分堆积高度已超过烽燧高度，烽燧点分布于这些红柳包沙丘中，遗址相互之间海拔高差较小，为寻找新烽燧遗址点造成了难度（图6）。通过对11处烽燧的残高统计，除有2处烽燧严重坍塌外，残高仅为3~4米，大部分烽燧距地表6~9米，其中克亚克库都克烽燧因始建于较高的原始沙堆上，因此该烽燧距地表残存高度达11米（图7）。

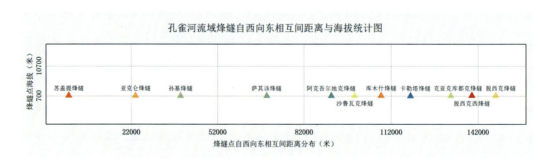

图6 孔雀河流域烽燧群海拔高程对比图

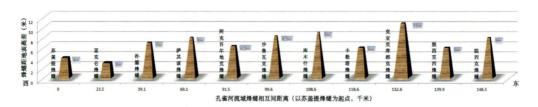

图7 孔雀河流域烽燧群距地表残高对比图

四、结论

航空考古为烽燧群遗址提供了多视角、多时段的视频和影像资料，能快速获取烽燧的真三维影像、数字高程模型及正射影像等多种数据，有助于还原和回放整个考古发掘过程，为烽燧展示和复原提供翔实资料。特别是在克亚克库都克烽燧的考古调查中，航空技术与考古发掘得到深度融合，从空间视角上展现了西域唐代军镇建置的构筑方式和结构布局，以及戍边将士军旅生活的场景。航空考古技术与 GPS、GIS 有效结合，直观展现了孔雀河流域烽燧遗址空间分布与周边地貌环境关系。

附记：本文为新疆维吾尔自治区社会科学基金项目"孔雀河流域烽燧空间分布与环境关系研究"（项目批准号：22BKG058）的阶段性成果。

注释:

① 斯文·赫定：《中亚之旅》，转引自〔英〕奥雷尔·斯坦因著，巫新华、秦立彦、龚国强等译：《亚洲腹地考古图记（第二卷）》，广西师范大学出版社 2004 年版，第 1064 页。

② 〔英〕奥雷尔·斯坦因著，巫新华、秦立彦、龚国强等译：《亚洲腹地考古图记（第二卷）》，广西师范大学出版社 2004 年版，第 1063~1073 页。

③ "三普"即第三次全国文物普查，于 2007 年 4 月启动，2009 年 10 月实地文物调查工作结束，新疆境内长城资源调查工作与"三普"同步展开。详参新疆维吾尔自治区文物局编：《新疆维吾尔自治区第三次全国文物普查资料汇编（尉犁县且末县轮台县不可移动文物）》，2011 年，第 40~68 页。

④ 赵向莉、孙晓飞：《基于无人机遥感技术的遗址考古研究》，《大众考古》2019 年第 10 期。

⑤ 贾翔、李莉、李琪等：《基于 GIS 和可视性分析的鄯善县烽燧系统研究》，《新疆师范大学学报（自然科学版）》2017 年第 2 期。

俯瞰勘察草原遗珍——元上都遗址航空摄影考古

Reconnaissance Survey of Relics from Steppes: Aerial Photographic Archaeology of Shangdu Site of the Yuan Dynasty

张 伟

中国文物报社，北京，100007

在中华民族源远流长的历史长河中，弯弓射雕的游牧民族与中华大家庭中其他民族一样，也创造出了灿烂辉煌的文化，在广袤的北方大草原留下了众多文化遗存。世事变迁，沧海桑田。往昔的繁盛演变成的人迹罕至的荒原，反倒成为中国航空遥感考古工作者成就作为的广阔空间。

考古专家杨林曾任中国历史博物馆遥感与航空摄影考古中心主任，他回顾说，20世纪80年代初期，文物专家就曾通过对大比例尺航片分析，确定了河南偃师商城和二里头遗址的保护范围；20世纪80年代后期，通过遥感技术，探究出安徽寿春古城的轮廓；利用航片，明晰了许多周代土墩墓的位置；1996年在河南洛阳地区进行了航空考古勘察。在此基础上，1997年10月，新成立的中国历史博物馆遥感与航空摄影考古中心联合内蒙古文物考古研究所，共同对内蒙古东部草原包括元上都遗址等古代大型遗址进行了航空遥感考古勘察。

一、世界名城——上都

金莲花，为元朝国花，金黄花色，金莲川草原也因此得名。元上都遗址就坐落在金莲川草原上，今位于内蒙古锡林郭勒盟正蓝旗上都镇。

图 1 元上都遗址正射影像（1987 年摄）

1256 年，上都城开始营建。跨越千山万水、历经千难万险的奇石巨松和珍禽异兽，源源不断汇聚金莲川，来自五湖四海的能工巧匠，千方百计设计建设。

上都是陪都，建筑了庄严肃穆的官署、府邸和庙宇，元帝和文武百官每年约有半年时间在此处理朝政；上都是避暑的夏宫，更有园林宫苑、楼阁亭榭、奇花异木，供帝王将相赏玩。

疆域辽阔、国力强盛的元朝，让上都成为世界之城——Xanadu，它是西方人憧憬与向往的梦幻花园。在西方世界，Xanadu 屡屡出现在电影、歌曲、小说等艺术作品中，极具文学意蕴。

元朝末年，上都被农民起义军攻陷焚毁，上都城沦为残垣断壁。上都遗址成为元帝国兴衰的历史见证。

二、俯瞰勘察元上都遗址

蒙古高原历史上是许多少数民族活动的中心地带，文化遗存丰富厚重，文化面貌复杂多样；内蒙古大部分地区是草原和沙漠，地广人稀，文物古迹较少受到生产生活扰动，保存状况较之中原和南方农耕地区更为完整。

1997年10月，中国历史博物馆和内蒙古自治区文物考古研究所合作，在赤峰市博物馆等有关文博单位的配合下，对内蒙古东部赤峰市等地区进行了近一个月的航空摄影考古工作。

此次工作由中国历史博物馆遥感与航空摄影中心主任杨林和内蒙古自治区文物考古研究所副所长塔拉具体领导，成员由国家文物局、中国历史博物馆、中国文物研究所、内蒙古文物考古研究所和赤峰市博物馆五家单位十余名工作人员和三位德国专家顾问组成。

根据惯例，工作人员全面搜集整理相关考古遗迹分布区域的航片和卫片，进行分析辨识，将其作为正式拍摄时的对比参照。

考古工作人员从空军租用一架运五型小型军用运输机，配置了当时先进的F4、F5两型尼康（Nikon）系列照相机作为摄影器材。①

1997年10月18日，开始对辽上京和祖州祖陵遗址进行拍摄。

10月的草原，秋高气爽，草木枯黄，能见度高，拍摄效果良好。

图2　航拍飞行前的地面定标（1997年）

飞机在辽上京遗址上空 200 多米的高度盘旋俯瞰，沧桑的上京城历历在目。

由于视野的缘故，人在地面上通常只能看到显著高于地平面的城墙和台地；在空中，宽视域、多景物比对，加之太阳阴影和不同土壤环境带来植被的深浅颜色变化，使众多整齐排列并微微凸起于地表的建筑遗迹隐若闪现，上京原有的通衢大道和街巷里弄等整个城址的布局便依稀可见了。

航拍祖陵，发现四围山上石构围墙保存完好，陵北有一城址。

飞行历时 5 个半小

图 3　在运五型飞机机舱中透过舷窗观察地面遗迹（1997 年摄）

图 4　敞开运五型飞机舱门身系安全带进行摄影、摄像（1997 年摄）

时，首次航拍顺利结束。至 10 月 28 日，航拍工作全部完成，共起降 9 架次，飞行时间近 50 小时，共拍摄黑白、彩色反转片 4000 余张。

航拍过程中，工作人员最大限度发挥飞行的机动灵活性和覆盖面广的特点，除实现拍摄计划中的 11 处地点外，还增拍了周边及飞行路线上的遗址，包括喀喇沁旗大山前、架子山等夏家店下层文化山城，宁城县汉代黑城城址、巴林左旗前召庙、后召庙石窟寺、鲁王城以北的一段金界壕，以及元上都附近的金代桓州城、砧子山元代墓葬群和羊群庙元代祭祠遗址等。新发现了阴河流域夏家店下层文化山城、一棵树元代墓地等。

规模较大的砧子山墓葬群之前有过部分发掘，通过航拍对其规模和整体布局有了新的认识。规模小于砧子山墓地的一棵树墓地则完全属于新发现。元上都遗址是该次航拍重点,考古人员先后进行了两次拍摄。

航拍元上都是杨林先生第一次俯瞰古代遗迹,印象极为深刻。他说,自己过去对元上都的了解只是来自于书本。据文献记载,在郭守敬主持下,众多建筑学家、历史学家、地理学家、水利专家一同选址、设计、建造,建成建筑雄奇的都城名城。但是时移世易,除残留少量的残垣断壁和建筑基址外,现如今遗址区已基本夷为平地,当时的壮丽壮观难觅其踪,但高空俯视则大不相同。

外城、宫城、皇城,上都三道城墙遗址清晰映入眼帘,四围高山拱卫,周边河水环绕,气势非凡,壮阔壮美。

飞机飞行高度降低到500米时,宫殿布局、街巷走向、广济仓、万盈仓两大粮仓、大龙光华严寺、乾元寺两大佛寺、大安阁及其他星罗棋布的中小型建筑遗迹,都清晰可见。②

曾在元上都考古队工作近七年的考古学家魏坚认为,空中俯瞰勘察20多分钟对元上都的了解认识,超过了他在地面工作近7年对其认识的总和。③魏坚先生的感慨,代表了机上其他同行者的共同感受。

图5 元上都斜摄影像(西北向东南拍摄,1997年摄)

当时租用的小型军用运输机被戏称为"空中拖拉机"，颠簸剧烈。在每次5个多小时的飞行中，考验航空摄影考古队员的不单是精湛的摄影技术、对地面遗迹的敏锐洞察力，还包括充沛的体力、顽强的意志和冒险的精神。

图6　元上都内城与宫城遗址（由南向北拍摄，1997年摄）

队员们经受住了考验，交出了满意的答卷。

三、成果丰硕

诞生于20世纪20年代的航空摄影考古学，其基本方法有两种：其一，进行考古航空勘察；其二，分析航空摄影图片，对其核对、研究，才能形成科学准确、形象、全面的认识。

在内蒙古东部赤峰市等地区航空摄影考古任务结束后，全部的文字、影像资料都集中于中国历史博物馆保存。研究人员通过计算机、专业扫描仪、绘图仪和与之相配的Erdas、Photoshop等图形处理和地理信息系统（GIS）软件，以及矢量化图形处理关联的计算机网络设备，对其进行分类分析和科学研究。

中国历史博物馆将航片按时间、地点编号、登记，进行分类管理，建立航片资料库。利用GPS系统，对航拍地点进行定位、测量；所得数据和影像输入计算机，运用Erdas软件进行图像几何校正，得到遗迹高质量、高清晰度的航片正视图；对重要影像图进行矢量化处理，将其配准在地形图上，得到完整的遗址和遗迹的图像资料。

2010年，为配合元上都申遗，内蒙古自治区考古部门与中国科学院有关部门合作，对元上都遗址又一次进行航空考古勘察，进一步丰富了对元上都遗址的认识，助推了元上都申报世界遗产和保护规划制定。

　　2002 年，由中国航空摄影考古发起人、原中国历史博物馆馆长俞伟超先生作序，杨林、塔拉主编的《内蒙古东南部航空摄影考古报告》（以下简称《报告》）出版发行。《报告》经过研究人员 4 年多辛勤整理编撰，凝聚了内蒙古东南部航空摄影考古的全部成果。

　　《报告》简明介绍了遥感与航空摄影考古的基本理论与方法、内蒙古东南部地区自然地理概况和历史沿革、内蒙古东南部地区考古发现概况。

　　《报告》的亮点是"图版"部分，所有航拍遗址点的整体及其局部航片都被高精度呈现，配以精要的文字说明，辅以航片展示内容的墨线图，遗址遗迹内容被全面清晰地表现出来。《报告》附录"航空摄影考古飞行勘察记录表"，如田野考古发掘日志一样，是飞行航拍时的各种原始记录。④《报告》采用 12 开铜版纸彩色印刷，图版精美，装帧精良，是我国第一部正式出版的大型航空摄影考古报告。

　　唐长安城、洛阳城，宋东京汴梁城、元大都城等我国古代著名的都城，其遗址主要部分或被破坏或被后人所建新城叠压，难以全貌保存展示。而元上都遗址由于地处草原深处，人烟稀少，少有扰动，加之当地蒙古族同胞因崇拜上都而加以保护，上都遗址得以较完整地保留下来，成为中国游牧民族古代都城罕见的实物例证。经过包括杨林、塔拉等考古人、文化遗产守护人的航空摄影考古调查、试掘发掘、研究保护，上都的美被世人重新发现；作为世界文化遗产的元上都遗址，因此得到更好的保护、展示。

注释：

　*张伟，中国文物报社首席记者、编审，E-mail：891236011@qq.com

① 张文平：《航空摄影考古在内蒙古地区的初步发展》，《内蒙古文物考古》2002 年第 2 期。

② 塔拉、张文平、王晓琨：《试从天上看昔日人间——内蒙古东部赤峰等地区航空摄影考古纪实》，《内蒙古文物考古》1998 年第 1 期。

③ 张伟：《俯视大地——中国航空遥感考古备忘录》，《文物天地》2002 年第 1 期。

④ 张文平：《航空摄影考古在内蒙古地区的初步发展》，《内蒙古文物考古》2002 年第 2 期。

明清北京城航空摄影考古研究

Aerial Photography Based on Archaeological Research on Old Peking City of the Ming and Qing Dynasties

骆磊、王心源

中国科学院空天信息创新研究院、联合国教科文组织国际自然与文化遗产空间技术中心，
北京，100094

北京，简称"京"，古称燕京、北平，地处华北平原北部，是我国的首都、直辖市、国家中心城市，是全国的政治中心、文化中心、国际交往中心、科技创新中心。北京作为世界著名古都和现代化国际大都市，拥有3000余年的建城史和850多年的建都史，2020年被世界权威机构GaWC评为世界一线城市。[1][2]今天的北京城，是在明清北京城的基础上建设发展起来的，而奠定了明清北京城风貌的是明成祖朱棣制定的筑城迁都计划。明永乐元年（1403）朱棣改北平为北京，永乐四年（1406）开始筹建北京宫殿城池，永乐十八年（1420）建成，翌年明成祖朱棣正式迁都北京。

明代的北京城，是在元大都城的基础上改建和扩建而来。它将元大都北城墙南缩5里，南城墙则南扩2里，构建了近似长方形的内城平面布局，并以南京故宫为蓝本营建，重建了宫城和皇城。[3]明正统元年至十年（1436—1445），明英宗朱祁镇对北京城进行了第一次增筑，明嘉靖三十二年（1553）明世宗朱厚熜又在内城南边增筑外城。[4]至此，明清北京城的基本轮廓确定，即宫城、皇城、内城和外城，三者形成"凸"字形的布局。清代北京城基本沿袭了明代的格局，但在北京城西郊修建了三山五园等皇家园林，未对北京城的布局进行改动，北京内外城"凸"字形格局，自明嘉靖后一直延续了近400年。

明清北京城，是中国封建历史上兴建的最后一座帝王都城。作为跨越两代封建王朝的政治、文化、经济和军事中心，它在诸多方面都集中体现了明清时期中国城市建设的最高水平，是中国传统文化在城市设计与规划上的集大成之作，对中国乃至东亚、东南亚地区的城市规划建设都产生了重大而深远的影响。1949 年新中国成立以来，经过 70 年的大力建设与发展，北京已经成为全球最具影响力的国际化大都市之一，其主城建成区面积从新中国成立初期的 100 多平方千米扩大到了今天的 2000 多平方千米（图1）。⑤⑥因此，在当今快速城镇化的时代背景下，基于老航片和卫星遥感影像，并结合老地图和历史文献记载，探索研究明清北京城的布局及其历史变迁，对于今后将北京建设成为国际一流的和谐宜居之都，以及古都风貌延续与保护、中轴线申遗、老北京文化传承与挖掘等，均具有重要的历史意义与现实价值。

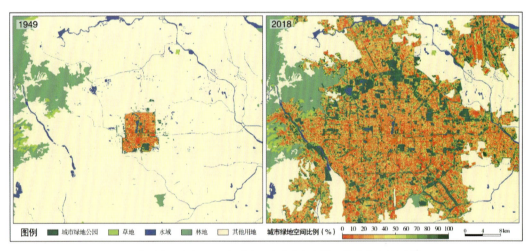

图 1　1949 年（左图）和 2018 年（右图）北京市主城区的建成区分布图⑦

一、明清北京城航空摄影考古的动议及经过

2020 年是北京故宫（紫禁城）建成 600 周年。在过去的 6 个世纪里，北京故宫从皇家禁苑到博物院再到世界遗产，承载着无数中华儿女的民族记忆与文化乡愁。近现代以来，北京故宫更是见证了中华大地发生的翻天覆地的历史性巨变，同时镌刻着古都北京日新月异的时代变化。作为新时代文化遗产的研究者、保护者与传承者，早在2018 年我们就开始收集整理各方资料，希望综合利用航空航天历史遥感图像、老地图和老照片等大数据，从空天视角再现明清北京城的布局并追溯分析其历史变迁，为迎

接故宫建成 600 周年献礼。

　　本研究中使用的地图与图像数据包括：清乾隆十五年（1750）北京城全图，1752年法国人绘制的首张标注有经纬度信息的明清北京城布局图（图 2），1914年德国远东探险队绘制的北京全图，1920年日本国际观光局绘制的北京地图，1921年日新舆地学出版社编制的北平市全图，1930年北平文雅社发行的北平市最新详细全图，1944年、1945年北平城航拍图像与老照片，1951年庆祝中华人民共和国成立两周年的航空

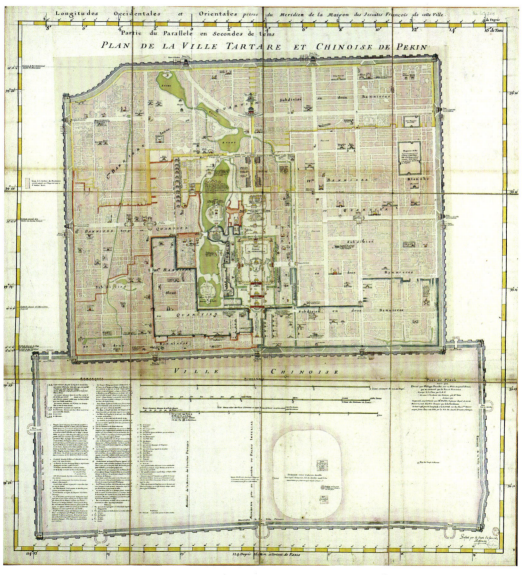

图 2　1752 年法兰西科学院绘制的明清北京城布局图 [⑧]

图 3　1944 年明清北京城航空影像

摄影图像，1959 年庆祝中华人民共和国成立十周年航空摄影图像，1962 年、1967 年、1972 年的美国锁眼卫星航天摄影图像，1980 年、1990 年、2000 年、2010 年的 Landsat 系列卫星遥感图像，2020 年的国产高分一号卫星遥感图像。

基于实测的地面控制点信息对北京城的航空与航天摄影图像、老地图进行的几何校正，使它们满足测绘与考古制图的基本要求。利用几何校正后的图像，借助计算机图像增强处理与分析技术，解译识别并提取得到明清北京城的宫城、皇城、内城、外城、城墙、护城河、城门等的空间轮廓和位置信息。对不同时期图像数据解译结果的对比分析，进一步揭示了明清北京城的历史变迁特征，并在 GIS 环境中实现了明清北京城城市规划布局的数字化再现与重建。

二、明清北京城城墙与护城河防御体系

1. 古城墙航空摄影考古制图与数字化再现

基于 1944 年航空摄影图像，我们可以清晰地勾勒出明清北京城由内、外城古城墙围成的"凸"字形布局（图 3）。在 1944 年航空摄影图像上，我们依然可以清晰地识别出元大都的北、东、西三面城垣及其城门与马面遗址（图 4）。

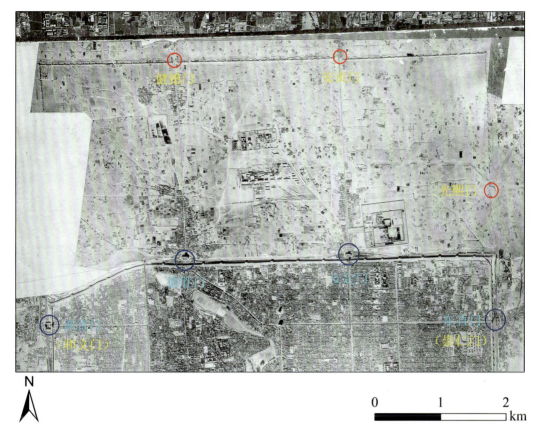

图 4　1944 年明清北京城北部地区航空影像

　　明清北京城宫城即紫禁城，是明清北京城最核心的部分，1925 年被改建为故宫博物院，1987 年被联合国教科文组织（UNESCO）列入《世界文化遗产名录》。基于高分辨率航空摄影图像、老地图和实地调查数据，量测得到宫城城墙周长为 3420 米（北、南城墙东西宽 750 米，东、西城墙南北长 960 米），城墙外有护城河（筒子河）环绕。宫城城墙四角有重檐歇山顶十字曲尺形角楼，在南、北、东、西城墙上分别辟有午门、玄武门（神武门）、东华门和西华门。四座城门，至今保存状况良好。

　　明清北京城的皇城，是在元大都皇城的基址上向东、北、南三面扩建而成。皇城平面呈长方形，西南角因避让庆寿寺而缺少一角。基于几何校正后的老北京历史地图，量测得到皇城城墙周长 12.5 千米，共辟有天安门、地安门、东安门、西安门、大明门（亦称大清门、中华门）、长安左门和长安右门七门，以及天安门千步廊城墙。其中天安门、地安门、东安门、西安门，就是"内九外七皇城四"中所指的皇城四门。随着清朝灭亡，由于北京城市交通发展的迫切需要和对历史文化遗产保护认知的不足，明清北京城皇城的大部分城墙在 20 世纪 20 年代已被拆改完毕。

明清北京城内城在平面上基本呈东西宽、南北窄的矩形，其西北由于地形地貌的限制而缺一角。经量测计算，整个内城古城墙周长为 24 千米，北墙顶宽 20 米、底宽 24 米，其他三面城墙顶宽 15 米、底宽 18 米。相比于东、西、南三面城墙，北城墙显得更加坚固，间接突出了明清时期外部的军事压力主要来自北方游牧民族的客观事实。明清北京城外城，平面上呈东西宽、南北窄的近似矩形，外城城墙上辟有七门，南面三门，东西各一门，此外还有两座便门，四角建有角楼四座。基于几何校正后的历史航空摄影图像，量测得到外城周长为 14.5 千米。

内城有九座城门，四座角楼，城外有护城河。清朝灭亡后，为改善交通和修筑环城铁路，当时的北洋政府对明清北京城进行了较大规模的改建，先后拆除了正阳门、朝阳门、宣武门、东直门、安定门的瓮城，皇城城墙和东安门。1924 年，北洋政府在内城城墙上新开和平门；1937 年，国民政府在内城墙上辟建了启明门（今建国门）和长安门（今复兴门）。图 5 为 20 世纪美国飞行员从复兴门北望西直门的航拍老照片，从这幅照片中可以看出城墙和护城河基本完整，城墙外还是农田遍布，城内也都是低矮的平房。经过 70 多年的建设与发展，如今这一带已经变成繁华壮阔的长安街西线，是国家级金融中心金融街所在地。

1949 年中华人民共和国成立后，北京作为首都，由于城市发展和国防建设的需要，明清北京城的内外城墙开始被逐渐拆改。基于 1945 年、1951 年、1959 年、1962 年、1967 年、1972 年的航空航

图 5　20 世纪 40 年代从复兴门北望西直门的航拍照片 [9]

天摄影图像，经对比后发现，明清北京城的内城城墙在 1951 年基本没有变化，1959 年新中国成立十周年时内城城墙的主体依然存在，但城墙上新开了许多豁口，以改善城市的交通条件。明清北京城的外城城墙、城门和角楼，从 1951 年至 1958 年被陆续拆除完毕。基于增强处理后的 1959 年航空摄影图像，我们可以清晰地识别出当年城墙拆除的历史痕迹。基于 1967 年的 0.6 米分辨率间谍卫星的航天摄影图像，我们可以清楚地看出当时内城东、南、北三面城墙几乎被完全拆除，西城墙复兴门以北部分仍然保存较为完好（图 6），但到了 1972 年，西城墙亦被拆除殆尽。

2. 护城河数字化再现与制图

明清北京城的前身——元大都城的四周都有护城河。1368 年，明朝军队占领元大都后将北城墙南移，利用挖土筑城后留下的沟渠修建了北护城河，同时开凿出前三门护城河，使原先元大都的东、西护城河与前三门护城河相连接。嘉靖朝修筑外城墙时，也开凿了护城河。

北京护城河水系的来水方向为西北玉泉山、白浮泉等地，经长河抵西直门外高梁桥，然后分为两路。第一路向东，经德胜门水关再分为两支，南支注入城中积水潭、三海，进入宫城护城河（筒子河），然后经正阳门东水关流入内城南护城河；东支继续东行，在东北角楼处南转成为东护城河，在东便门西水关以北，同内城南护城河合流。第二路从高梁桥向南，在西便门水关分为两支，一支转向东，成为内城南护城河；另

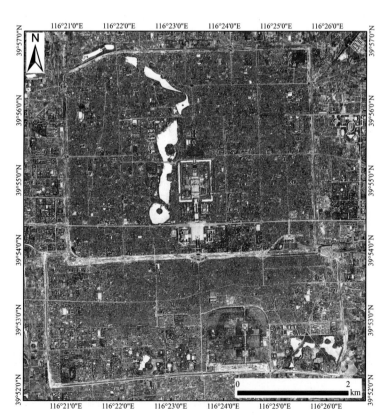

图 6　1967 年明清北京城间谍卫星航天摄影图像

一支向西、向南，成为外城护城河，在东便门水关与内城南护城河和东护城河汇合，注入通惠河。

基于 1752 年的北京城全图和 1951 年的航空摄影图像，利用计算机辅助人工目视解译，我们得到的明清北京城护城河主体的总长度为 41.2 千米。其中，西北护城河（西直门至德胜门外松林闸）长 1.84 千米，东北护城河（松林闸至东便门）长 10.91 千米，西护城河（西直门至西便门）长 5.22 千米，前三门护城河（西便门至东便门）长 7.74 千米，南护城河（西便门至东便门）长 15.48 千米。

基于校正后的 1944 年、1951 年和 1959 年的航空摄影图像，多次计算后得到的北京内城护城河平均值如下：以正阳门以东的南河道最宽，为 30~50 米；以东直门与朝阳门之间河道最窄，约 10 米。河水最深处 3 米，最浅处（阜成门附近）为 1 米左右。外城护城河比内城窄、浅。经过多年使用，至清朝末年，护城河已与天然河道无异。北京城墙上所设水关，为城市进水、排水通道。

护城河对明清北京城的城市生活发挥了巨大的作用。明朝永乐年间至清朝中叶，南护城河东段为水路运送漕粮的主要渠道；前三门护城河和南护城河，是冬季冰上运输线。百姓出游多从东护城河登舟，沿河南行出东便门，经通惠河远游通州一带。然而，由于北京快速发展带来的地铁与环路建设的需要，护城河相继被填埋或被改成了暗河。20 世纪 60 年代，内城前三门的南护城河被改成暗河，西护城河、东护城河、北护城河相继在 20 世纪 70 年代被改成了暗河，成为城市下水道系统的一部分。如今，明清北京城护城河只有外城护城河和内城的北护城河保留或恢复了露天河道。

对于整个护城河水系系统而言，除了护城河，城内不少颇具历史文化价值的湖泊于 20 世纪 60 年代中期至 70 年代中期相继被填没（如太平湖），填埋水面面积总计达 33.4 公顷。其他一些城区水系，如龙须沟、莲花池、金鱼池等，或被填没，或面积缩小。不过，北京市政府后将外城及城西一些原先散落不连贯的小型水洼，连接成为大型湖泊，如陶然亭湖、龙潭湖、玉渊潭、紫竹院湖等。20 世纪 50 年代后，又新建了昆玉河、京密引水渠等河道。

三、结语

明清北京城是中国历史上最后两大封建王朝明朝和清朝的都城，从外到内由外城、内城、皇城、宫城（紫禁城）四部分构成，包括城墙、城门、瓮城、角楼、敌台、护城河等多道防御设施，是世界范围内存世面积最大、保存最完整的城市防御体系（图7）。

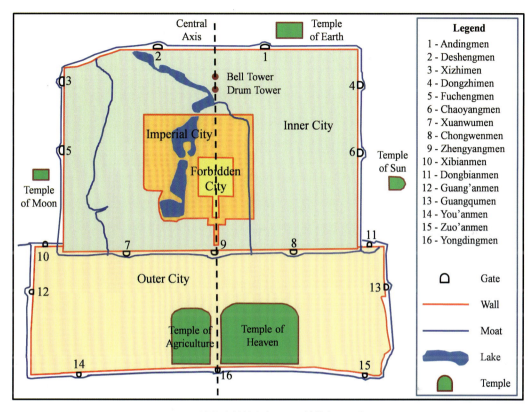

图7　明清北京城城市布局平面结构复原示意图

　　根据史料记载与学术研究成果确定——明清北京城是以元大都为基础进行扩建的，建成于明代，沿用于清代至民国。自元世祖忽必烈至元四年（1267）兴建的元大都开始计算，北京城已有750多年的建设史。从至元二十二年（1285）元大都建成至今，北京城的古城墙和护城河已经矗立了7个多世纪。基于航空摄影图像、卫星遥感影像、文献记载、老地图等多元数据可以得知，明清北京城的变迁始于明末1644年李自成出逃时对城墙建筑的焚毁，清末1900年八国联军攻城时曾有过较大破坏，后北洋政府和国民政府等都对明清北京城进行过拆改，至1949年北平和平解放时，明清北京城整体面貌保存尚好。1949年中华人民共和国成立并建都北京后，因为城市发展和国防建设的需要，北京市政府开始逐渐对明清北京城进行拆除、改造。

　　目前，明清北京城的核心——宫城（紫禁城）保存尚完整；皇城余有城门天安门一座，南皇城墙一段保留较完好，东皇城墙尚有一段明代残余；内城拆改严重，现存正阳门城楼与箭楼、德胜门箭楼、东南角楼以及崇文门一段残余城墙，西便门桥段也有一段城墙遗址；外城被完全拆除，只有位于中轴线最南端的永定门后被重建。对明清北京城的拆改，到 20 世纪 70 年代末停止，2000 年后陆续开始复原部分城墙、城楼、箭楼等。现今的北京城墙，已被环绕着的二环路取代；护城河水系系统多半被改造成暗河而埋于地下。这些情况，都为研究和恢复明清北京城的城池原貌带来难度。因此，上述基于航空摄影图像等资料得到的明清北京城布局及其历史变迁之研究与发现成果，将为其后续的数字化再现提供基础信息和数据支撑。

注释：

① 侯仁之：《论北京建城之始》，《北京社会科学》1990 年第 3 期。

② The World According to GaWC 2020, https://www.lboro.ac.uk/gawc/world2020t.html.

③ 侯仁之：《元大都城与明清北京城》，《故宫博物院院刊》1979 年第 3 期。

④ 陈晓虎：《明清北京城墙的布局与构成研究及城垣复原》，北京建筑大学 2015 年硕士学位论文。

⑤ 艾伟、庄大方、刘友兆：《北京市城市用地百年变迁分析》，《地球信息科学》2008 年第 4 期。

⑥ Huabing Huang, Yanlei Chen, Nicholas Clinton, Jie Wang, Xiaoyi Wang, Caixia Liu, Peng Gong, Jun Yang, Yuqi Bai, Yaomin Zheng, Zhiliang Zhu. Mapping Major Land Cover Dynamics in Beijing Using All Landsat Images in Google Earth Engine. *Remote Sensing of Environment*, 2017（202）: 166–176.

⑦ Wenhui Kuang. 70 Years of Urban Expansion Across China: Trajectory, Pattern, and National Policies. *Science Bulletin*, 2020, 65（23）: 1970–1974.

⑧ Philippe Buache. *Plan de La Ville Tartare et Chinoise de Pékin*, Academie des Sciences, Institut de France.1752.

⑨ 秦风、徐家宁：《航拍中国 1945：美国国家档案馆馆藏精选》，福建教育出版社 2014 年版，第 52 页。

巴楚牙喀库都克遗址的航空摄影考古调查
——兼论清代巴楚—柯坪戈壁区域军台的分布

Aerial Photographic Archaeological Survey of Yaka Kuduk Sites in Bachu: The Discussion of the Distribution of Qing Dynasty Military Posts in Bachu-Kalpin Gobi Desert

李刚 [1]、李哲 [2]、徐英浩 [3]、钱静轩 [1]、叶宝平 [4]、王晓华 [4]、依布拉音 [4]

1 中国国家博物馆，北京，100006
2 内蒙古大学蒙古历史学系，呼和浩特，010021
3 东南大学建筑学院，南京，210018
4 喀什地区博物馆，喀什，844000

见于文献记载的喀什地区清代军台，一直未得以确认其遗址所在。2018 年夏至 2021 年春，中国国家博物馆与喀什地区博物馆、内蒙古大学、东南大学等单位组队，先后三次深入巴楚县托库孜萨来佛寺以东与柯坪县交界的戈壁腹地（下简称"巴柯戈壁"）进行考古调查。同时，通过卫星影像判读和历史文献研究，初步找到了位于巴柯戈壁地带的四个清代后期军台遗址，自西向东为图木舒克台、车底库勒台、牙喀库都克台、色瓦特台，利用无人机航拍摄牙喀库都克遗址之后，又对其他三台及柯坪县境内的齐兰台，对五个军台遗址及连接此五台的清代官道进行了分析和精确定位，为喀什地区及与阿克苏地区交界地带的清代军台遗址的保护和研究提供了新资料。

一、清代阿克苏至叶尔羌军台建置概述及巴楚东部军台的失录

清乾隆二十三年（1758），大小和卓在叶尔羌（今莎车）和喀什噶尔（今喀什）发动叛乱，清军自阿克苏南下平叛，继而建立直抵叶尔羌的军台机构，共十四台。其中，巴尔楚克台（今巴楚县所在地）以东有库克辙尔、汉阿里克、乌图斯克满、伊拉都台

及阿克苏境内的都齐特台。清道光六年（1826）爆发张格尔之乱，多数军台毁于战火，巴尔楚克以东诸台路又遭喀什噶尔河水患，难以通行。道光八年（1828）九月十五日，钦差大臣那彦成等上奏移改阿克苏、叶尔羌二城台路，同年获准，遂在喀什噶尔河北旧路设图木舒克、车底库勒、雅哈库图克台，入阿克苏境设齐兰台。道光十一年（1831）又在雅哈库图克至齐兰之间设一腰站，即色瓦特台。本文拟探讨的，即道光八年后改道喀什噶尔河北的五处戈壁军台。

道光二十五年（1845）四月，林则徐由阿克苏前往叶尔羌，经由了改道后的台路。

清同治二年（1863），爆发陕甘回民反清起义，清廷与新疆断联。次年新疆民众响应起义，清军退守新疆东部的哈密、巴里坤一带，西部军台基本失控。至光绪初年，左宗棠收复新疆时，军台已损毁殆尽，清廷遂着力重建，以恢复交通。清光绪十年（1884）新疆建省，军台改为驿站。

据1911年成书的《新疆图志》载，（巴楚）城东三十二里八台镇，即察巴克驿……四十里阿夫玛札……四十里九台镇，即图木舒克驿……二十里阿和旦木。折东北四十里十台，即车底库勒驿。五十里十一台，即雅尔库图克驿（林则徐记为"雅哈库图克台"[①]）[雅尔库图克，译言远地有井也。居民四五家。有支路，向北行一百二十里至柯坪阿碛小站（今阿恰勒乡）]。折东五十三里十二台，即色瓦特驿（色瓦特，回语谓独柳。今驿舍移近玉河南岸，居民三四家）。四十里出境，接柯坪西境官道[距齐兰台驿（十三台）六十里]。[②]上述诸驿即为军台改驿站后的称谓。

全国第三次文物普查时登录了一处名为"雅克库都克"的废弃村落遗址[③]，以及与之相连的"雅克库都克古道遗址"[④]，虽然未在普查报告中将遗址定性，但其地望与清代军台及官道似有相合之处。在新疆维吾尔自治区测绘局编1995年版的《新疆维吾尔自治区地图集》中，将一处距今巴楚县城东偏北约90千米、位于喀什噶尔河西岸的小地点，以村落性质标记为"牙喀库都克"，其位置与地名发音均与《新疆图志》所记载"雅尔库图克驿"相近。以此为线索，我们怀疑牙喀库都克有可能是清代"亚尔库图克"或"雅哈库图克"之十一台所在地。为与当代通用地图一致，本文以"牙喀库都克"为其名称。此外，相邻诸台，如九台图木舒克、十台车底库勒、十二台色瓦特等清代军台遗址，皆不见于历次全国不可移动文物普查记录，是已知遗址未予定性，还是遗址本身踪迹全无？本文拟通过无人机航摄、卫星遥感影像，结合历史文献对巴柯戈壁地带诸清代军台及官道遗址进行搜索与定位，并对其分布特征略作探讨。

二、牙喀库都克遗址的航测及遗迹现象

《新疆维吾尔自治区地图集》中注记的牙喀库都克位于巴楚县境内，在巴柯戈壁东南边缘及喀什噶尔河右岸，南面接近图木舒克市北界，在图木舒克市区东北约50千米处（图1）。

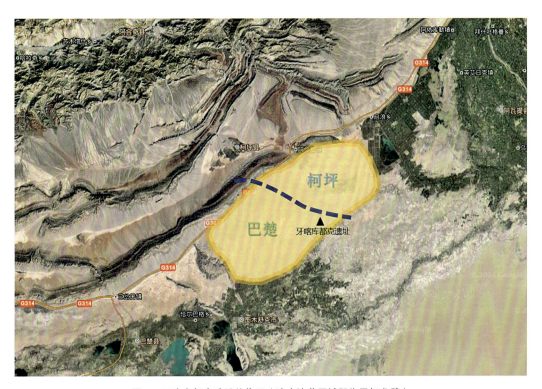

图1 牙喀库都克遗址的位置（途中涂黄区域即为巴柯戈壁）

因从图木舒克市无车道能通往该地点，于是考古调查组从戈壁北部进入，在戈壁中部偏南位置建立2号营地和临时起降点，利用固定翼无人机，搭载SONY-α7R Ⅳ相机，向东飞行16.5千米抵达戈壁边缘的牙喀库都克测区，对可能存在的遗址及周边环境进行航空摄影调查，测区内航高260米，航测面积2.1平方千米（图2）。经航空摄影测量处理，生成分辨率为2.1厘米的航摄影像（图3）和数字地表模型（DSM）（图4）。

航摄影像可见遗址分布区域东西宽约170米、南北长约200米，即图3中黄色线框内灰色斑块区域，地面较平整，植被稀少，可见建筑基址和道路分布。根据航摄影像建立的地表模型分析，可见遗址紧邻喀什噶尔河西岸，被倒"丫"形道路南北贯穿，将遗

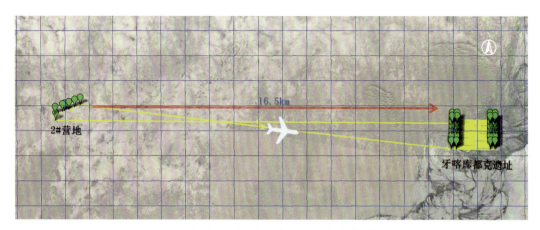

图 2　无人机从 2 号营地起飞往返牙喀库都克遗址航迹图

图 3　牙喀库都克遗址及周边区域的无人机正射影像

址分为三区：东区地势最高，可见南北排列、大门朝西、进深不一的五联院落，房屋建于院内南、东两侧，似有一处水井遗迹；西区可见两大两小四处院落，其中一大两小院落沿大路分布，另一处较大院落位于西边，距大路稍远，且地势最低，其中部似有三处水井遗迹；南区可见两处院落及一处近似方形的土台残迹，似有两处水井遗迹。根据上述无人机影像及数字地表模型的解译，绘制成牙喀库都克遗址的平面图（图 5）。

1917 年 6 月 17 日，民国政府特派员谢彬经过此地："五十里，十一台，即雅尔库图克（即牙喀库都克）驿，译言远地有井也，官店一，车店居民共八九家"。[⑤]其记述与本次无人机航测所见建筑遗迹数量基本相符。

目前所见关于牙喀库都克的文献记载，最早的是 1845 年 4 月 17 日，林则徐由色瓦特台南下，于当日到达雅哈库图克（牙喀库都克）军台，仅记"台馆虽小，亦尚明净"，晚餐后，继续前行，并未住宿。⑥林则徐从此经过的 64 年后，日本人橘瑞超在大谷光瑞的指派下于 1909 年到新疆考察，在温宿至喀什途中，经由其浪（齐兰）、牙依迪（色瓦特）、牙喀库都克，记录其时"齐兰"已没落为小村庄，但尚有肉类供应，色瓦特及牙喀库都克已成寒村，无供应能力。⑦由此可见，当 1917 年 6 月谢彬来此时，驿站及居民是有所恢复的。

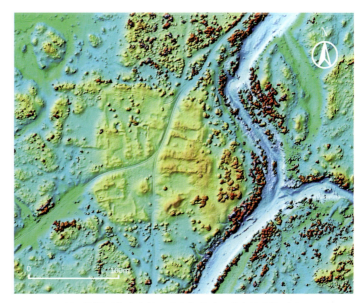

图 4　利用航摄影像生产的牙喀库都克遗址数字地表模型（DSM）

图 5　牙喀库都克遗址平面图

三、寻找巴柯戈壁中的其他三台

1. 色瓦特台

1842 至 1845 年，林则徐被流放新疆期间曾在日记中记录了所经由的天山南北路诸军台名称及诸台间距里程。道光二十五年（1845）4月16日，林则徐在齐兰台晚餐后"自酉初刻至子初刻，计行八十里，到色瓦特台宿"；4月17日，"晨起致子谦将军书……巳刻小汀来，遂与同饭。饭罢余先行，自巳正刻至未初二刻，到雅哈库图克军台，即十一台也，计十四刻行六十里"。[⑧]由此可知，色瓦特台应位于齐兰台、雅哈库图克台之间。

1916年10月至次年12月，民国政府特派员谢彬（别号"晓钟"）奉财政部命令赴新疆省和阿尔泰提北区调查财政，于1917年6月17日行经齐兰至巴楚段清官道。谢氏所著《新疆游记》记录了这段行程："下午四时，发齐兰台，南行五里有歧路……西南则道黄草湖至九台（图木舒克），为行弓弦，正南则渡乌兰乌苏河至九台，系绕弓背，且无腰站……近年以来，黄草湖鲜有水患，旅人多由弓弦不绕弓背，以弓背远二十里也。五十里，夹道废屋数家，询系色瓦特驿，即十二台旧址。"[⑨]谢彬所言弓弦即西线，弓背则为东线。

据此记载，色瓦特台应在西线近湖泊处。谢氏所记出齐兰50里所遇废屋，即为往昔的色瓦特台驿，此时已人去屋空。

上述文献所载是寻找色瓦特台驿的重要线索，但迄今未见色瓦特台遗迹出现在文物普查目录中，也未见在相关研究中报告遗迹现象，其位置所在及是否有遗迹存留仍未可知。由林则徐所记齐兰台至色瓦特台八十里，色瓦特台至雅哈库图克台（今牙喀库都克）六十里，可知其大致在两点连线中点偏南位置；谢彬所记齐兰驿至色瓦特驿则为五十里。二者所记里程差异不小，但路径应是一致的。所幸齐兰台的位置明确，观察齐兰台一带卫星影像，可见一条南向路，出齐兰南部居民地向南偏东延伸，另有一条西南—东北向路在居民地南端与之相交。两条路在卫星影像上皆可判读寻迹，并在牙喀库都克遗址北700余米处合流。本文且称此两条并行道路为东线、西线。

沿西线继续进行卫星影像调查，在齐兰台以南23.5千米处发现道路十字交口及建筑基址分布（图6圈黄范围），此距离与谢氏所记距齐兰台50里，即25千米的间距已基本接近。色瓦特台南面有季节湖——黄草湖，其地貌也符合谢氏的记述，并可见旱季能沿橘色路线穿过湖床中央的两条并行道路，雨季则向西沿绿色路线绕过湖泊继而东折与橙色路相交，交点即为色瓦特台的中心十字路口。

2. 车底库勒台

车底库勒台应位于图木舒克台及牙喀库都克台之间的喀什噶尔河北岸。全国第三

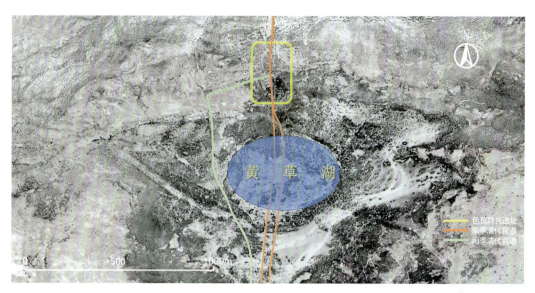

图 6　色瓦特台遗址（2009 年 5 月 14 日卫星影像）

次文物普查过程中，在图木舒克市登陆了一处位于五十三团三连以北 4.6 千米的色斯库都克遗址（图 7）。此地又称沙塞克库都克，与色斯库都克标音近似，应为一地，但与车底库勒之标音差距较大。从图 7 卫星影像可辨有 S 形道路由南而北，S 下弯穿过一条干河床，河南岸路东可见一处建筑基址，河北岸路东至少可见三处建筑基址，并有一支路绕过北部两房基东侧再与主路合流，支路的东侧可见一圆形构造，北部接一沟槽，似为人工修建的引水、蓄水设施。

　　林则徐 1845 年 4 月 17 日日记："自巳正刻到未初二刻，到雅哈库图克军台，即十一台也……晚饭罢，小汀尚未到，余复前行……自酉正刻至亥正刻，行六十里，到车底库勒军台宿。此即叶尔羌之十台也。"[⑩]以卫星影像图寻道路痕迹量测牙喀库都克遗址至色斯库都克遗址，路程仅 12 千米，与林则徐所记 60 里相差颇多。谢彬曾于 1917 年 6 月 18 日到过车底库勒："午后三时，发十一台，西南行……五十里，十台，即车底库勒驿。"根据卫星影像图量测，自牙喀库都克西南行，越过色斯库都克，到达唐托脱拉克恰好 30 千米，与林氏所记六十里相合，与谢氏记录的五十里也相差不多，二者对里程或到达地点的记录恐怕有误。但根据谢彬日记，其在车底库勒"茶后复行……三十里，唐托古拉……十五里，阿和旦木……二十里，九台，即图木舒克驿，住"。由此算来，车底库勒至图木舒克合计 65 里，再据电子地图由图木舒克向东量测 32.25千米，即到达色斯库都克遗址，换算成华里，则与谢氏所记 65 里很接近了。

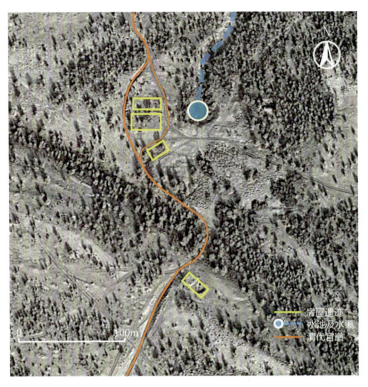

图 7　车底库勒台遗址（2013 年 12 月 21 日卫星影像）

今唐托脱拉克为农三师五十一团十八连及十九连驻地，即谢氏所记之唐托古拉，自唐托古拉十五里至阿和旦木，阿和旦木即今阿克塔木并农三师五十一团所在地，其所记里程十五里是准确的。再由阿和旦木至图木舒克二十里，关于谢氏所记图木舒克的位置则存疑问："驿在图木舒克山口，倾圮已久。山腰有废城，俗呼唐王城……"⑪从谢氏的日记推测，他很可能是把图木舒克佛寺，甚至是托库孜萨来故城当作图木舒克驿站了，按道路遗迹量测，从阿和旦木至图木舒克佛寺遗址距离恰好是二十里。

综上，林则徐与谢彬所记里程，在牙喀库都克至车底库勒段的误差皆大于车底库勒至图木舒克段的误差。通过现代地图量测，后者的估算与实际里程比较接近，因此由图木舒克向东反推车底库勒位置，当比较可信，其结果是接近了色斯库都克。所以，色斯库都克遗址很可能就是十台车底库勒。

3. 图木舒克台

图木舒克台，即九台，也是由西向东进入巴柯戈壁的第一台。1884 年新疆建省后改为图木舒克驿站。民国三十二年（1943）被划为巴楚县六乡之一。新中国成立后为巴楚县六区之一，1958 年改为人民公社，1969 年划归新疆生产建设兵团农三师，建立团级建制。斯文·赫定率领的中瑞西北科学考查团所绘地图中的图木舒克（Tumshuk）与今农三师五十一团六连驻地相合。从 1964 年克罗纳卫星所摄影像所见之图木舒克公社，当时尚未开始大规模基本建设，图木舒克公社应当就是清代后期图木舒克军台所在地（图 8）。

图 8　克罗纳卫星影像中的图木舒克人民公社（1964 年 10 月 6 日）

　　1964 年卫星影像显示，图木舒克人民公社的居民地东西长约 700 米、南北宽不到 300 米，图木舒克军台很可能曾是这片居民地中的早期建筑，且去往车底库勒的清代官道也只能从此穿过，此时人民公社驻地东西两端已有笔直的新路，但官道旧迹仍在（图 9-1964）。2006 年，旧图木舒克公社居民地和贯穿其中的清代官道已被六连驻地新建平房院落全部占压，西出官道也因农田改造而荡然无存（图 9-2006）。2016 年，六连驻地开始拆除东西大街南侧房屋（图 9-2016）。2019 年，六连驻地房屋已拆除大部，仅余南部少量平房（图 9-2019）。2021 年 3 月，拆改建工程完毕，新驻地向中部集中并向北部延展，呈正方形布局，东西向边界较图木舒克公社时期略有收缩，但西南角及南边仍占压了大部人民公社时期的居民地；南部的平房拆除，恢复为耕地（图 9-2021）。至此，图木舒克台的遗迹现象恐怕已无缘再现。

四、等级高、规模大的齐兰台

　　巴柯戈壁地带最具军事防御形态，军民共建，且规模最大、保存最好的当属齐兰台。该台建筑遗迹分布在南北纵深约 800 米、东西最宽约 230 米的狭长地带，西北部为军事要塞，民用建筑则分布在南北大道两侧，居民地西部可见东西长 700 余米、南北宽 500 余米的大面积田畦，东部亦可见紧邻居民地宽近百米的田畦分布（图 10）。

　　营障呈重城形态，外城呈正方形，东壁正中设东关，两端有角台；内城呈长方形，位于北壁近旁偏西位置，似可见马道及女儿墙。外城东南角与西南角各有一处涝坝，且有围堤，有沟渠引来西面的水源，并兼做外城西壁、南壁的护城河。此外，西部另有三处较为简易的小型涝坝，似与民用蓄水相关。

齐兰台及沿南北路两侧分布的民居地面积远超一般军台，可见在此生活的人口颇多，其建筑则未必一蹴而就。据林则徐日记载："台馆虽有两所，均极湫隘，且不洁净。"

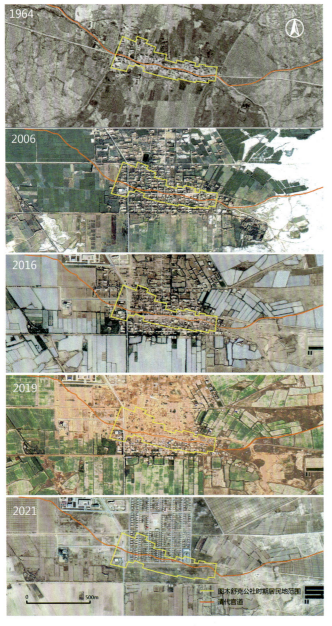

当日并未住宿，而连夜赶往色瓦特台。林氏的记述并未提及西北部的城塞和是否有驻军，显然与今天看到的齐兰台样貌差距甚大。

伯希和日记记载，自清政府平定阿古柏伯克以来，便设立了一个军营，即设在齐兰台。这个兵营，直到光绪十三年（1887）才撤销。[12]由此而推测，西北营障当是左宗棠收复新疆后所建。

外城东关外有关厢建筑，布局与其他民居无大差别。民居沿南北路左右分布，南部建筑物残存高度大于北部，或许表明此处建筑年代越晚，则越向南发展，且南段有一处建筑占压了直接南下的东线道路。因此，大致可以推测齐兰台驿发展至晚期，去往牙喀库都克的东线道路已经废弃（图11）。

图9　图木舒克台所在地近五十年来的变迁

图 10 齐兰台遗址及两侧田畴
（2013 年 10 月 28 日卫星影像）

图 11 齐兰台及民居的建筑布局平面图

五、巴柯戈壁军台的分布与连接线

巴楚、柯坪交接处的戈壁区域西起托库孜萨来村（村后一大片无名荒漠被当地人统称为"村子后边的戈壁"），东到齐兰台遗址，东西长约 80 千米，南北宽约 40 千米，呈西南—东北向分布，南半大部属巴楚县，南半之南边属图木舒克市，北半部今属柯坪县管辖。九台图木舒克位于戈壁西南端，在今图木舒克市境内；向东北依次为十台车底库勒、十一台牙喀库都克，在巴楚县境内；十二台色瓦特、十三台齐兰，则在今柯坪县境内。以清代区划，北出色瓦特台即入阿克苏境。色瓦特台，亦称腰台，补建于两地交界，却是穿越戈壁的重要中继站。清代官道亦随诸台分布，九台至十一台沿喀什噶尔河北岸分布，自牙喀库都克北折，与河岸渐行渐远，往色瓦特，纵断戈壁至齐兰，即喻作为弓弦的西线。另一路继续沿喀什噶尔河岸边往东北，中途经火烧城北折，亦通往齐兰，即被喻为弓背的东线。

　　林则徐所行道路为西线，林氏一行于道光二十五年（1845）4 月 12 日离开阿克苏，4 月 16 日抵达齐兰台但并未住宿，而于是日子夜赶至色瓦特台，记录行程八十里；4 月 17 日至牙喀库都克台，行六十里，再行六十里至车底库勒台；4 月 18 日到达图木舒克台，计七十里（此处指华里）。由此推知自齐兰至图木舒克累计里程为 270 华里，据清代 1 华里合公制 0.576 千米计，260 华里约合 155.52 千米。如根据前述定位的诸清代军台遗址位置及官道遗迹，利用电子地图量测，则齐兰至色瓦特为 24 千米、至牙喀库都克为 20 千米、至车底库勒为 12 千米、至图木舒克为 30 千米，合计 86 千米，与林则徐所计里程差距颇大。由于官道遗迹尚依稀可辨，仍为近世行车所利用，即便中间军台定位有误，但自齐兰至图木舒克的总里程为 86 千米当不会有大的出入。

　　图木舒克台至齐兰台的戈壁区域之内，官道上军台的间隔最短为 12 千米，最大间距未超过 30 千米。牙喀库都克台至车底库勒台的 12 千米路程，恰是穿越喀什噶尔河不断摆动的新旧河道，路程最为难行，这应是与林则徐所记六十里偏差较大的原因。

　　东线道路从火烧城东侧经过，此路即谢彬所述"弓背"较西线远 20 里。利用电子地图沿道路遗迹量测，牙喀库都克至火烧城距离为 21.5 千米，火烧城至齐兰为 25.8 千米，合计为 47.3 千米，实际较西线的 44 千米只远了 3.3 千米（图 12）。

　　火烧城平面呈熨斗形，底边在南，长约 100 米，尖部朝东北，距底边 175 米，中部有台基隆起，西南角有建筑遗迹，城外道路从东壁近旁经过（图 13）。火烧城在东

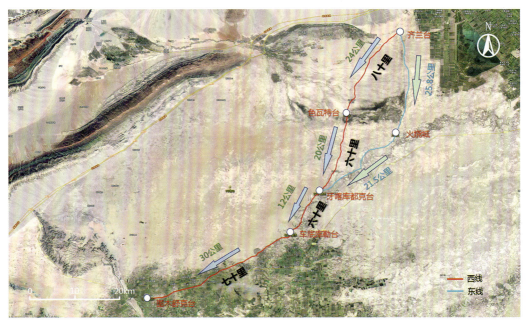

图 12　巴柯戈壁五军台的分布与官道（黑字里程为林则徐所记）

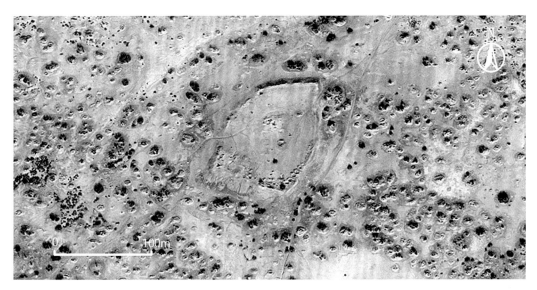

图 13 火烧城遗址（2009 年 5 月 14 日卫星影像）

线所处位置与色瓦特腰台在西线的位置相当，但因文献失录，且年代不明，形制亦与其他军台不同。

东线全程近 50 千米，如无中继站补给歇息，则不合常理。自火烧城沿道路遗迹南下 1.6 千米及 8.4 千米各有一处建筑基址，暂名为火烧城南 1 号及火烧城南 2 号基址。1 号基址东西长约 80 米，南北宽约 60 米，似连体院落；2 号基址包括房址 7~8 间，散布在东西长 90 米、南北宽约 60 米范围内（图 14）。此两处建筑基址或可作为东线腰站的调查对象。

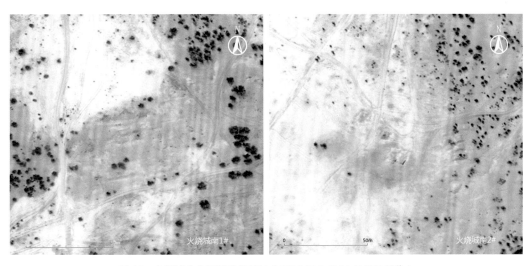

图 14 火烧城南的两处建筑基址（2009 年 5 月 14 日卫星影像）

图 15　东西二线与黄草湖的位置关系及北上阿恰勒的路线

此外，当黄草湖水位升高时，位于上游冲积扇的季节河亦可能摆动不定，即便向西绕过黄草湖，也不利通行。其时黄草湖东岸，即"弓背"的东线可能是连接齐兰台和牙喀库都克台的较近通道，可紧贴黄草湖涨水时的东岸经过。如遇更大洪水，则东线亦可能被淹。此时，可自牙喀库都克沿西线北上些许，左折绕开冲积扇去往阿恰勒，再东折前往齐兰台，但如此行走则绕远颇多（图15）。因此，西线应是最为常用的路线，是可以确定为清后期官道的路线。

四、结语

史学界对清代军台（驿站）的研究比较重视，但因文献记载简略或有讹误，且缺乏考古证据，出现过一些对台站与官道位置描述的偏差，进而对研究结果产生不利影响。我们将历史文献与遥感影像相结合，通过实地调查验证，对道光八年（1828）后所建的位于巴柯戈壁的5处军台及官道进行了分析和定位，表明该方法对解决这一问题是有效的。

得以保存至今的军台遗址，往往位于自然条件较差、半个多世纪以来已无人居住的区域，且南疆的绿洲地带由于生产建设的持续发展，已很难找到军台的相关遗迹，所以文物管理部门应加强对清代台站遗址的认识和保护。

与本研究所涉及5处清后期军台对应的,始建于清乾隆二十三年(1758)的库克辙尔、汉阿里克、乌图斯克满、伊拉都、都齐特台5处前期军台遗址尚不知所踪,希望能在进一步的考古调查工作中有所发现,以便为古遗址的保护与利用提供基础资料。

附记:本研究得到新疆维吾尔自治区高层次人才引进工程"喀什地区古代丝绸之路遥感考古调查(二期)"项目的资助,系该项目的阶段性研究成果。补记:在本论文集即将付梓之际,调查组再次深入巴柯戈壁,对遥感影像调查过的车底库勒、牙喀库都克、色瓦特区域进行了地面验证,在此三地发现了房屋基址及人工遗物,证实了遗址的存在,相关研究结果拟另文报告。

注释:

① 周轩、刘长明编著:《林则徐选集》,新疆大学出版社2017年版,第384页。

② (清)王树枏等编纂,朱玉麒等整理:《新疆图志》,上海古籍出版社2015年版,第1558页。

③ 新疆维吾尔自治区文物局编:《新疆生产建设兵团辖区内不可移动文物(上册)》,科学出版社2011年版,第60页。

④ 新疆维吾尔自治区文物局编:《巴楚县不可移动文物》,科学出版社2011年版,第105页。

⑤ 谢晓钟著,薛长年、宗廷华点校:《新疆游记》,甘肃人民出版社2003年版,第186页。

⑥ 林则徐全集编辑委员会编:《林则徐全集(第九册 日记)》,海峡文艺出版社2002年版,第551页。

⑦ 〔日〕橘瑞超著,柳洪亮译:《橘瑞超西行记》,新疆人民出版社1999年版,第170页。

⑧ 林则徐全集编辑委员会编:《林则徐全集(第九册 日记)》,海峡文艺出版社2002年版,第551页。

⑨ 谢晓钟著,薛长年、宗廷华点校:《新疆游记》,甘肃人民出版社2003年版,第186页。

⑩ 林则徐全集编辑委员会编:《林则徐全集(第九册 日记)》,海峡文艺出版社2002年版,第551~552页。

⑪ 谢晓钟著,薛长年、宗廷华点校:《新疆游记》,甘肃人民出版社2003年版,第187页。

⑫ 〔法〕伯希和著,耿昇译:《伯希和西域探险日记(1906—1908)》,中国藏学出版社2014年版,第153页。

基于机载 LiDar 的玛雅古老遗址新发现

New Discovery of the Ancient Mayan Site Based on Airborne LiDar

杨瑞霞、李薇　编译

中国科学院空天信息创新研究院，北京，100094

　　玛雅文明是分布于拉丁美洲的丛林文明，分布范围广泛，很多遗址都隐藏于热带雨林树冠之下，依靠传统的田野考古难以对其一探究竟。机载激光雷达（Light Detection And Ranging,LiDAR）具有一定的穿透能力，可以穿透树木间隙，获取高精度的三维信息。这些独特优势，使机载 LiDAR 逐渐成为开展玛雅文明等林下考古研究的重要技术手段。[1]目前，机载 LiDAR 已经被广泛应用于玛雅考古研究[2]，其在遗址发掘、遗址分布模式研究等方面具有重要的作用。本文编译了 2020 年度"国际十大考古发现"之一的"墨西哥玛雅古老遗址新发现"相关研究成果[2-14]，梳理了机载 LiDAR 在玛雅考古应用中的成功案例，以展现机载 LiDAR 在玛雅文明研究中所扮演的角色和发挥的作用。

一、玛雅文明遥感考古进展

　　因地处热带森林的独特环境，广泛分布的玛雅遗迹大都非常隐蔽，用传统的考古方法很难直接发现遗迹。尽管每一种航空遥感传感器都有自己的局限性和偏差，但其覆盖范围广等独特优势可以较好地在复杂环境中发现目标。目前，激光雷达技术已被广泛地应用于玛雅考古。玛雅研究中激光雷达测量的最新成果，使遥感在区域考古中的应用达到顶峰。在玛雅文化研究过程中，人们一直在探究城市中心与腹地之间的融合关系以及两者的生存基础。尽管激光雷达技术仍存在一定的局限性[15]，但对于位于茂密森林等环境中的考古工作[16][17]，激光雷达可以在不直接接触目标的前提下较好地发现遗迹踪迹，如激光雷达技术在吴哥丛林考古中的应用就是很好的例证[18]。

1. 航空摄影、雷达、卫星遥感在玛雅考古中的应用回顾

遥感技术首次在玛雅考古中的应用，是在尤卡坦（Yucatan）半岛[19]的航空摄影。这次应用，发现了古代聚落与不同生态区域之间的空间相关性，体现了遥感技术的实用价值。到 20 世纪 60 年代，航空摄影经常被用于区域考古研究，如中美洲的学者们使用 K-20 航空照相机和 Super-XX、红外和彩色胶片，来识别地形和生态的区域差异及定位新的考古遗址[20-22]。

卡尔（Carr）和哈萨德（Hazard）[23]绘制的蒂卡尔（Tikal）地图，划定了远古人口的居住密度。不久之后，考古学家开始研究玛雅人是如何为这么多人提供食物的问题。1968 年，西门子（Siemens）和普雷斯顿（Puleston）[24]利用航空摄影技术，发现了墨西哥坎德拉里亚（Candelaria）的山脊田野系统。之后，布鲁斯·达林（Bruce Dahlin）与西门子（Siemens）合作[25]，通过遥感图像在蒂卡尔（Tikal）东部的圣达菲城（Bajo de Santa Fe）发现了田地网络系统，但最终在地面上没有找到实际对应的遗迹。对低地农田系统的识别工作，很快引起了人们对其与著名的阿兹特克浮园耕作形式（Aztec chinampas）或"漂浮花园"[26]的对比研究，人们开始推测玛雅人应该也有类似的集约化农业系统。但因为该地区处于茂密的丛林地带，实际的有关田野调查难以开展。

20 世纪 70 年代，亚当斯（Adams）等人在玛雅地区首次使用主动遥感器——Seasat雷达系统进行探查。随后，伯利兹（Belize）的普特罗斯沼泽（Pulltrouser Swamp）项目利用遥感发现了高地，并通过实地考察验证了农业功能分区。[27][28]亚当斯（Adams）等人[29]根据在伯利兹（Belize）北部及激情河流域（Río de la Pasión）采集的遥感数据，证实了玛雅人的这种农业集约化现象，发现了低地中的灌溉系统。许多学者对这些排水功能良好的灌溉和农田系统表示了怀疑态度，对这些研究成果也提出了质疑。随后，蒲柏（Pope）和达林（Dahlin）[30]利用 Landsat 5 卫星数据，证明了灌溉系统的密度是错误的，并结合传感器数据对农业工程提出了更精确的估计。

20 世纪 90 年代，因为对灌溉系统的研究成果的质疑，许多考古学家不再使用遥感技术，尽管此时地理信息系统（GIS）已经在考古中被广泛应用[31]，一些新的方法也提

供了更精细的古环境数据[32][33]，但直到 1990 年，才有汤姆·塞维尔（Tom Sever）在哥斯达黎加（Costa Rica）地区成功开展了遥感探测研究[34]。他在佩滕（Peten）上方使用了 Star-3i 合成孔径雷达，数据覆盖了 2000 平方千米，并将合成的 10 米分辨率数字高程模型与陆地卫星及当时刚出现的高分辨率伊科诺斯（IKONOS）多光谱卫星图像整合在一起，以此识别低地区域的小型农业系统。[35][36]

虽然，遥感数据不能清楚地探测到遗迹的农田系统，但是通过对地面实际地形及古河道（Sascab）中的石灰岩、泥灰岩等加以综合分析，可以验证农田系统存在的真实性。[33]将危地马拉（Guatemala）北部的 IKONOS 数据进行多波段融合，可以发现植被特征，从而更有利于发现大型玛雅遗址。[37]加里森（Garrison）[38]试图对圣巴托洛（San Bartolo）与徐尔屯（Xultun）之间的遗址中的小型定居点进行精细化研究，事实上这个研究某种程度上说并不成功，而且 IKONOS 在寻找大型定居点方面的成果，也无法直接应用于对佩滕其他地区的研究[39]。但通过对圣巴托洛—徐尔屯（San Bartolo-Xultun）同一区域内的快鸟（Quickbird）卫星影像进行非监督分类等处理，考察人员可以发现更大范围内的人类定居点，可用于森林覆盖度较低区域的人口密度调查[40]，同时也可以更好地记录与玛雅农业有关的高地梯田与线性遗迹等相关信息。遥感数据和地面调查还表明，在巴约斯（Bajos）大区，围绕自然河流存在人工开挖的支流，但在实际地面调查中没有发现其踪迹[41]。尽管上述遥感考古相关研究发现了古玛雅人生活的大部分遗存，但是由于当时有限的技术条件及复杂的地理环境，考察人员未能揭示遗址各组成部分之间的相互联系。

2. 机载激光雷达遥感的新应用

2009 年，一群考古学家、环境和遥感科学家在玛雅低地，实施了第一个成功的激光雷达航空探测任务。[③]该项目由阿兰（Arlen）和黛安·蔡斯（Diane Chase）负责，他们使用航空激光传感器平台探测了卡拉科尔（Caracol）地区，包括其道路系统、水源和广泛的农业梯田。之后 2013 年的研究又扩大探测范围——扩大到伯利兹（Belize）西部另外 1057 平方千米的范围，发现了新的聚落，并与已发现的遗址建立了时空联系。[⑦]此后，对玛雅低地的大多数激光雷达实验覆盖的区域都比较小，除了危地马拉（Guatemala）的塞巴尔（Ceibal）达到 400 平方千米范围[42]，其他的通常都小于 100 平方千米[43]。

2016 年，"玛雅文化与自然遗产基金会"（PACUNAM）激光雷达计划（PLI）获取了危地马拉（Guatemala）北部彼特（Peten）十几个离散区域 2100 平方千米的多光谱与激光雷达数据（图 1）。[44][45] 该项实验又发现了许多重要的遗址，如蒂卡尔（Tikal）和埃尔佐茨（El Zotz）、秘鲁的瓦卡（El Perú–Waka'）、霍尔姆（Holmul）、拉科罗纳（LaCorona）、纳奇通（Naachtun）、圣巴托洛（San Bartolo）、廷塔尔（Tintal）、瓦哈克屯（Uaxactun）、徐尔屯（Xultun），以及大量其他小型定居点。此外，该计划中的各个考古项目对基础数据的处理分析方法等进行了标准化统一，揭示了古玛雅人在中心地区定居的趋势。[42] 同时，在该次试验数据中发现了与特定定居点有关的广泛多样的农业系统。不过，其中一些被掩埋在地下的农业系统遗存，尚需要进一步结合地面的实际地形特征进行验证。

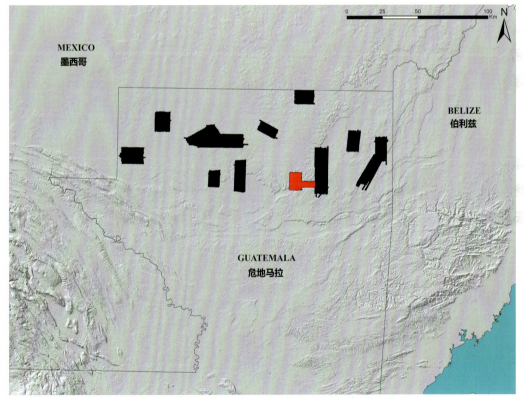

图 1　玛雅低地地图（PLI 激光雷达探测区域，红色是埃尔佐茨周围区域）[46]

二、玛雅文明古建筑群航空遥感新发现

公元前 1200—1000 年是玛雅低地社会变革的关键时期。研究人员一直认为，以大

型金字塔为主体的祭祀中心到前古典期中期或前古典期末期（公元前350年至公元250年）才开始出现。但是，有关学者在塞巴尔（Ceibal）发现了较大规模的古建筑群，以及可追溯到公元前950年的人工高台。这表明玛雅低地的重要祭祀中心的构建时期比想象的要早⁴⁶⁴⁷，该处人工高台是指大于200米×200米的水平建筑物，与较小的支撑平台不同。几个世纪后，玛雅低地的其他遗址中心，例如西瓦尔（Cival）、科姆钦（Komchen）、纳克贝（Nakbe）、亚克斯诺卡（Yaxnohcah）和肖克纳切（Xocnaceh），也都建立了人工高台或大型平台。⁴⁸⁻⁵²最近通过机载激光雷达（Lidar）在墨西哥的塔巴斯科州（Tabasco）的遥感探测，发现了一个更大的祭祀中心，即阿瓜达·菲尼克斯（Aguada Fénix）遗址区（图2）。

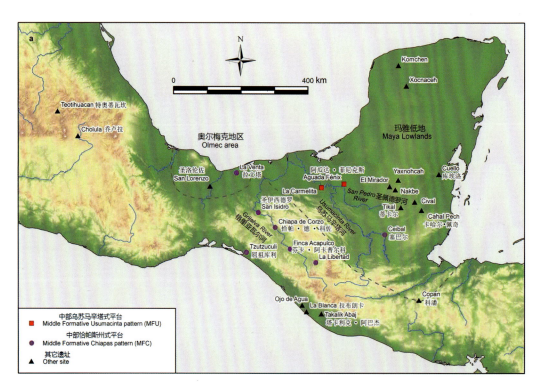

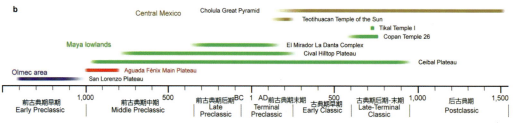

图2 研究区域的地理与时代背景⑫

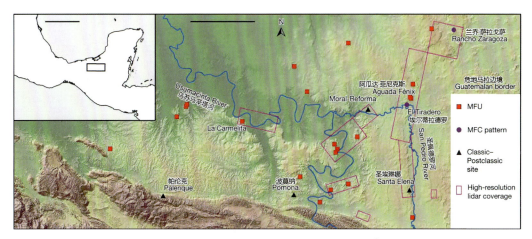

图 3　乌苏马辛塔（Usumacinta）中部地区地图 ⑫

1. 机载 Lidar 数据的获取与考古发现

国家机载激光测绘中心（NCALM）组织的高分辨率激光 Lidar 飞行，以及墨西哥的政府机构国家地理研究所（INEGI）进行的低分辨率激光 Lidar 测量，提供了研究数据来源。两次实验中，激光测绘中心团队都使用了 Optech Titan 激光雷达系统。该系统配备了三个波长分别为 1550nm、1064nm 和 532 nm 的激光通道。⑭⑤2019 年的调查，则使用了以下参数：地面高度 650 米的飞行高度，脉冲重复频率为 150 kHz，扫描频率为 25 Hz，扫描角度为 ±30°。这种配置产生的条幅宽度为 750 米，其横向重叠 50%，航线间距为 345 米。在 2019 年调查的 298.2 平方千米区域和 10 米像素上进行了评估，这些设置产生的密度为每平方米 14.7 个脉冲，每平方米 28.5 个回波和每平方米 10.4 个地面回波。为了评估激光雷达高度模型的精度，激光测绘人员将激光雷达数据与通过差分和双波长大地测量技术处理的 965 个差分 GPS 测量值进行了比较。比较结果表明：激光雷达模型的精度在 GPS 测量值的 1.9 厘米以内；激光测绘中心的研究人员使用 TerraScan 软件对激光点进行分类，并创建了数字高程模型（DEM，没有植被和现代建筑的裸地模型）、2017 年水平间距为 1 米和 2019 年水平间距为 0.5 米的数字表面模型（DSM，包括植被和建筑）数据。有关研究人员以 ESRI.flt 栅格格式向考古学家提供了数字高程模型（DEM）和数字表面模型（DSM），并以 LAS 格式提供了点云数据。

点云的处理结果表明：激光测绘中心团队使用的高分辨率激光雷达，穿透了高次生植被的茂密冠层。但是对于靠近地面的茂密植被（植被低于 2 米，如茂密的灌木丛、次生植被和草丛），则回波可能将植被和地形的信号混合在一起。现场验证结果表明，在这些条件下，可能难以检测到细微的考古特征，但是可以从高分辨率激光雷达得出的 DEM 中识别出高于 1.5 米的结构。测绘区的大部分地区都被牧场、成熟的次生植被或树木所覆盖。在这些区域中，通常可以在高分辨率激光雷达中检测到高度为 0.2~0.5 米的低丘和平台。

低分辨率的激光雷达数据，由墨西哥的政府机构国家地理研究所（INEGI）于 2012 年收集，这些数据可提供墨西哥政府、各个领域的研究人员和公众使用。INEGI 使用激光雷达系统 Leica Geosystems ALS50-II，并以 5 米的水平分辨率制作了数字高程模型和数字表面模型。这些模型可通过 INEGI 网站（www.inegi.org.mx）公开获得。INEGI 未发布用于获取激光雷达数据的参数，但激光点密度通常较低。从 2017 年的对这些可公开获得的数据的分析表明，INEGI 数字高程模型通常无法很好地表示森林地区的地表地形细节。然而由于被测绘研究区域的大部分植被开发为牧场，所以低分辨率的 INEGI 激光雷达图像，得以显示出在此环境下的许多大型考古遗址的外部特征。[54]

为了分析考古遗址的空间分布情况，研究人员使用 ArcGIS 分析了国家机载激光测绘中心（NCALM）和国家地理研究所（INEGI）激光雷达数据，并应用了各种可视化技术，包括山体阴影、多方向山体阴影的主成分分析、坡度、天空视域因子分析，以及简单的局部浮雕模型和红色浮雕图像处理。[40][55]－[62] 人们一面进行考古现场的实地验证，一面调查有关的 42 个地区，所有这些地区都被确认有考古遗址。除了阿瓜达·菲尼克斯（Aguada Fénix）和拉·卡默利特（La Carmelita），已确认其他五个遗址：布埃纳维斯塔（Buenavista）、埃尔·马卡比尔（El Macabil）、埃尔·萨拉瓜托（El Saraguato）、兰乔·萨拉戈萨（Rancho Zaragoza）和奇索·福罗·奇尼亚斯（Chrisóforo Chiñas）都具有乌苏马奇塔（MFU）模式。

利用获取的数据，研究人员在研究区发现了具有规范化空间布局的 21 个祭祀中心，称其为中间形态——乌苏马奇塔（MFU）模式。该模式的特征，是由一排排低丘形成大致为南北向的矩形结构（图 4）。每个乌苏马奇塔建筑群的中心是一个所谓的 E-group组合，它由一个圆形或方形的西部土丘和一个拉长的东部平台组成。玛雅低地的许多其他遗址，可追溯到前古典期中期及末期，它们都具有 E-group 组合，但是在有关区域的东部没有发现矩形的遗址平面形态。[63] 相关考察中，人们还发现了长度小于 400 米的小型乌苏马奇塔建筑群。此外，还有一些大致呈矩形的复合建筑物，它们的形式或形状不太规则，而且没有清晰的 E-group。

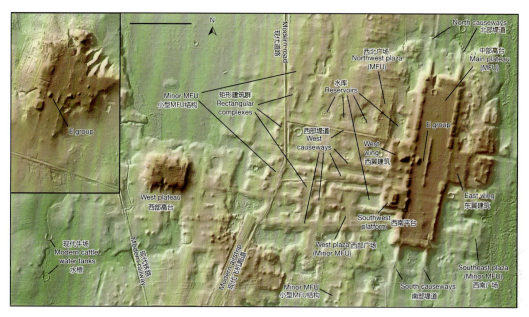

图 4　阿瓜达·菲尼克斯（Aguada Fénix）和拉·卡默利特（La Carmelita）的高分辨率激光雷达图像⑫

　　乌苏马奇塔模式可能与以前的恰帕斯州模式有关。后者发现于前古典期中期的遗址（包括拉文塔、格里亚瓦尔瓦河流域、祖祖库利和塞巴尔的中心）。⑥⑥恰帕斯州模式由 E-group 组合和沿南北轴排列的大型平台组成，但缺少乌苏马奇塔模式的矩形轮廓。中间形成的恰帕斯州建筑群，可能建于公元前 1000 年至公元 350 年之间。对恰帕斯州中心区域的拉文塔（La Venta）、圣伊西德罗（San Isidro）、恰帕·德科佐（Chiapa de Corzo）和切瓦（Ceibal）的发掘，出土了一系列带有绿石轴心的藏匿处：这些聚落可能具有相似的祭祀理念及祭祀方式。⑥—⑥

　　研究区域中最大的乌苏马奇塔模式遗址，是阿瓜达·菲尼克斯（图 4）。高分辨率激光雷达显示，该遗址的主要高台呈矩形，从北到南长 1413 米，从东到西宽 399 米，其边缘衬有低矮的平台。附着在高台东侧和西侧的方翼，使其整体呈狭窄的十字形（图 4）。巨大的西南平台可能是后期建造而成，不同于其他乌苏马奇塔模式遗址（没有大量的广场区域），该建筑高出周围地面 10~15 米。这个遗址在我们的研究之前并不为人所知，可能是因为这种规模的水平建筑很难从地面上被识别出来。一个大型的 E-group 组合，东部平台的长度为 401 米，占据了地层的中心。高台被 1 个乌苏马奇塔模式建筑群、

5 个小型乌苏马奇塔模式建筑群、多个矩形建筑和人工水库环绕，东部为湿地。此外，九条堤道从高台延伸。北部和南部的堤道，通过大型坡道与高台相连，其中最长的是西北堤道，全长 6.3 千米，沿途连接多个建筑群（图 5）。西部高台是另一座大型建筑，

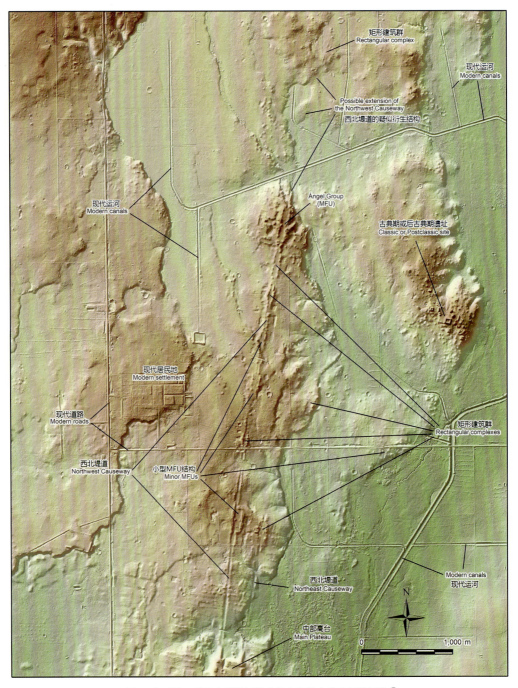

图 5　阿瓜达·菲尼克斯北部堤道的高分辨率激光雷达图像[12]

水平尺寸为 390 米 × 270 米，高度为 15~18 米，位于主高台以西 1.7 千米处。

2. 考古发掘验证

发掘工作遵循对塞巴尔 66 区（Ceibal 66）进行调查期间确定的方法。为了记录文物的出处，发掘人员使用了发掘环境分层记录系统（从最大到最小划分），包括遗址代码、操作、子操作、单元、级别和批次。遗址代码由两个字母组成：阿瓜达·菲尼克斯（Aguada Fénix）中央部分对应 NR，外围区域对应 AF，拉·卡梅利塔（La Carmelita）对应 LC，埃尔·拉德罗（El Tiradero）对应 TR，以及 ZR 对应兰乔·萨拉戈萨（Rancho Zaragoza）。系统里的"操作"是指对土墩群或类似区域的发掘，"子操作"是指对单个结构或较小区域的发掘，一个单位（探方）是一个水平分区，通常为 2 米 × 2 米；一个单元是主要的地层组。发掘过程中，考古人员用 1/4 英寸（或更小）的筛网筛选了所有发掘出的土，从重要区域（例如中部地区）采集了用于浮选的土壤样品，并从中收集了浮选的有机质和重馏分。

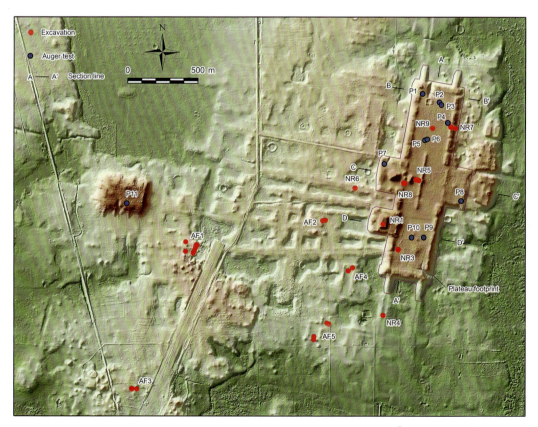

图 6　阿瓜达·菲尼克斯（Aguada Fénix）的钻探及发掘[②]

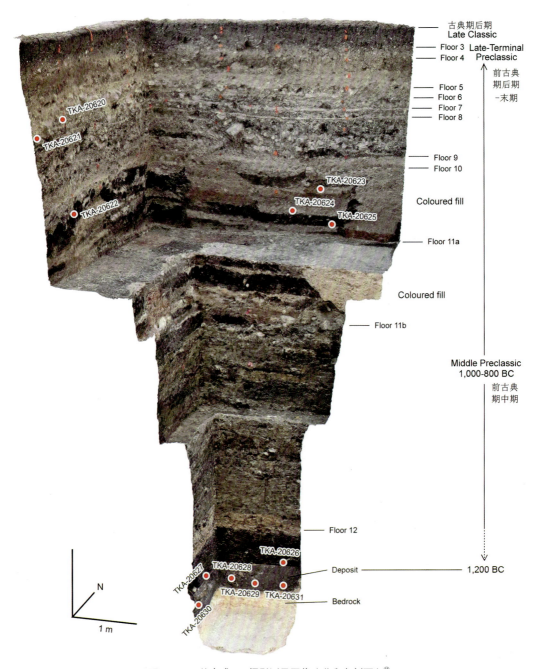

图 7　NR3 的合成 3D 摄影测量图像（北和东剖面）⑫

　　阿瓜达·菲尼克斯主高台的前古典期中期填土层，主要由深色黏土组成，而其地面则由深色黏土或浅色泥土制成。发掘人员在 NR3A 探方中，确定了 9 个前古典期中期地层。在前古典期末期（公元前 350 年至公元 250 年）和古典期晚期（公元 600 年

图 8　NR3 发现的多种颜色的黏土和其他土壤（从南部观看，4×4-m 开挖）⑫

至 810 年）期间，以及前古典期中期的建筑中，又被加入了混合着石头的薄土层。NR7A 探方发掘表明，沿着主高台边缘放置的大多数平台，是在前古典期中期（可能在公元前 800 年之前）用填土建成。NR4A 和 NR6A 探方表明，南部和西部堤道建于 950 年至 800 年之间，连续填充了 19~25 层，总填充厚度约为 2.6 米。

　　发掘结果表明，在公元前 800 年左右，主要的高台被黏土和填土多次抬升，并接近现在的规模。在 7.5 米深的 NR3A 探方中，发现了覆盖在基岩上的由陶瓷、骨头和贝壳组成的致密沉积物，它们似乎早于高台的修筑（图 6、图 7）时间。高台的修筑包括两个阶段，主要是将黏土和其他各种颜色的土放置在多层中，每一层形成棋盘状的水平图案（图 8）。NR5A、NR7A 和 NR9A 探方中存在类似的填充物（尽管更薄），这表明构建者在大部分高台上放置了精心制作的多种颜色的填土，并在每次施工结束时都用地板覆盖。

　　对 NR7A 探方的分析结果表明，该边缘平台在前古典期中期也主要用土筑。而位于 E-group 以西的四面墙，则都是由巨石块构筑（图 9）。NR8A 探方揭示了尺寸为 3

图 9　NR8 发现的巨石结构 ⑫

米 ×1 米 ×0.7 米的巨石块。通过在两个堤道中进行的发掘（NR4A 和 NR6A 探方），研究人员还确认了这些宽阔的道路修建于前古典期中期，道路的填充厚度约为 2.6 米。

　　阿瓜达·菲尼克斯可能类似于世界其他地区（包括近东、安第斯山脉和美国东南部）在农业文明前期或农业文明初期阶段出现的早期祭祀建筑。但是，阿瓜达·菲尼克斯与这些案例的不同之处在于，中美洲美洲裔群体在其兴起的前几千年，就已经驯化了玉米和其他农作物。这些观察和发现，激励着考古工作者去探索一个不得不面对的一个现实问题——在生产力落后、阶级差别很小的前古典社会中，古玛雅人是如何组织和建造这类大型祭祀建筑的。⑫

三、机载 Lidar 对其他玛雅遗迹的发现

　　从魔鬼群山（El Diablo Group）的山顶向东眺望，可以看到蒂卡尔的金字塔。埃尔佐茨与蒂卡尔仅相隔 21 千米。自 2006 年以来，考古人员对埃尔佐茨地区的研究表明，古玛雅人在该区域的活动是不连续的，其快速建设和扩张期曾被文化和发展停滞期阻断 ⑳，且埃尔佐茨是一个独立王国的中心城市，其强大和独立的标志是王朝创始人拥

有大量的陵墓和华丽的祭坛[71]。

在 2016 年的激光雷达计划（PLI）之前，人们对古玛雅人定居点的认知，是从位于布埃纳维斯塔（Buenavista）山谷一个大型湿地西部边缘的古村落[72]开始的。该村落在前古典期晚期发展为埃尔·帕尔马（El Palmar）城邦[73]。根据考古发现[70][74]可知，埃尔·帕尔马及其腹地拉·阿维斯帕（La Avispa）[75]在公元前 1 世纪末期衰落。

2007 年，有关学者借助埃尔佐茨与蒂卡尔之间 143 平方千米的遥感数据，发现了蒂卡尔遗址的西墙（图 10）。[76]与其他遥感传感器相比，激光雷达可以探测到更详细的林下地形地貌的特征。新发现的两个玛雅遗址，分别被命名为普克特（Pucte）和拉·库埃纳维拉（La Cuernavilla），后者是位于埃尔·帕尔马（El Palmar）东北悬崖边缘的一个用于防守的堡垒。埃尔·帕尔马是一个大型的前古典城市遗址，是一个从中心延伸至 800 米堤道的综合建筑群，同时包含了拉·阿维斯帕遗址。在埃尔帕尔马遗址被发现之前，学者们认为拉·阿维斯帕遗址是一个独立的玛雅人聚居点。[73]

基于激光雷达的一个重要发现表明：在遗址中，前古典时期被侵蚀的圆形土丘，

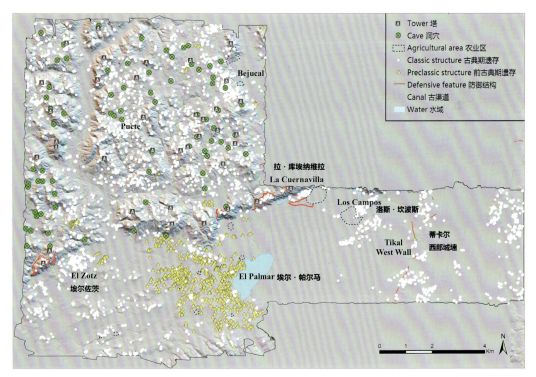

图 10　埃尔佐茨（ElZotz）地区的激光雷达图像
（揭示了前古典期和古典期的建筑、防御工事、塔及农业区、洞穴入口）[14]

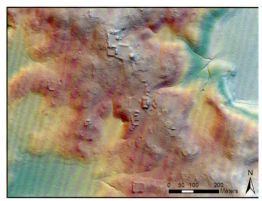

图 11　前古典期与古典期建筑的激光雷达图像⑱

与古典时期边缘坚硬的建筑轮廓形成明显对比（图 11）。事实上，从 2006 年起，这种情况已经在地面上得到了实际验证，尤其是在埃尔·帕尔马区域。通过考古发掘和文物研究，人们可以缩短研究的时间周期，但从超过 10 个季节的野外区域实验来看，通过不同时期地表形貌的对比研究，可以确定后期建筑与早期建筑的区别，尤其是像埃尔·帕尔马这种前期繁华后期衰落的人类聚居区。尽管古典期建筑物的下面可能有前古典期的地层，但所有发掘的迹象都表明，这种现象非常少见。耶格尔（Yaeger）等人⑰发现在土丘形状中存在类似的时代标识，因此人们可以通过绘制不同时段土丘的高度与坡度变化来刻画土丘形态的全貌。

附记：感谢 Takeshi Inomata 教授和 Thomas G.Garrison 助理教授允许翻译并引用其文章中部分内容和图件。

注释：

① 郭华东、王心源、陈富龙等：《空间考古学导论》，科学出版社 2020 年版，第 162~163 页。

② Chase，A.F.，Chase，D.Z.，Weishampel，J.F.，2010. Lasers in the Jungle. *Archaeology* 28.

③ Chase，A.F.，Chase，D.Z.，Weishampel，J.F.，Drake，J.B.，Shrestha，R.L.，Slatton，K.C.，Awe,J.J.，Carter，W.E.，2011. Airborne LiDAR，Archaeology，and the Ancient Maya Landscape at Caracol，Belize. J. *Archaeol*. Sci. 38，387‑398.

④ Canuto，M.，Estrada‑Belli，F.，Garrison，T.G.，Houston，S.D.，Acuña，M.J.，Kováč，M.，

Marken, D., Nondédéo, P., Auld-Thomas, L., Castanet, C., Chatelain, D., Chiriboga, C.R., Drápela, T., Lieskovský, T., Tokovinine, A., Velasquez, A., Fernández-Díaz, J.C., Shrestha, R., 2018. Ancient Lowland Maya Complexity as Revealed by Airborne Laser Scanning of Northern Guatemala. *Science* 361.

⑤ Chase, A.F., Chase, D.Z., Fisher, C.T., Leisz, S.J., Weishampel, J.F., 2012. Geospatial Revolution and Remote Sensing LiDAR in Mesoamerican Archaeology. *Proc. Natl. Acad. Sci.* 109, 12916‑12921.

⑥ Chase, A.F., Chase, D.Z., Awe, J.J., Weishampel, J.F., Iannone, G., Moyes, H., Yaeger, J.,Brown, M.K., 2014a. The Use of LiDAR in Understanding the Ancient Maya Landscape: Caracol and Western Belize. Adv. Archaeol. Pract.: A J. Soc. Am. *Archaeol.* 2, 208‑221.

⑦ Chase, A.F., Chase, D.Z., Awe, J.J., Weishampel, J.F., Iannone, G., Moyes, H., Yaeger, J.,Brown, M.K., Shrestha, R., Carter, W.E., Fernández-Díaz, J.C., 2014b. Ancient Maya Regional Settlement and Inter-site Analysis: The 2013 West-central Belize LiDAR Survey. *Remote Sens.* 6, 8671‑8695.

⑧ Ebert, C.E., Hoggarth, J.A., Awe, J.J., 2016. Integrating Quantitative Lidar Analysis and Settlement Survey in the Belize River Valley. *Adv. archaeol. pract.* 4, 284‑300.

⑨ Hutson, S.R., 2015. Adapting LiDAR Data for Regional Variation in the Tropics: A Case Study from the Northern Maya Lowlands. J. *Archaeolog. Sci.*: Rep. 4, 252‑263.

⑩ Magnoni, A., Stanton, T.W., Barth, N., Fernández-Díaz, J.C., Osorio León, J.F., Pérez Ruíz, F., Wheeler, J.A., 2016. Detection Thresholds of Archaeological Features in Airborne Lidar Data from Central Yucatán. Adv. Archaeol. Pract.: A J. Soc. Am. *Archaeol.* 4, 232‑248.

⑪ Stanton, T.W., Ardren, T., Barth, N.C., Fernández-Díaz, J.C., Rohrer, P., Meyer, D., Miller,S.J., Magnoni, A., Pérez, M., 2020. "Structure" Density, Area, and Volume as Complementary Tools to Understand Maya Settlement: An Analysis of Lidar Data Along the Great Road Between Coba and Yaxuna. J. *Archaeolog. Sci.*: Rep. 29.

⑫ Inomata, T., Triadan, D., Vázquez López, V.A. et al. Monumental Architecture at Aguada Fénix and the Rise of Maya Civilization. *Nature* 582, 530‑533（2020）.

⑬ Schroder W., Murtha T., Golden C., et al. The Lowland Maya Settlement Landscape: Environmental LiDAR and Ecology. *Journal of Archaeological Science*: Reports, 2020, 33: 102543.

⑭ Garrison T. G., Houston S., Firpi O. A. Recentering the Rural: Lidar and Articulated Landscapes Among the Maya. *Journal of Anthropological Archaeology*, 2019, 53: 133–146.

⑮ Magnoni, Aline, Stanton, Travis W., Barth, Nicolas, Fernandez–Diaz, Juan Carlos, León, Osorio, Francisco, José, Ruíz, Pérez, Francisco, Wheeler, Jessica, A., 2016. Archaeological Features in Airborne Lidar Data from Central Yucatán. Adv. *Archaeol.* Practice 4 (3), 232 – 248.

⑯ Blanton, Richard E., Kowalewski, Stephen, Feinman, Gary M., Finsten, Laura M., 1993. *Ancient Mesoamerica: A Comparison of Change in Three Regions*, second ed. Cambridge University Press, Cambridge.

⑰ Rice, Don S., Puleston, Dennis E., 1981. Ancient Maya Settlement Patterns in the Peten, Guatemala. In: Ashmore, Wendy A. (Ed.), Lowland Maya Settlement Patterns. University of New Mexico, *Albuquerque*, 121 – 156.

⑱ Evans, Damian, Fletcher, Roland, 2015. The Landscape of Angkor Wat Redefined. *Antiquity* 89, 1402 – 1419.

⑲ Ricketson, O., Kidder, A.V., 1930. An Archaeological Reconnaissance by Air in Central America. *Geogr*. Rev. 20, 177 – 206.

⑳ Matheny, R.T., 1962. Value of Aerial Photography in Surveying Archaeological Sites in Coastal Jungle Regions. *Am. Antiq.* 28, 226 – 230.

㉑ Gumerman, G.J., Neely, J.A., 1972. An Archaeological Survey of the Tehuacan Valley, Mexico: A Test of Colorinfrared Photography. *Am. Antiq.* 37, 520 – 527.

㉒ Bruder, J.S., Large, E.G., Stark, B.L., 1975. A Test of Aerial Photography in an Estuarine Mangrove Swamp in Veracruz, Mexico. *Am. Antiq.* 40, 330 – 337.

㉓ Carr, Robert F., Hazard, James E., 1961. *Tikal Reports, Number 11: Map of the Ruins of Tikal, El Peten, Guatemala*. University Museum, University of Pennsylvania, Philadelphia.

㉔ Siemens, Alfred H., Puleston, Dennis E., 1972. Ridged Fields and Associated Features in Southern Campeche: New Perspectives on the Lowland Maya. *Am. Antiq.* 37（2），228‑239.

㉕ Dahlin, Bruce H., 1979. *Preliminary Investigations of Agronomic Potentials in "Bajos" Adjacent to Tikal.* Actas du XLIIe Congrès International des Américanistes 8, 305‑312.

㉖ Armillas, Pedro, 1971. Gardens on Swamps. *Science* 174（4010），653‑661.

㉗ Turner, B.L., Harrison, Peter D., 1981. Prehistoric Raised‑Field Agriculture in the Maya Lowlands. *Science* 213, 399‑405.

㉘ Turner, B.L., Harrison, Peter D.（Eds.），1983. *Pulltrouser Swamp: Ancient Maya Habitat, Agriculture, and Settlement in Northern Belize.* University of Utah Press, Salt Lake City.

㉙ Adams, Richard E.W., Brown Jr., Walter E., Culbert, T. Patrick, 1981. Radar Mapping, Archaeology, and Ancient Maya Land Use. *Science* 213（4515），1457‑1463.

㉚ Pope, Kevin O., Dahlin, Bruce H., 1989. Ancient Maya Wetland Agriculture: New Insights from Ecological and Remote Sensing Research. J. *Field Archaeol.* 16（1）Spring, 87‑106.

㉛ Estrada‑Belli, Francisco, 1998. The Evolution of Complex Societies in Southeastern Pacific Coastal Guatemala: A Regional GIS Archaeological Approach（Ph.D. dissertation）. Boston University, ProQuest, Ann Arbor, MI.

㉜ Dunning, Nicholas P., Beach, Timothy, 1994. Soil Erosion, Slope Management, and Ancient Terracing in the Maya Lowlands. Latin Am. *Antiquity* 5, 51‑69.

㉝ Dunning, Nicholas, Beach, Timothy, Rue, David, 1997. The Paleoecology and Ancient Settlement of the Petexbatun Region, Guatemala. *Ancient Mesoam.* 8, 255‑266.

㉞ Sever, Thomas L., 1990. Remote Sensing Applications in Archeological Research: Tracing Prehistoric Human Impact upon the Environment（Ph.D. dissertation）. University of Colorado, Boulder, ProQuest, Ann Arbor, MI.

㉟ Kunen J. L., Culbert T. P., Fialko V., et al. Bajo Communities: A Case Study from the Central Peten. *Culture & Agriculture*, 2000, 22（3）:15-31.

㊱ Sever, Thomas L., Irwin, Daniel E., 2003. Landscape Archaeology: Remote Sensing Investigation of the Ancient Maya in the Peten Rainforest of Northern Guatemala. *Ancient Mesoam*. 14, 113 - 122.

㊲ Saturno, William, Sever, Thomas L., Irwin, Daniel E., Howell, Burgess F., Garrison, Thomas G., 2007. Putting Us on the Map: Remote Sensing Investigation of the Ancient Maya Landscape. In: Wiseman, James, El-Baz, Farouk (Eds.), *Remote Sensing in Archaeology*. Springer, New York, 137 - 160.

㊳ Garrison, Thomas G., 2007. Ancient Maya Territories, Adaptive Regions, and Alliances: Contextualizing the San Bartolo-Xultun Intersite Survey (Ph.D. dissertation). Harvard University, ProQuest, Ann Arbor, MI.

㊴ Garrison, Thomas G., Houston, Stephen D., Golden, Charles, Inomata, Takeshi, Nelson, Zachary, Munson, Jessica, 2008. Evaluating the Use of IKONOS Satellite Imagery in Lowland Maya Settlement Archaeology. J. *Archaeol*. Sci. 35, 2770 - 2777.

㊵ Garrison, Thomas G., 2010. Remote Sensing Ancient Maya Rural Populations Using QuickBird Satellite Imagery. Int. J. *Remote Sens*. 31 (1), 213 - 231.

㊶ Garrison, Thomas G., Dunning, Nicholas P., 2009. Settlement, Environment, and Politics in the San Bartolo-Xultun Territory, El Peten, Guatemala. Latin Am. *Antiquity* 20, 525 - 552.

㊷ Inomata, Takeshi, Pinzón, Flory, Ranchos, José Luis, Haraguchi, Tsuyoshi, Nasu, Hiroo, Fernandez-Diaz, Juan Carlos, Aoyama, Kazuo, Yonenobu, Hitoshi, 2017. Archaeological Application of Airborne LiDAR with Object-based Vegetation Classification and Visualization Techniques at the Lowland Maya Site of Ceibal, Guatemala. *Remote Sens*. 9 (6), 563.

㊸ Chase, Arlen F., Reese-Taylor, Kathryn, Fernandez-Diaz, Juan C., Chase, Diane Z., 2016. Progression and Issues in the Mesoamerican Geospatial Revolution: An Introduction. Adv. *Archaeol. Practice* 4 (3), 219 - 231.

㊹ Canuto, Marcello A., Estrada-Belli, Francisco, Garrison, Thomas G., Houston, Stephen D., Acuña, Mary Jane, Kováč, Milan, Marken, Damien, Nondédéo, Philippe, Auld-Thomas, Luke, Castanet, Cyril, Chatelain, David, Chiriboga, Carlos R., Drápela,

Tomáš, Lieskovský, Tibor, Tokovinine, Alexandre, Velasquez, Antolín, Fernández-Díaz, Juan C., Shrestha, Ramesh, 2018. Ancient Lowland Maya Complexity as Revealed by Airborne Laser Scanning of Northern Guatemala. *Science* 361, eaau0137.

㊺ Fernandez-Diaz, Juan, Carter, William, Glennie, Craig, Shrestha, Ramesh, Pan, Zhigang, Ekhtari, Nima, Singhania, Abhinav, Hauser, Darren, Sartori, Michael, 2016. Capability Assessment and Performance Metrics for the Titan Multispectral Mapping Lidar. *Remote Sens*. 8, 936.

㊻ Inomata, T., Triadan, D., Aoyama, K., Castillo, V. & Yonenobu, H. Early Ceremonial Constructions at Ceibal, Guatemala, and the Origins of Lowland Maya Civilization. *Science* 340, 467 - 471 (2013).

㊼ Inomata, T., Triadan, D., Pinzón, F. & Aoyama, K. Artificial Plateau Construction During the Preclassic Period at the Maya Site of Ceibal, Guatemala. *PLoS ONE* 14, e0221943 (2019).

㊽ Estrada-Belli, F. In Early New World Monumentality (eds Burger, R. L. & Rosenswig, R. M.) 198 - 230 (Univ. Press Florida, 2012).

㊾ Andrews, E. W. V, Bey, G. J. III & Gunn, C. M. in Pathways to Complexity: A View from the Maya Lowlands (eds Brown, M. K. & Bey, G. J. III) 49 - 86 (Univ. Press Florida, 2018).

㊿ Hansen, R. D. & Suyuc, L. E. Mirador (FARES Guatemala, 2016).

(51) Gallareta Negr ó n, T. In Pathways to Complexity: A View from the Maya Lowlands (eds Brown, M. K. & Bey, G. J. III) 276 - 291 (Univ. Press Florida, 2018).

(52) Reese-Taylor, K. *In Maya E Groups: Calendars, Astronomy, and Urbanism in the Early Lowlands* (eds Freidel, D. A. et al.) 480 - 513 (Univ. Press Florida, 2017).

(53) Fernandez-Diaz, J. C., Carter, W. E., Shrestha, R. L. & Glennie, C. L. Now You See It … Now You Don' t: Understanding Airborne Mapping LiDAR Collection and Data Product Generation for Archaeological Research in Mesoamerica. *Remote Sens*. 6, 9951 - 10001 (2014).

(54) Venter, M. L., Shields, C. R. & Ordóñez, M. D. C. Mapping Matacanela: The Complementary Work of LiDAR and Topographical Survey in Southern Veracruz, Mexico.

Anc. Mesoam. 29，81 - 92（2018）.

(55) Bennett，R.，Welham，K. & Ford，A. A Comparison of Visualization Techniques for Models Created from Airborne Laser Scanned Data. *Archaeol. Prospect.* 19，41 - 48（2012）.

(56) Challis，K.，Forlin，P. & Kincey，M. A Generic Toolkit for the Visualization of Archaeological Features on Airborne LiDAR Elevation Data. *Archaeol. Prospect.* 18，279 - 289（2011）.

(57) Devereux，B. J.，Amable，G. S. & Crow，P. Visualisation of LiDAR Terrain Models for Archaeological Feature Detection. *Antiquity* 82，470（2008）.

(58) Harmon，J. M.，Leone，M. P.，Prince，S. D. & Snyder，M. Lidar for Archaeological Landscape Analysis: A Case Study of Two Eighteenth-Century Maryland Plantation Sites. *Am. Antiq.* 71，649 - 670（2006）.

(59) Millard，K.，Burke，C.，Stiff，D. & Redden，A. Detection of A Low-Relief 18th-Century British Siege Trench Using LiDAR Vegetation Penetration Capabilities at Fort Beauséjour - Fort Cumberland National Historic Site，Canada. *Geoarchaeology* 24，576 - 588（2009）.

(60) Štular，B.，Kokalj，Ž.，OŠtir，K. & Nuninger，L. Visualization of Lidar-Derived Relief Models for Detection of Archaeological Features. J. *Archaeol.* Sci. 39，3354 - 3360（2012）.

(61) Chiba，T.，Kaneta，S. & Suzuki，Y. Red Relief Image Map: New Visualization Method for Three Dimensional Data. Int. Arch. Photogramm. *Remote Sens.* Spat. Inf. Sci 37，1071 - 1076（2008）.

(62) Chiba，T. & Suzuki，Y. Visualization of Airborne Laser Mapping Data: Production and Development of Red Relief Image Map. *Adv. Survey Technol.*（in Japanese）96，32 - 42（2008）.

(63) Freidel，D. A.，Chase，A. F.，Dowd，A. S. & Murdock，J. *Maya E Groups: Calendars, Astronomy, and Urbanism in the Early Lowlands*（Univ. Press Florida，2017）.

(64) Clark，J. E. & Hansen，R. D. In Royal Courts of the Ancient Maya，Volume 2: Data and Case Studies（eds Inomata，T. & Houston，S. D.）1 - 45（Westview Press，2001）.

(65) Lowe，G. W. In the Origins of Maya Civilization（ed. Adams，R. E. W.）197 - 248（Univ. New Mexico Press，1977）.

(66) Drucker, P., Heizer, R. F. & Squier, R. H. *Excavations at La Venta, Tabasco*, 1955 (Smithsonian Institution, 1959).

(67) Lowe, G. W. *In The Olmec and Their Neighbors* (eds Coe, M. D. & Grove, D.) 231–256 (Dumbarton Oaks Research Library and Collection, 1981).

(68) Bachand, B. R. & Lowe, L. S. *In Arqueología Reciente de Chiapas: Contribuciones del Encuentro Celebrado en el 60° Aniversario de la Fundación Arqueológica Nuevo Mundo* (eds Lowe, L. S. & Pye, M. E.) 45–68 (Brigham Young Univ., 2012).

(69) Inomata, T. & Triadan, D. Middle Preclassic Caches from Ceibal, Guatemala. *Maya Archaeol.* 3, 56–91 (2016).

(70) Garrison, Thomas G., Houston, Stephen (Eds.), 2018. *An Inconstant Landscape: The Maya Kingdom of El Zotz, Guatemala*. University Press of Colorado, Boulder.

(71) Houston, Stephen, Garrison, Thomas G., 2015. The Dedicated City: Meaning and Morphology in Classic Maya Urbanism. In: Norman Yoffee (Ed.), *The Cambridge World History, vol. III: Early Cities in Comparative Perspective, 4000 BCE–1200 CE*. Cambridge University Press, Cambridge, 48–73.

(72) Luzzadder-Beach, Sheryl, Beach, Timothy, Garrison, Thomas, Houston, Stephen, Doyle, James, Román, Edwin, Bozarth, Steven, Terry, Richard, Krause, Samantha, Flood, Jonathan, 2017. Paleoecology and Geoarchaeology at El Palmar and the El Zotz Region, Guatemala. *Geoarchaeology* 32, 90–106.

(73) Doyle, James A., 2017. *Architecture and the Origins of Preclassic Maya Politics*. Cambridge University Press, Cambridge.

(74) Doyle, James A., Piedrasanta, Rony, 2018. *Monumental Beginnings: the Preclassic Maya of El Palmar and the Buenavista Valley, Peten, Guatemala*. In: Garrison, Thomas G., Houston, Stephen D. (Eds.), An Inconstant Landscape: The Maya Kingdom of El Zotz, Guatemala. University Press of Colorado, Boulder,46–69.

(75) Garrison, Thomas G., Chapman, Bruce, Houston, Stephen, Román, Edwin, Garrido López, Jose Luis, 2011. Discovering Ancient Maya Settlements Using Airborne Radar Elevation Data. J. *Archaeol.* Sci. 38, 1655–1662.

(76) Webster, David, Murtha, Timothy, Straight, Kirk D., Silverstein, Jay, Martínez, Horacio,

Terry, Richard, Burnett, Richard, 2007. The Great Tikal Earthwork Revisited. J. Field *Archaeol*. 32, 41 – 64.

⑦ Yeager, Jason, Kathryn Brown, M., Cap, Bernadette, 2016. Locating and Dating Sites Using LiDAR Survey in a Mosaic Landscape in Western Belize. Adv. *Archaeol*. *Practice* 4 (3), 339 – 356.

缅甸妙乌古城遥感考古调查新发现

New Discovery of Remote Sensing Archaeological Investigation of Mrauk U，Myanmar

董卫★、徐英浩

东南大学建筑学院，南京，210018

若开邦（Rakhine State）位于缅甸西海岸，东依若开山脉，西临孟加拉湾，是南亚与东南亚地理单元的分界处。因海上交通的便利，它在历史上承担了印度与东方各国的宗教、文化、贸易中转站的重要角色。[1][2]其中妙乌（Mrauk U）古城是1430—1785年间若开王国的都城，此间若开王国与缅甸内地伊洛瓦底江流域政权隔山而立（图1），是其发展最为鼎盛、影响力最强的时期，也是整个若开文明佛教文化发展最鼎盛的时期。古城中的佛教建筑，无论是数量、形制还是艺术成就，均得到了空前的发展。作为重要的佛教建筑类型，佛塔是佛教文化的象征，也是佛教信仰的重要空间载体。妙乌古城内遍布不同时期、不同材料和形制的佛塔，有"兰花枝头好茂盛，有如若开众佛塔"一说。以繁花之盛喻佛塔之众，生动地体现了古城内佛塔的数量之多、分布之广。妙乌作为都城的历史止于1785年，这一年缅王孟云（Bodawpaya）攻入妙乌，若开地区归入缅甸版图。

以妙乌古城为代表的若开邦古代都城，见证了若开文明独特的发展历程，集中体现了该时期若开都城规划的营城思想。但人们对妙乌古城的关注度及其知名度，远不如在缅甸内地的蒲甘（Bagan）、卑谬（Prome）等古城。随着"一带一路"倡议的提出与不断推进，若开邦位于中缅经济走廊沿线的历史城市迎来了新的发展机遇，也逐渐向世人揭开了其神秘的面纱。

一、古城遥感调查——佛教建筑的识别与分类

1. 遥感数据获取与古城历史信息数据库的建立

受缅甸宗教事务与文化部邀请，2017 年 4 月与 2018 年 5 月，东南大学城市与建筑遗产保护教育部重点实验室团队曾分别两次前往妙乌古城，运用遥感技术配合田野调查，对古城的地形、水系、建筑遗存、防御体系、公共设施体系等进行了详细的调研，获取了大量一手资料。有关调研最终获得的数据，遥感方面的有：固定翼无人机拍摄的 30 平方千米高清正射影像图、无人机载激光雷达（LIDAR）捕捉的 30 平方千米地形数据、3D 扫描仪与红外成像仪测绘的多套高精度重点建筑遗存图纸；田野调查与文献查阅获得的有：逾 300 处佛教建筑遗存的空间信息与属性信息、防御体系中城墙及城门数据、道路分段宽度与材质数据、公共设施属性与布局信息等。

上述获取的数据，可分为遥感数据、图像数据和属性数据三类，获取后将初始数据进行整理、分类、加工后导入地理信息系统（GIS），形成一套能够完整反映古城全貌的历史信息数据库（图 2）。数据库中各类数据，初步整理与录入的方式如下：

（1）地形信息：古城存在的环境基质，初始数据为点云数据，形成等高线矢量文件后导入 GIS，生成数字高程模型（DEM）。

（2）要素图层：即古城各构成要素的空间信息及其属性信息。空间信息包括坐标、边界、标高等数据。将上述数据矢量化，此后分层导入 GIS 数据库。属性信息包括形制、

图 1　缅甸 13 座主要都城位置示意图

图2　妙乌古城历史信息数据库

建造年代、使用情况、图片影像等。以佛教建筑为例，将上述信息汇总成古城佛塔信息表，利用地理坐标与数据库中的空间信息——对应比对，补全各要素图层的相关信息。

2. 缅甸佛教建筑概述

佛教文化在缅甸有着悠久的历史。依据佛教建筑的名称，可将缅甸佛教建筑分为寺院（缅文 kyuan，英文 monastery）、佛窟（缅文 gu/U'min，英文 temple）与佛塔（缅文 seidi/htu pa sei di，英文 pagoda）三大类。其中，寺院是佛教文化的核心，也是所有佛教建筑中占比最高的类型；佛塔和佛窟相较于寺院装饰更加精美，佛窟的内部空间主要用来供奉佛像、供佛教徒拜佛、冥想。③缅甸内地伊洛瓦底江流域，以蒲甘时期的佛教文化最为鼎盛。据2010年的数据统计，蒲甘地区拥有佛教建筑3122座、寺院431座，但大部分寺院是木结构建筑，保存至今的非常少。2015年，博舒兰通过实地调研与文献研究，梳理了蒲甘城及其周边佛教遗产群的形成历史与特征，将蒲甘佛教遗产的分布情况总结为松散布局形式，且有大量佛塔分布在城墙外围。④

3. 妙乌古城佛教遗存的识别与分类

佛教建筑遗存是妙乌古城中数量最多，也是最重要的古代遗存种类之一。其单体

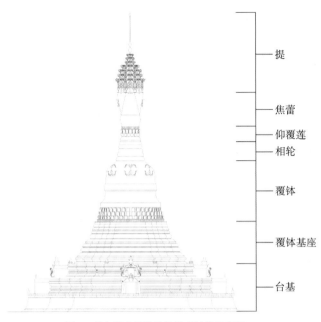

图3　妙乌佛教建筑单体构成结构示意图

特征较为明显：从组成结构来看，从下到上分别是基础、多层内收的阶梯状台基、覆钵基座、覆钵、相轮、仰覆莲、焦蕾、提（图3）；从平面形制来看，包括圆形、八边形、亚字形、莲花形平面等形式。⑤对符合上述特征的古城中的遗存的识别与整理工作，是通过遥感数据进行的；相关的分类工作，则以群体构成方式为依据进行。群体构成要素，包括独立佛塔或佛塔组群与其周边明显相关的要素（如院墙、附属建筑等）。古城内的佛教建筑遗存，可大致归纳为以下三类：

一是小型佛塔：指一座佛塔独立存在，且无明确院落空间的平面模式。除佛塔本身边界没有明确的空间范围或以简单的铺地加以限定，这种类型的佛塔平面形制都比较简单。该模式的佛塔往往规模尺度较小，因此对建设条件的要求也较低，其数量在妙乌古城所有类型的佛教建筑遗存中占比也最多。

二是大型佛塔：指拥有明确院落空间，且院落内以佛塔单体占绝对主体的平面模式。这种模式的佛塔，无论是单体尺度，还是整体规模，都明显大于前者。整体空间边界，以院墙或整体抬升等方法限定。如有附属建筑则佛塔建筑居中或偏西居中布置，附属建筑从主入口开始沿轴线向主塔排列。院落内多有明确的道路组织，一般有1个或4个出入口，主要出入口朝东。

三是佛教建筑组团：指拥有明确院落空间，且院落内佛塔附属建筑共同存在的平面模式。组团模式往往也有较大的整体规模。与前者不同的是，其附属建筑会占据一定比例，且并不固定地按照明显的轴线排布。院落内同样有明确的道路组织，主要出入口一般也朝东设置。

将佛教建筑名称与上述三种类型进行对应，前两者对应的主要是佛塔与佛窟类型，佛教建筑组团则基本对应寺院类型。不同类型的佛教建筑的职能也有差异。小型佛塔受尺度限制，往往仅能承担祭拜等简单的功能；当佛塔的规模逐渐扩大，拥有附属建筑与更大的空间边界时，便有了进行礼拜或开展大型节日活动的可能。随着非佛塔建筑比重的增加，佛教建筑组团类型还承担了僧人日常起居与教育等功能。[⑥]可以说，佛塔的规模越大，往往其功能越丰富，职能也越综合（表1）。

表1 妙乌古城佛塔平面形制类型表

佛塔类型	整体规模	平面形制	构成要素	代表佛塔正射影像	佛塔功能
小型佛塔	10~300m^2		佛塔		祭拜、修行
			佛塔+地面		祭拜、修行
	300~1500m^2		主塔+副塔		祭拜、修行
			主塔+附属建筑		祭拜、修行、礼拜
大型佛塔	2000~5000m^2		佛塔+明确边界		祭拜、修行、活动
	2000~10000m^2		佛塔为主+附属建筑+明确边界		祭拜、修行、礼拜、节日活动
佛塔组团	2000~10000m^2		其他建筑为主+佛塔+明确边界		祭拜、修行、礼拜、节日活动、僧人起居、教育

二、隐于群山之中的坚固堡垒——与环境互动共生的古城营建

1. 宫城居中布局，群山环绕

古城整体地势东高西低，北高南低。古城东西两侧众多小丘连绵起伏，形成西北—东南方向的多道近似平行的山体。宫城位于区域中地势相对较高的平坦地面之上，隐于群山之中，山体将古城与城外的平原地带隔开，形成天然的防御屏障。目前宫殿建筑已不复存在，宫城外围共三道城墙，其中最外层为适应水系被建为五边形，内层则均被建为矩形。宫城布局以东西向为轴线，主要出入口向东开放（图4）。

图4　妙乌古城整体地形与宫城范围

2. 小型佛塔占据制高点，与防御体系相结合

山顶点是重要的地形特征点，定义为一定空间范围内高程的极大值点，可简单理解为山体的最高点。数字高程模型对古城周边山体进行山顶点提取显示，整体上妙乌

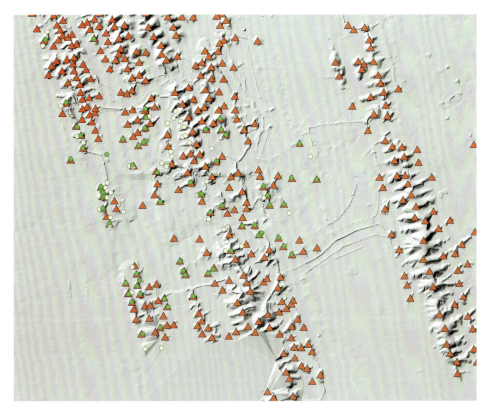

图 5　佛塔山顶点分布图

图 6　坐落在山顶的佛塔

古城的山顶点密度较高，地表破碎，地形复杂。将山顶点与地形起伏度叠加后发现，古城两侧的山体地形大部分是从地势平坦处陡增至高程较高处，再平缓过渡至最高点。依据山顶点形态特征划分，研究范围内的山顶点多为圆山顶点或平山顶点[7]，即一定范围内的山顶空间相对平整，这种地形特征为山顶佛塔的修建提供了良好的环境基础。

小型佛塔分布与山顶点有着高度的一致性（图5）。但这种类型的佛教建筑，规模尺度较小，装饰相对简单，除了本体建筑没有限定明确的空间边界，能够承载的宗教活动也较单一（图6）。将其与古城防御体系的结合来看，妙乌的城防体系与山体环境结合得十分巧妙。其城墙系统包括全人工构筑的墙体，也包括依托山体砌筑的墙体，甚至部分城墙段是直接利用了山体的高度进行防御（图7）。在城区，东侧山体整体高度高于西侧，部分佛塔直接布局在城墙段上，更多的佛塔选址在高度更高的山体之上。如此布局的目的，是利用其视野优势承担起瞭望的功能（图8），并形成多道防御体系。

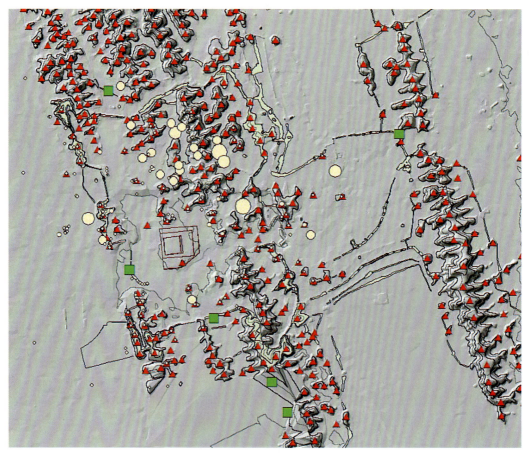

图7 佛塔平面形制布局与山顶点及城防体系关系图

图 8　城东山顶佛塔

图 9　城西山顶佛塔

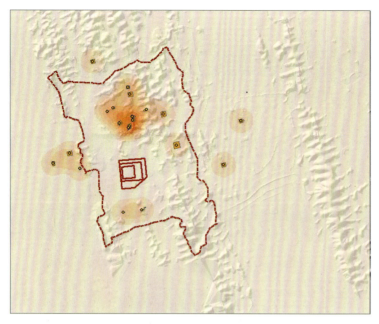

图 10 大型佛塔分布密度图

而在城区西侧，大量独立单体型佛塔直接布局于城墙段上，覆盖了该城墙段的全部山顶点，与石筑城墙和自然山体共同构筑起西侧的防线（图9）。

这一类型佛塔基本建造于16世纪50年代之前，而这一时期正是明平王（ManPa，1531—1553）建设妙乌宫墙与部分城墙的时间。[⑧]古城依靠坚固的巨石城墙与城外的壕沟，当敌军来袭时据城而守，王军曾多次开放水闸，水淹来犯缅军，迫使其撤退。时空的高度一致性，让我们有理由相信，此类佛教建筑在选址时，设计者考虑了它们与古城防御体系的有机结合，并相互依托。

3.大型佛塔在北部集中，形成宗教中心

大型佛塔由于规模较大，多出现在山体之间的平地上，在皇城北部形成明显的集聚区（图10），其中就包括著名的八万佛寺（Shitthaung temple）。非僧侣的佛教徒通过倾尽财富去修建佛塔"积攒功德"，以达到修行的目的。王国的统治者与贵族们是这类大型佛塔的主要捐助者，而佛塔规模之大也能够凸显当时若开王国国力之强盛。从建设时序上看，大型佛塔的修建时间分布相对平均，各个时期都有建造且数量差距不大。由此可见，王国的历任统治者都希望通过修建大型佛塔的方式，来彰显自身功绩和"积攒功德"。

兴修佛塔、资助寺院也是统治者巩固权力的手段之一。与寺院建筑方式不同，大型佛塔同样有传播佛教信仰的功能，其往往拥有大尺度的内部空间，结构更为复杂，装饰、雕刻也更加丰富。对于普通民众来说，生动精美的雕刻与绘画较之晦涩的佛经更容易理解和接受，这种类型的佛教建筑为国王统治下的民众提供了瞻仰、朝拜和学习的场所。因此可以说，大型佛塔聚集形成的宗教中心，也是古城居民的活动中心。

4.佛教建筑组团主要分布于城市生活区

佛教建筑组团主要分布于宫城西侧和南侧，相较于大型佛塔分布范围更广，基本覆盖古城城墙内外的所有生活区域（图11）。其规模大小不一，但也明显大于小型佛塔，因此也多出现在地势平坦处。结合建设时序来看，修建于都城建设前期、中

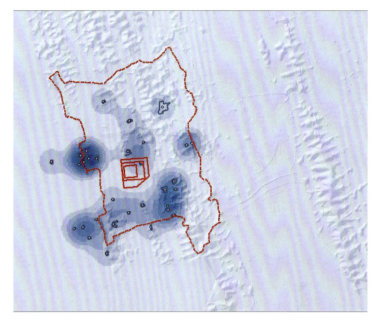

图11　佛教建筑组团分布密度图

期的寺院主要分布在城墙范围内，宫城的西北、西南、东南三个方向的生活区中。随着时间的推移，后来逐渐在宫城南侧及城墙外也有了此类佛教建筑。

由于当时缅甸并无世俗学校，具有教育功能的寺院就承担起古城内学校的职能，负责向居民传授佛教文化。其与生活区在空间上的一致性，也很容易使人联想到现在居住组团与社区中心的规划模式，且这种模式一直延续至今。据笔者观察与访谈得知，目前在妙乌城内的此类佛教建筑，是使用与翻新频率最高的类型。城内居民的日常生活与节日活动，均围绕其进行。僧侣的日常起居也在其中，居民捐献与礼拜活动也会选择前往自己认可的僧侣所在寺院，活动范围较为固定。这种行为模式，也形成了比较强的中心效应。

三、古城整体形制的进一步探索

作为佛教国家历史城市的重要构成要素，佛教建筑在这些城市营建时起到了至关重要的作用，也使得这些城市相较于其他地区历史城市有着独特的形态特征。妙乌古城佛教建筑的选址布局体现出如下特点：充分结合地形，将小型佛塔与山体制高点结合，融入都城防御体系；分区概念初显，大型佛塔集中建设于都城北部，形成公共活动中心；

公服中心模式，将包含教育功能的寺院布置于居民生活区，且体现了较强的中心效应。在城市整体营建上，妙乌古城则体现出以下特征：

第一，整体而言，妙乌古城的营城规划基于周边山体地形，并根据不同高程的地势进行了不同体系的构建；

第二，佛教建筑不仅是宗教场所，而且它在都城的多个子系统中也起到了至关重要的作用，如防御系统、公共服务系统等；

第三，依托不同类型的不同功能，佛教建筑的布局体现了分区概念的雏形，都城内权力中心、宗教中心、生活中心均较为明确；

第四，建造时序体现出较为完整的形态框架构建在都城建设初期就已完成，并在后续的时间里不断得到补充与拓展。

上述特征都体现出妙乌古城在营建时与环境进行的互动，并不是以自然环境为基底进行的简单叠加，而是多层次图底关系的嵌套，如以山为墙，使自然山体成为城市防御体系的重要一环；然后，在此基础上以"墙"为底，在制高点上再布置众多小型佛塔以强化该防御体系。

将缅甸历史上的重要都城的形制与妙乌进行对比可以发现，不同于早期蒲甘的更贴近自然及后期曼德勒等城市的更强调秩序，妙乌建成之时既体现了一定的秩序，又充分顺应自然，体现了秩序与自然并立的特征。古城整体上东西轴线对称关系并不明显；而单体层面的轴线对称关系则十分明显。这既可能是地形破碎的原因，也可能是受多方文明思想影响所致。希望未来，可以结合当地古籍的记载及更新的考古研究成果，完善妙乌古城历史信息数据库的建设，并对古城的整体形制进行更深入的探索。

注释：

*通讯作者：董卫，东南大学建筑学院教授，博士生导师。

① 吴瑞赞、吴三觉达、吴觉拉貌等：《缅甸若开邦发展史》，《南洋资料译丛》2007年第4期。

② 〔英〕戈·埃·哈威著，姚梓良译：《缅甸史》（上册），商务印书馆1973年版，第263页。

③ 赵瑾：《缅甸蒲甘佛教文化研究》，北京外国语大学2017年博士学位论文。

④ 傅舒兰：《缅甸蒲甘城及其佛教遗产群的历史形成与特征初探》，《建筑与文化》

2015 年第 5 期。

⑤ 李金一：《缅甸若开邦妙乌古城佛教建筑初探》，东南大学 2019 年硕士学位论文。

⑥ 李欣：《浅谈缅甸的寺院文化》，《保山学院学报》2011 年第 6 期。

⑦ 苍学智、汤国安、仲腾等:《山顶点类型及其形态特征数字表达》,《南京师大学报(自然科学版) 》2010 年第 1 期。

⑧ Leider, "On Arakanese Territorial Expansion: Origins，Context，Means and Practice" in Gommans and Leider，*The Maritime Frontier of Burma*，131.

基于遥感影像的纳斯卡线条研究及画法评述

A Review of Studies of Nazca Lines Based on Remote Sensing Images

张利瑶

中央民族大学考古文博系，北京，100081

在秘鲁首都利马以南约 400 千米的纳斯卡高原山前冲积扇上，有许多形状奇特的非自然形成的颜色发白的沟槽，这些沟槽组成了小则数十米、大则数百米的地面图案，甚至有超过十千米的地面直线，占地面积超过 500 平方千米。[①]千百年来，生活在这里的人们或许好奇过探索过，但从地面观看，这些沟槽纵横交错，似有规律却无法概观全貌，因而难以察觉其中隐藏的奥妙。如果没有现代航空技术给人们提供的空中视角，这些隐藏在沟槽里的秘密可能永远都无法被破解。从高空俯瞰，这些发白的沟槽就是组成各种动物、植物和大量几何图形的线条。将地表褐色砂石移开，露出下面发白的冲积层，便形成了醒目的线条。又因纳斯卡高原常年干旱少雨，这些线条才得以保存至今。这些地面遗迹，被习称为"纳斯卡线条""纳斯卡地画"或"纳斯卡巨画"。公元前 1 世纪至公元 6 世纪的同一空间，此处曾经存在纳斯卡文化，因而这些地画也多被认为是纳斯卡文化遗迹。

一、纳斯卡地画的早期研究与高分卫星影像的利用

纳斯卡线条的研究，始于 20 世纪 20 年代。1927 年，秘鲁考古学家托里维奥·梅西亚·谢斯皮（T.M.Xesspe）等人在纳斯卡镇北面一块面积约 500 平方千米的大地上发

现许多巨大的图案，他们当时认为，它们是刻在地上的古代道路网。[②]1939 年，美国考古学家保罗·考索克（Paul Kosok）乘飞机在纳斯卡上空考察时，观察到这些地面线条实际上勾勒出的是众多的几何及动植物图形。[③]出生于德国的玛丽亚·赖歇（Maria Reiche）于 1940 年成为保罗·考索克的助手，协助保罗在纳斯卡研究地画，1948 年保罗离开纳斯卡后，玛利亚仍留在秘鲁继续这项研究工作，直至 1998 年去世。

20 世纪 80 年代，由美国科尔盖特大学考古学及天文学家安东尼·阿维尼（Anthony Aveni）牵头，欧美的研究者对纳斯卡地画进行了跨学科的研究，对该项研究的重要推进是采用热气球和轻型飞机对纳斯卡线条进行拍摄，并配合地面的人工测量，制作出大范围的地画分布图，共绘出发自 62 个中心点的包括 762 条直线的射线图，以及 227 个几何图形。[④]

2001 年 10 月 18 日，美国亚米级商用卫星快鸟（Quick Bird）发射成功，星下点地面分辨率可达 0.61 米（全色），影像幅宽 16.5 千米，使获取高分辨率对地观测数据成为可能。山形大学抓住这一契机，于 2004 年启动"秘鲁、纳斯卡地图的跨学科研究"课题，通过对快鸟卫星影像的分析和实地调查，绘制出大范围的地画分布图，并从自然地理学、考古学和认知心理学等角度，对纳斯卡地画进行了研究。

大幅面、高分辨率的卫星影像，克服了传统低空航摄容易产生的畸变和高成本等问题，也大幅度提高了获取对地影像数据的效率。卫星一次过境即可基本上覆盖 20km×15km 的纳斯卡高原。这项实验也验证了最小宽度仅约 10 厘米地画线条，也可以在快鸟的光学传感器下成像，并可达到研究所需要的清晰度。

2006 年 1 月 24 日，日本 ALOS（大地）陆地观测卫星发射成功，该星搭载了全色立体测绘仪（PRISM）、可见光与热红外传感器（AVNIR-2）和 L 波段合成孔径雷达（PALSAR），可实现全天候对地观测，其星下点成像幅宽为 35~70 米，可更高效地覆盖纳斯卡的地画分布区，但地面分辨率为 2.5 米，更适合地形观测。

山形大学研究团队将上述两种卫星数据用于纳斯卡地画研究，绘制出了信息更丰富的地画分布图（图 1）。

纳斯卡台地是片极其干燥、几乎没有植被的裸地，山形大学团队关注到由于罕见的强降雨、洪水冲刷而更新的河流遗迹及侵蚀微弱的稳定地面，通过对比分析反映两者地面稳定性和地色差异性的图像资料，制作了地形分类图。在绘制纳斯卡台地地画东部分布图时，新确认了 100 多幅此前未明确的地画，它们大部分是直线或几何图形，

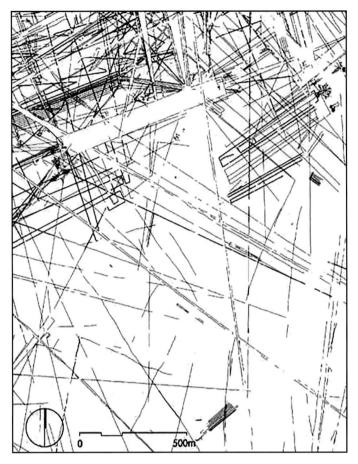

图 1　纳斯卡台地东北部地画集中地区分布图

有些被认为是生物图像（图2）。人们在对卫星图像的判读过程中，有时难以将道路、车辙、水流痕迹等与地面图像区分开，有时也难以对在地面上绘制的线条与水流痕迹之间的分布关系做出明确的判断，这些问题需要结合全面的现场调查来解决。利用高分辨率卫星影像绘制出纳斯卡高原整个区域的地画分布图，再结合现场踏查，基本上可以判断出地画与自然地形的关系及其目前的保存状况。

生活在纳斯卡高原附近的居民将南十字座、斯巴鲁星、银河系等的运行方位，用于预测下一年农作物的丰歉，并将其视为农业活动的重要组成部分。这与纳斯卡台地的纷繁复杂的地画图像和纵横交错的射线或许存在某种联系。通过对上述天体在纳斯卡时期（前100—700）的运行状况的计算和模拟，山形大学团队确认了在若干观测点，天体出现及消失在地平线时与某些地画存在着对应关系。[5]

因年代久远，纳斯卡高原部分区域的地画已不完整，线条也不流畅。自然和人为因素的破坏不可避免，风化、沉积、水流等自然因素，以及车辆碾压造成的损伤最为常见（图3），不合理的土地利用和道路等基建工程也对地画造成损坏。为了了解过去半个世纪地面画的消损过程，研究人员将1947年拍摄的纳斯卡台地的航空照片与2002年拍摄的人造卫星图像进行了比较，结果表明，地画的破坏主要是人为因素造成的，特别是在修筑田地、水道和道路方面，有相当数量的地画消失了。[7]

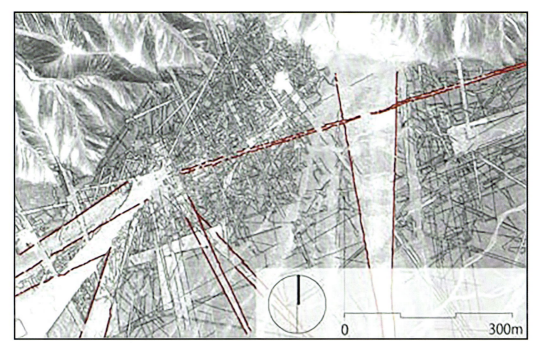

图2 纳斯卡台地东北部新发现的直线和几何图形⑥

二、纳斯卡线条的类型与分布

　　纳斯卡地画形态可大致分为两类，即几何线条与动植物线条。几何线条纵横交错，占据较大面积；动物形线条则点缀其中，两者或互不相干，或有叠压打破。这些线条有直线以及由直线构成的三角形、矩形、菱形（图4）；也有由曲线构成的螺旋形或蜘蛛、老鹰、猴子、蜂鸟、鲸鱼等动物和人形，以及树木、花卉等植物图案。动植物图案中，也有许多是由曲线

图3 汽车碾压对地画造成的破坏

与直线结合形成的（图5）。

　　动植物图案，常见以单线条构成的封闭图形。以蜘蛛图为例，即由一条曲直相序的单线构成，蜘蛛体长达45.7米（图6）；卷尾猴图是一幅长80米的图案，也由一根线条连续绘成（图7）；鸟形图长度在27.4~36.6米之间，在整个纳斯卡高原共发现了18幅，其中的一幅蜂鸟图，翼展约达66米（图8）。这些图案大部分采用连续单线勾勒，形似一笔画成，线条之间不交叉，但也有少量另起笔勾勒、多笔组合的大图，如图4中的树形。

　　目前已发现的地画多达788幅[⑧]，大多沿两侧山脉及两侧山脉中轴线的位置分布，靠近北面山脉有四处螺旋状几何图案，这四处模样近似的漩涡纹样的几何图形，有两处紧挨在一起，一大一小，分别分布在东北部（图9），一处在中部，一处在中部偏西处。在纳斯卡高原的地画分布区，自北向南有人形图案、蜘蛛、秃鹫、蜂鸟、猴子、火烈鸟、猫等动物母题的地画图案。由此可见，几何形态的图案大多分布于北侧山脉附近，中部、南部大多为动植物母题图案。

图4　纳斯卡台地上的几何图形（高义摄于2017年11月）

图 5　纳斯卡线条的蜥蜴、鸟及树木图案（高义摄于 2017 年 11 月）

图 6　蜘蛛形图案

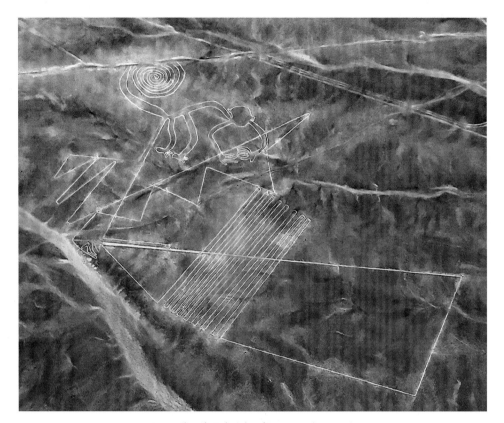

图 7　卷尾猴图案（高义摄于 2017 年 11 月）

三、纳斯卡线条的画法

纳斯卡线条是剥离深褐色砂石地表，露出下层浅色卵石而呈现的。组成大型图案的线条或长距离直线，需要剥离和搬运数以吨计的砂石，除了耗费大量人力、物力和时间，如何在地面控制组成巨型图案的线条，使诸多线条构成规则的图案，是自纳斯卡线条发现以来一直困扰学界的未解之谜。

玛利亚·赖歇认为，古纳斯卡人在制作地画之前，会先设计出边长不小于 0.75 米的小型草图，然后再放大到地面，以某种方式做出几十米甚至上百米的地面标线，最后再用人力揭露地表砂石，从而形成所需图案。但赖歇未能解释古纳斯卡人是如何将图案放样到地面的，只是提到可以用木桩加绳索实现圆规的功能，画出一些图案的圆弧转折。在后来的考古工作中，人们在一些曲线附近发现了木桩或打木桩的痕迹，它们为赖歇的推测提供了证据。[9]

图 8　蜂鸟图案（高义摄于 2017 年 11 月）

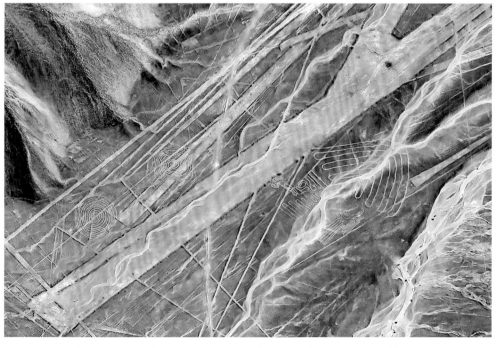

图 9　纳斯卡台地北部东端的螺旋线及其他图案（高义摄于 2017 年 11 月）

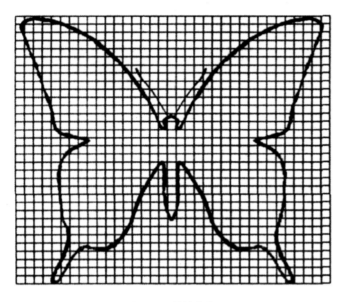

图 10　网格法底稿

中国学者李立则提出了网格法放样，首先设计出带网格的底稿（图 10），然后按一定比例将网格放大到地面，再将草图上的图案线条与网格线的交点，在地面网格上找到相应的位置并做好标记，用绳索连接标记点构成图案以达成放样。[⑩]

另有署名竹子的研究者提出，可用标杆绕绳法放大草图，以长度 45 米的蜘蛛（图 6）为例，需要准备 2 根标杆，一条 70 米长的绳子，一些石块和至少 3 个人。首先在 1.8 米边长的平地上画出草图，在图外放大绘图区域反方向打桩，找出第一根木桩与草图距离的最远点打第二根木桩，用绳子连接两个木桩，数两根木桩缠绕的圈数，确定绕圈（约 27 圈），后面每个节点要绕相同圈数，相当于放大的倍数，之后重复上述动作打第三根木桩，采用"平行于三角形一边的直线与两边的延长线对应线段成比例"的几何定理绘图（图 11）。[⑪]

上述这两种方法或不失为对纳斯卡地画放样的推测和实践，但现场操作时会产生巨大的工作量，且都未有考古学证据可以支撑。笔者认为，可以在方格纸上画出图案小样，在地面上定一个中央基线，按照图案的样式在中央基线上定出关键点，由关键点向两侧拉出计算好长度的垂线（绳子），用木桩或其他方式标记打点，最终将点连成线。不对称图案可以将关键点加密绘制，若要达到更加精确的效果，则依照图纸上的方格按一定比例在中央基线周围打方格，再根据图纸上的图案分块放样。

四、纳斯卡线条的年代与文化内涵

经过多年的考古工作，在纳斯卡地区陆续发现了大量的陶器碎片（图 12）[⑫]，有些陶片上的图案的设计风格与布局与巨画的图案十分近似[⑬]。这些属于纳斯卡文化的

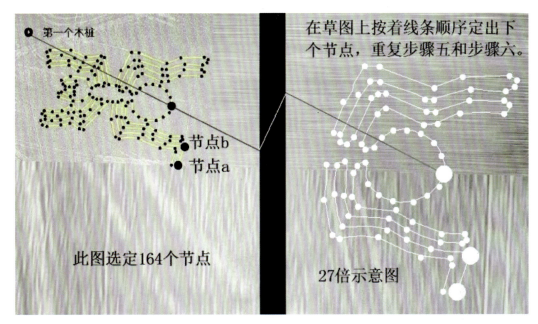

图 11　标杆绕绳法放样示意图

陶片，有许多夹杂在形成地画线条的砂石之间，年代约在公元前 350 年到公元 600 年之间。因此，地画的作者很可能是生活在这一时代的纳斯卡人。[⑭]关于纳斯卡文化的年代，也有公元前 200 年至公元 600 年，及公元前 100 年至公元 700 年之说，但几种年代判断的重叠区间较大，即公元前 100 年至公元 600 年。

　　1977 年，玛丽亚·赖歇出版了《沙漠之谜》，总结了自己对纳斯卡线条的见解。对于地画的文化解读，她提出"地面日历说"，因为发现有些线条指向冬至、夏至等重要节气里日落的方向，所以她认为纳斯卡线条指向的方向是某一时刻恒星的位置。她认为，其中的某些东西，与天空的星座相对应，可以将天空的坐标换成地球的坐标。[⑮]"地面日历说"虽有一定道理，但纳斯卡线条图案分布较多，只是其中的某些图案与天空星座有对应关系，这种对应是巧合还是人为因素，尚需进一步研究。

　　与地面日历说相对，还有天文历说、祭祀之道说（因地上画中动植物的图像多为一笔画）、指地标说、模拟耕地说、指地下水脉与丰收礼仪相关的放射线说等不同观点。较为主流的说法是，人们制作这些地画是为了水资源的合理分配，因为秘鲁南部气候十分干旱，自然条件比较恶劣，水资源也很匮乏，这里的人们可利用的水资源主要来自周围山脉的积雪融水和一年仅有的几次降雨。所以部分学者认为，这些"沟渠"是为了保存、利用水资源和把水长距离地引流到各个部落，而各种图案形状是各个部

图 12　纳斯卡人制作的彩绘陶

落崇拜的图腾，是一种领地的标志。地下水脉说，是指"图形中的几个线条表示地下断层线"的说法，是当地参与地下水调查的地质调查专家指出的，他们认为如果台地上的河流通道方向有斜交的断层线，在断层破碎带的地方水就可以渗入地下，沿着断层线涌出。⑯日本学者阿子岛功否认了这一假说，因为从洪泛区的灌木分布中就可以充分了解地下水脉的征象，用地画图显示地下水脉没有意义。⑰

　　纳斯卡线条及其所代表的文化，应与宗教和神祇崇拜有一定关系。有学者提出：古纳斯卡人崇拜山脉和水源，这些地画涉及崇拜与水的供应有关的神灵。在古纳斯卡人看来，这些画是献给众神的，线条代表了神圣的通道，它通向可供奉众神的地方，动物和物体的符号旨在援助神灵供水。巨画中，动物图案是纳斯卡人各部落的图腾，图案线条是祭祀时人们站位的标记，举行祭祀活动时，由人排列组合构成本部族的图腾，天神在天上便能看到族人的虔诚，从而形成一种"望空祭祀"的仪式。⑱20 世纪 90 年代，德国考古学家马库斯·瑞因德尔（Marku Reindl）和秘鲁考古学家约翰尼·伊斯拉（Johnny Isla）对纳斯卡线条进行了调查，在纳斯卡地区多个古城镇中都未发现庙宇和大型广场，二人拍摄了巨画和周围地区的高分辨率数字图像，制作了地形地貌图，发现人们在线条周围举行仪式，站在高处的人们便能看见，据此推测纳斯卡线条建造的目的是为表达宗教信仰，这些线条代替了庙宇和大型广场。[19]综合考虑饮水和地势条件，沿高山流下的河流两岸附近是人类居住的首选地，但纳斯卡高原中部分布的动物母题图案并不符合就近原则，应是按照某种特定礼仪制度专门制作的。那么，是什么力量能驱使人们在远离住地的荒原勾画这些图案呢？结合图案的特征与古纳斯卡人的对神祇的崇拜，笔者认为"望空祭祀"的假说较为合理，因为这些图案不仅代表了部落的图腾，也为了在祭祀时向"天上的人"展示族人的虔诚而专门制作的。

关于纳斯卡线条的文化意义，笔者认为应从多方面综合考虑。纳斯卡线条的制作目的及用途，除了水资源的分配，对宗教与神的崇拜也体现在其中。纳斯卡线条覆盖范围较广，又有许多特殊图样，"望空祭祀"的说法应不是毫无根据，紧邻北部山脉的四处漩涡纹样的几何图形也应有规律可循。纳斯卡地区缺少庙宇和大型广场，古代用于祭祀的场所大多为圆形，笔者推测紧临北部山脉的四处漩涡纹样图案所在之处可能便是代替庙宇和大型广场的地方。除此以外，多种类型的纳斯卡图案也是秘鲁"区域发展时期"文化的一种表现形式。这些线条不仅与纳斯卡文化有关，也显示出当时各区域间可能存在密切的文化交流。

五、结语

英国考古学家克劳福特（O.G.S.Crawford）曾总结了航空摄影在考古学研究中的基础理论和方法，他用人与猫站在地毯上的感受打了个比方：猫站在地毯上，眼睛离地毯很近，观察视角非常小，只能看到地毯上面一些不可思议的线条；人站在地毯上，眼睛位置高、视角大，就能看到那些线条所组成的花纹。[20]这一比方应用在"纳斯卡线条"的发现上十分契合。在纳斯卡荒原的地面上，人就像"站在地毯上的猫"，只能看到或直或曲的沟槽，却无法感知巨型图画的样貌，那么能欣赏纳斯卡地画的人是谁呢？难道纳斯卡人能飞上高空欣赏自己的作品吗？若非如此，他们的创作又是展示给谁的呢？这些仍是历史留给我们的悬念！

关于纳斯卡地画，其新图案新线条的发现至今仍未停止。2014年8月，纳斯卡研究专家爱德华多·艾兰·戈麦斯（Eduardo Irland Gómez）又新发现了描绘鸟、骆驼和蛇的地画。其中，一幅蛇的图案长达60米，他认为这些图案过去一直被砂土所覆盖，如今受强风席卷才得以重见天日。除此以外，可能还有其他地画被掩埋在砂土之下。2016—2018 年，日本山形大学纳斯卡研究所的研究人员又在有关地域发现了 90 多幅动物象形图案。人们对纳斯卡线条的探索仍在继续，而航空考古技术也被不断地应用于这项研究之中。航空考古技术除了对新地画的发现有益，对旧地画的保护监测也起到了不可替代的作用。

航空、航天技术的进步，以及高分辨率卫星影像的应用，推动了纳斯卡线条的研究。杨林先生曾指出："遥感与航空摄影考古有两个基本目的，首先是对遗址的发现和识别；其次是发现后的拍摄、解析和研究。"[21] 而目前国内的现状是把重心放在了对已知遗址的发掘，而忽视了航空航天技术在探索未知遗址和遗址保护监测上的作用和意义。我国的大型遗址数不胜数，发展航空航天考古能从高空视角破译遗址信息，对提高考古调查的科学性和工作效率大有好处。笔者相信，在党中央高度重视考古工作和越来越多考古工作者的积极探索下，我国遥感考古事业也会打开新的局面。

附记：感谢高义先生为本研究提供了纳斯卡现场的低空航摄影像。

注释：

① 田卓妍：《纳斯卡线条的起源揭秘》，《才智》2013 年第 28 期。

② 李颖息：《秘鲁纳斯卡线条图奇观》，《四川统一战线》2002 年第 7 期。

③ 唐芳：《纳斯卡线条：以神之笔，涂鸦荒原》，《科技日报》2018 年 5 月 4 日。

④ 〔日〕坂井正人、門間政亮：《高精度人工衛星画像にもとづく地上絵研究》，日本山形大学大学院社会文化システム研究科紀要，2007 年。

⑤ 〔日〕阿子島功：《秘鲁纳斯卡地面画的跨学科研究》课题成果报告书，日本山形大学，2021 年。

⑥ 图 1、图 2 引自《秘鲁纳斯卡地面画的跨学科研究》课题成果报告书。

⑦ 〔日〕坂井正人、門間政亮：《高精度人工衛星画像にもとづく地上絵研究》，日本山形大学大学院社会文化システム研究科紀要，2007 年。

⑧ 科海：《让人费解的秘鲁纳斯卡画》，《科学与文化》1995 年第 1 期。

⑨ 林琳：《纳斯卡荒原的神秘图案》，《文史杂谈》1986 年第 2 期。

⑩ 李立：《在地面上绘制纳斯卡巨画的实验》，《大连轻工业学院学报》2006 年第 1 期。

⑪ https://zhuanlan.zhihu.com/p/506960192.

⑫ https://www.163.com/dy/article/GM41SKDH0552JVR7.html?f=post2020_dy_recommends.

⑬ 林琳：《纳斯卡荒原的神秘图案》，《文史杂谈》1986 年第 2 期。

⑭ 崔月婷：《秘鲁纳斯卡线条：世界上最大"涂鸦"的未解之谜》，《国家人文地理》2009 年第 8 期。

⑮ 〔日〕楠田枝理子、ナスカ：《砂漠の王国—地上絵の謎を迫ったマリア・ライヒェの生涯—》，日本文春文庫，1993 年。

⑯ Johnson，D.W.，Proulx，D.A. and Mabee，S.T.（2002）.The Correlation Between Geoglyphs and Subterranean Water Resources in the Rio Grande de Nazca Drainage. Silverman，I.W.H. ed.: *Andean Archeology II*. Academic Publishers，307–332.

⑰ 〔日〕阿子岛功：《ナスカ地上絵は地下水脈に関わる断層線を指示していない》，《季刊地理学》，2010 年第 62 卷 4 号。

⑱ 李立、杜立君：《纳斯卡史前巨画探析》，《装饰》2005 年第 12 期。

⑲ 刘声远：《纳斯卡巨画新探》，《大自然探索》2010 年第 1 期。

⑳ 张伟：《俯视大地——中国航空遥感考古备忘录》，《天地文物》2002 年第 1 期。

㉑ 杨林：《遥感与航空摄影考古在中国的首次尝试——河南洛阳地区航空摄影考古勘察工作追记》，《中国历史文物》2002 年第 3 期。

激光雷达应用对了解吴哥城市形态
及历史的重要性

The Significance of Lidar for Understanding the History of Angkor

罗兰德·弗莱彻（Roland Fletcher）

悉尼大学考古学系（Department of Archaeology, University of Sydney）

徐英浩　编译

东南大学建筑学院，南京，210018

吴哥王朝因建都吴哥而得名，其前承真腊、后启金边，是柬埔寨历史上最辉煌的时期。在吴哥作为国都的数百年间，高棉人民构筑城市、建造庙宇、兴修水利、发展农业，使高棉帝国成为中南半岛上最为强盛的国家。在这个最兴盛的时代里，高棉人民也创造了高度发达的物质文明和灿烂的历史文化，以吴哥窟为代表的建筑和雕刻等艺术，完全可以媲美当时世界上最先进文化的技术。[①]吴哥的辉煌持续至 15 世纪中叶，高棉人放弃吴哥后迁都金边后，一度繁荣强盛的吴哥王朝覆灭，其中南半岛强国的地位也宣告结束。与此同时，辉煌的吴哥城也逐渐被茂密的丛林覆盖，消失在人们的视野中。

一、大吴哥地区——巨型低密度城市化进程

1. 大吴哥项目

中国国内学者将吴哥古迹考古与文物保护的整体发展历程，大致分为萌芽期、发展期、持续发展期、停滞恢复期和繁荣期五个时期。[②]1850 年以来，从最初以单纯的寻宝为目的到建立学术机构，再到当今遥感等新技术在考古与遗产保护中的应用，

均对吴哥古迹的保护起到了一定的积极作用。其中，大吴哥项目（The Greater Angkor Project）是由澳大利亚悉尼大学、柬埔寨吴哥古迹保护与发展管理局和法国远东学院共同开展的国际合作项目。项目中运用了机载合成孔径雷达和激光雷达等高空遥感技术，结合地面调查、考古发掘、树轮年代学、孢粉学和沉积学等多种方法，研究了吴哥城在自身生态语境下的范围、空间组织、经济运行、发展和消亡。[③]这一项目也被美洲考古学会（AIA）评选为近十年（2011—2020）"世界十大考古发现"之一。

2. 大吴哥地区的概念

吴哥地处中南半岛国家柬埔寨的中心位置，位于洞里萨湖（也称"大湖""金边湖"）的北岸。旱季时洞里萨湖水面面积 3000 平方千米，雨季则增长到 10000 平方千米，创造出数千平方千米可耕种的冲积平原，这也是高棉人赖以生存的重要自然环境本底（图1）。

大吴哥是指面积大约在 1000 平方千米的低密度城市集群的概念。这一集群中有数千个住宅和池塘，数百座神庙以及数千米长的路堤和运河。大吴哥的城市景观也是由围绕神庙、水池的住房集群，延水渠和沿路堤分布的房屋和院落住宅构成。从 9 世纪晚期始建一直到 12 世纪晚期的 300 年间，吴哥的中心区域始终没有围墙，而吴哥城（中

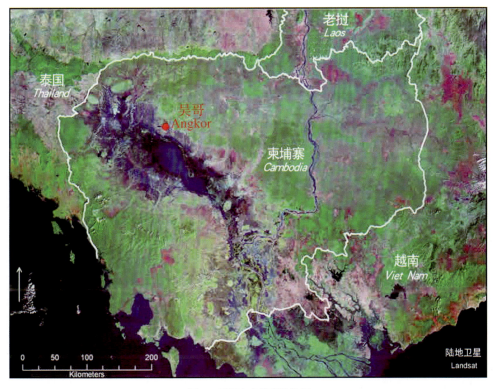

图 1　吴哥在柬埔寨的位置

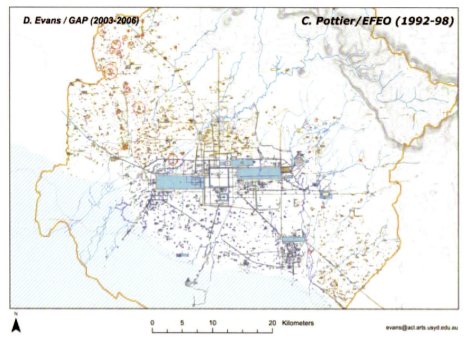

图2　大吴哥整体区域（图中蓝色为水系、黄色为建成区）

央蓝色方形围合）并非吴哥原本的核心城区，它是一座新建于12世纪晚期的建筑。被大量水渠、道路网络所维系的郊区和两个蓄水池之间的中心区域构成的吴哥城市综合体，与工业化时代有着卫星城和城乡混合地带的大都市类似，是一种巨型低密度的城市形态。其特征是有一个高密度的核心，周边则是由星罗棋布的小型住宅群围绕的广大郊区（图2）。

　　大吴哥地区还拥有一个十分庞大且复杂的水利网络。其中包括中心两个巨大的蓄水池以及众多堤坝与引水渠。深蓝色的线条是通向蓄水池的引水渠。棕色的东西向堤坝负责将水西引，以防止洪涝。浅蓝色的水渠则分为两类：一类是直接通进湖里的排水渠，它们将多余的水排出；另一类是由西北指向东南的沿缓坡而下的引水渠，其用途是将水导向堤坝以南（图3）。

二、激光雷达技术带来的新认识

1. 对于吴哥窟的新认识

吴哥窟于12世纪早期由高棉人在城市中心区域建造，它被用来连接城市综合体的

图 3　大吴哥的水利网络

东西两区。由于其周围被大量树木遮蔽，仅通过普通的航空遥感摄影，很难看出其中细节；而激光雷达用光子束扫过地面，然后收集被反射回的光子，能形成包括树木及下方地面的 3D 图像，可以有效地规避树木所带来的阻碍（图 4）。吴哥窟的激光雷达成像，显示出吴哥窟居住区的道路、水池、住房，以及南方一块大范围异常区。这块异常区直到 2012 年这次激光扫描才为人所知（图 5），但目前它的作用尚不清楚。这些土堆和泰国以及中美洲一些田地结构有些类似，但后者规模要比它们大得多。

2. 对吴哥城的新认识

12 世纪晚期，吴哥的中心区增建了有围墙环绕的吴哥城，其面积约有 9 平方千米。吴哥城不是一座城市，而是包含宫殿、神庙，外加人员住宅的堡垒。同样的，现在的吴哥城也被茂盛的丛林所遮蔽，从卫星图上难以辨别其细节特征（图 6）。激光雷达成像则将吴哥城的地形、路网和城内外的住宅、水体、城防体系、水渠及堤坝分布，都清晰地展现出来（图 7）。不仅如此，通过更细致的图像分析，人们还可以判断不同设施的建设时序，如从吴哥城北墙、与之相接的东西向堤坝西端和城壕的成像细节中，可以观察到城墙与堤坝覆盖了城壕（图 8）。据此，可以推测城墙及堤坝的建设应是晚

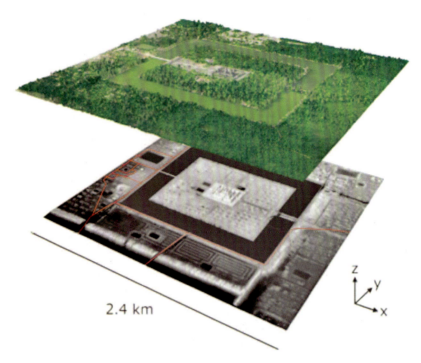

图 4　普通航空摄影（上）与激光雷达成像（下）

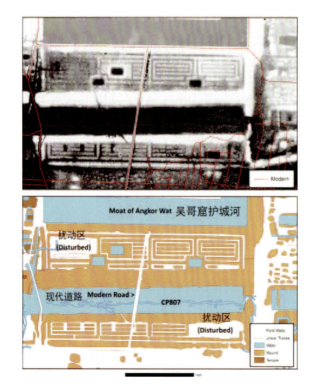

图 5　吴哥窟南部异常区成像

图6　吴哥城及吴哥窟卫星影像

于城壕的。

3. 对吴哥消亡原因的新认识

历史上吴哥的消亡，一直被认为与中南半岛13世纪兴起的泰族有着密不可分的关系。吴哥王朝后期曾多次与泰族人发生战争，并于15世纪中叶被其攻入都城而被迫迁都。而大吴哥项目运用激光雷达成像发现的证据显示，气候的变化是吴哥城消亡的重要原因之一。

吴哥王朝在9世纪早期崛起，并在13—16世纪因进入小冰期导致的气温变化而衰落，其中14—16世纪该区域的气温有着大幅的变化。从1350—1500年，该地互相穿插着发生了特大暴雨和严重干旱，暴雨达到1490年以后再未在东南亚出现过的程度（图9）。连续的极端气候，对吴哥的水利设施造成的极大的破坏——暹粒河沿线的水利设施有严重的洪涝和暴雨侵蚀痕迹。河边班边村（Bam Penh Reach）的沙坝被摧毁，水道侵蚀到吴哥地面以下5~8米的深度；阇耶塔塔卡（Jayatataka）水池东面的桥和南面的

图 7　吴哥城及吴哥窟激光雷达成像
（颜色代表高程，暖色区高程低，冷色区高程高）

水坝也被冲破；东居住区有严重的侵蚀痕迹；石桥（Spean Thma）的东端被冲毁；南部堤岸和吴哥窟东部的大堤被切断；南部水渠则被粗砂废弃物填满。

通过激光雷达扫描成像，我们可以更清晰地看到堤岸的侵蚀损坏。从阇耶塔塔卡（Jayatataka）水池和东蓄水池之间望向西方的 3D 影像中（远处为吴哥城）可以看到，本应完整的堤坝西侧、北墙及堤岸（白色凸起）被低洼水道所侵蚀损坏（图 10）。从平面影像中，也可以明显看到堤坝被侵蚀而出现的缺口（图 11）。其南侧的水渠也遭到暴雨的侵蚀损伤，从暹粒水渠东侧侵蚀水道的发掘现场细部可以看到粗砂向西滑

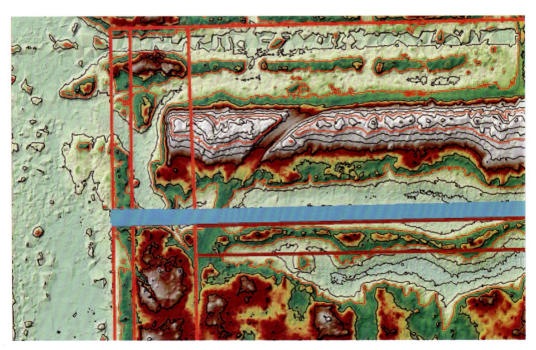

图 8　吴哥城北墙、东西向堤坝（红线）和城壕（蓝线）的成像细节

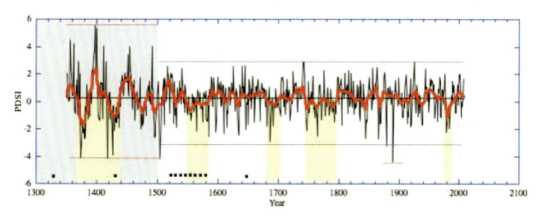

图 9　14—16 世纪的大幅气温变化

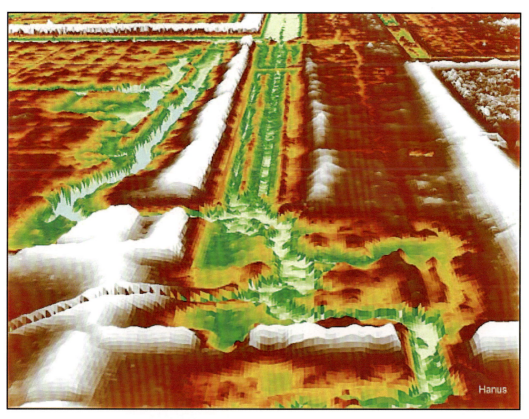

图 10　从阇耶塔塔卡（Jayatataka）水池和东蓄水池之间望向西方的 3D 影像

坡（图 12），其沙土堆积属于南部水渠 14 世纪中期的地层。这与特大暴雨发生的情况相吻合。雷达扫描显示了现代（蓝线）和过去（红线）暹粒水渠的高差。迄今为止，暹粒水渠已侵蚀进入吴哥时期的地表之下 5~8 米（图 13）。

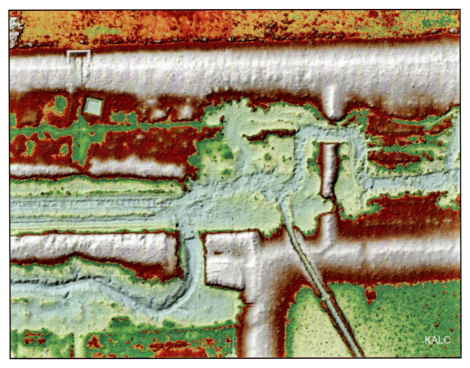

图 11　堤坝西侧侵蚀破口的激光雷达扫描影像

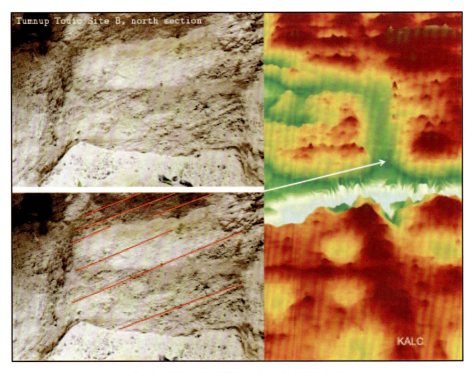

图 12　暹粒水渠东侧侵蚀水道的发掘现场细部

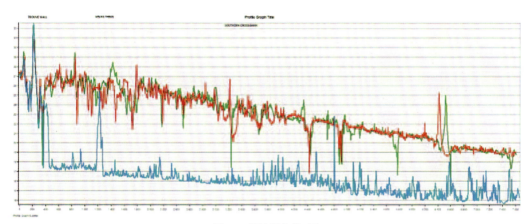

图 13　暹粒渠高差对比

图 14 暴雨侵蚀对吴哥水利系统的影响

　　极端气候造成了吴哥水利系统的崩溃，红线标示了主排水道决堤流向湖泊对水利系统造成的影响，黄线表示了堆积在南部水渠中的沙土（图 14）。这些损伤切断了系统中东西部分的连接，使通向东南的分水渠也受到影响，水道系统因此而无法继续作

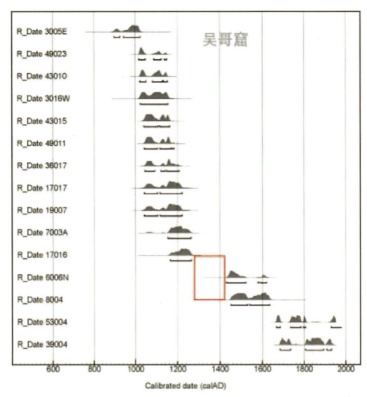

图 15　吴哥窟 C14 居住数据序列

为防洪设施，也无法保护居民赖以生存的水稻农业。根据吴哥窟的 C14 居住数据序列，红框内数据为空则显示这一地区在 14 世纪被放弃（图 15）。上述一系列的证据显示，气候的变化应是吴哥城消亡的重要原因之一。

三、总结与展望

通过上述例证可以看出，激光雷达技术的引入对大吴哥地区的考古工作推进起到关键的作用。它不仅规避了复杂的地表覆盖给考古工作带来的负面影响，还通过高精度的成像效果，向我们展示了大吴哥地区的兴起与衰落过程——巨型低密度城市形态与大型基础设施（水利系统）的互动共生关系。这一重要的发现，势必会影响世界对于大型低密度城市的认识，有重要的当代意义。受极端天气与剧烈气候变化影响而导致居民弃城而走，甚至导致强盛王朝的没落的历史现象，也给我们现代社会敲响了警钟。

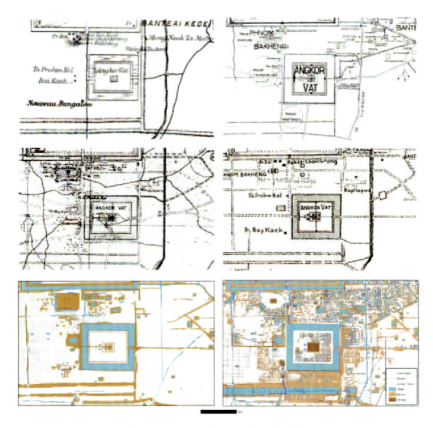

图 16　过去 150 年来吴哥窟的地图变迁

一百余年来，随着考古工作的深入、技术的不断革新，人们对大吴哥地区的认识也在不断刷新（图 16）和提高，相信在多方的合作与努力下，未来的大吴哥地区的古迹考古与遗产保护工作可以再次带来激动人心的新发现。

注释：

① 陈显泗：《柬埔寨两千年史》，中州古籍出版社 1990 年版，第 416~424 页。

② 刘汉兴：《吴哥古迹考古与文物保护史概述》，《中国文化遗产》2020 年第 5 期。

③ 中国社会科学院考古研究所、上海市文物局编著：《首届世界考古论坛会志》，科学出版社 2015 年版，第 132 页。

波利尼西亚崖葬与雨林遗址超低空
摄影考古调查

The Application of Ultra-low Altitude Photographic Archaeological Investigation
to Polynesian Cliff Burial and Rainforest Sites

李哲[1]、郭韬[2]、李严[1]★、黄斯[1]、涂婧雅[1]

1 天津大学建筑学院"建筑文化遗产传承信息技术"文化和旅游部重点实验室，天津，300072
2 北京航天宏图信息技术股份有限公司，北京，100000

崖葬是露天葬的一种，曾盛行于中华文化圈长江以南包括台湾、云南等地区，已有几千年的历史，并在亚洲大陆人口向东南亚、南太平洋岛屿的蛙跳式迁移及文化传承与基因融合过程中被保存下来。即便位于太平洋东南最远点的波利尼西亚人也有崖葬的风俗，它是世界范围内崖葬最外缘的遗存。笔者本想当初在广西左江拍摄岩画的同时，尝试在崖壁数百个洞穴中发现崖葬的遗存，然而即便在崖洞的洞口、侧壁、洞顶都有绘画发现，却没有看到任何明确的崖葬遗迹。那次的崖葬调查，只得悻悻地铩羽而归。令人欣喜的是，三年之后在波利尼西亚的莫雷阿岛（Moorea）这个崖葬可能存在的最远点，笔者看到了真正的崖葬遗迹。

除了崖葬，莫雷阿岛雨林中的神庙遗址、海边的墓穴、传统风貌的村落、泻湖中的珊瑚和海洋动物，都给这次考古调查之旅添加了神秘的色彩和不可抗拒的吸引力。虽然受到航空运输条件限制，这次考古调查只使用了微型多旋翼机，但我们发扬了设备小巧灵活的优势，首次尝试了在雨林树冠层下的飞行与遗址的精细测绘，微型的多旋翼机贴着海面飞行拍摄了珊瑚，跟踪了泻湖中的海洋生物。

一、莫雷阿岛及工作背景介绍

莫雷阿岛又称莫利亚岛，位于波利尼西亚群岛的核心区，是大溪地（也称作"塔希提岛"，是法属波利尼西亚群岛中的最大岛屿）的姐妹岛，两者仅有半小时船程。莫雷阿岛屿虽然不大（面积为 132 平方千米、周长约为 60 千米），但岛内高山耸立、雨林茂盛，最高峰海拔为 1207 米，成为蕴藏古波利尼西亚人生活遗迹的重要岛屿（图 1）。这里不仅有已知的大量房屋、神庙、墓穴遗址，而且据说还有崖葬遗存，是世界著名的自然与人文遗产地。

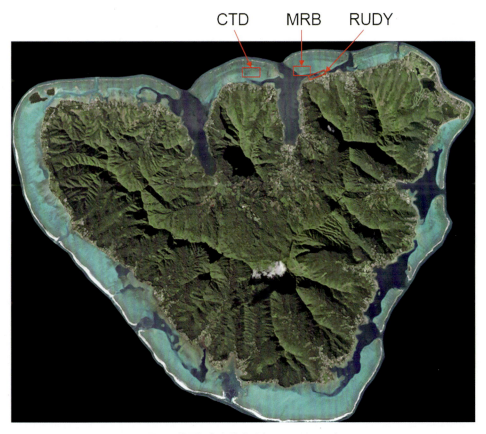

图 1 莫雷阿岛全貌（引自 Google Earth）

由美国加州大学、英国牛津大学、瑞士苏黎世联邦理工学院（ETH Zurich）等共同发起，并由 20 个以上世界知名大学合作、参与的莫雷阿 – 阿凡达（Moorea Avatar）项目（"阿凡达"即化身、幻象的意思），旨在对该岛及其周边岛屿的人文遗迹、生态资源进行调查与保护,用岛屿物理和生态环境量化建模的方式,去模拟和预测其演化趋势。笔者因有多年的遗产地低空信息采集研究经验,被吸收参与了莫雷阿—阿凡达项目,于2016年1月上岛并进入加州大学设在岛上的甘普(Gump)工作站开展短期调查。

二、使用的设备及考古领域工作内容

本次使用微型无人机在莫雷阿岛的超低空抵近作业,其目的和内容包括:

1. 寻找崖葬遗迹,记录遗物存在洞穴的准确位置并拍摄照片存档。

2. 测绘雨林树冠层遮蔽下的多个建筑遗址,获得彩色三维数据。

3. 在前两项工作完成之余,测绘莫雷阿岛的山体、海岸带,拍摄珊瑚等海洋生物,以现场获取的资料支持其他专业科学家的后续研究工作。

在硬件设备方面,受到运输条件的限制,而且是第一次在岛上开展无人机航拍测试,为了给后续工作积累经验,项目组只携带了一架幻影3(Phantom3)和一架大疆悟1(Inspire1)微型电动多旋翼机。飞行器小巧灵活,但与机载摄像头的成像质量和专业机型相比就逊色了一些。这些优缺点,均在其后的调查工作中显现出来。

当前人类学普遍认为,波利尼西亚人的祖先约在2500年前从台湾经东南亚迁徙而来,虽然不断与其他族群如南方白种人混血并分化为毛利人、萨摩亚人等分支,但一直保留有崖葬的习俗。莫雷阿岛的陡峻山体及浅洞穴发育较好,为当地居民实行崖葬提供了客观条件。据研究祖先文化的学者希娜诺(Hinano)女士介绍,传说当地人一直在岛北侧的普西诺(Puhino)山崖(图2)上就有崖葬,但并不确定其具体的位置,也未曾被拍摄记录下来。因此上岛之初即2016年1月28日大疆悟1(Inspire1)无人机"地毯式"探查了多层次的、总计30万平方米的普西诺山崖,尤其从俯、仰多角度对每一个洞穴抵近观察拍摄。探查过程中,我们不放过任何一点疑似迹象,终于在拍摄最后一个浅洞穴的时候(图3),从监视屏上看到一些疑似木制简状物(图4)。在拍摄完成后,我们将下载的照片请希娜诺(Hinano)女士作出甄别,最终确认了它们是使用原木简单切削而成的双层骨殖盒。只有部落首领拥有这样的待遇。在首领死后,他的骨殖被盛殓在这样的木盒中,由善于攀爬的部落成员将其放置于山崖洞穴中。

广西左江两岸山崖极为兀立高耸,而且上游部分因江段山体双侧夹持完全屏蔽了GPS信号。与之相比,普西诺山崖单独矗立且面朝大海,只要不是非常靠近崖体就不

图 2　航测获得的普西诺（Puhino）山崖三维点云模型

图 3　崖葬所在普西诺（Puhinu）山崖洞穴

会遇到非常严重的信号干扰问题，飞行操纵过程中主观感觉难度并没有国内高。国内险峻地形实践的丰富经验，有力保证了此次海外作业的顺利实施。

　　同样为了保证安全，无人机不能过于接近洞穴。微型无人机内置摄像头的图像分辨率有限、镜头焦距不可更换，所以获得的骨殖盒图像不是非常清晰，这是比较遗憾的，

图 4　双层原木切削骨殖盒（图像局部放大）

期待以后能有机会用更大的机型重新进行拍摄。

　　虽然山崖拍摄难度较广西左江有所降低但雨林遗址测绘成为新的难题。岛中央雨林之中有多个神庙、民居建筑、射箭场等石砌建筑基础遗址，如果用传统的低空拍摄方式，所有的遗址因被茂盛的雨林遮蔽而无法测绘。机载激光扫描仪（LiDAR）有一定的树冠层穿透能力，但移动平台用的激光扫描仪重达几公斤，微型无人机承载力不够，又受到当时各种条件的限制，难以将国内的涡轮动力无人直升机或者大型电动多旋翼机、大容量动力锂电池快速运输到现场。

　　虽然雨林遗址测绘希望渺茫，但其他学者还是建议我们同往雨林游览一番。果然到了莫雷阿岛仅停留在海岸带是不够的，只有进入它的雨林，才能真正理解为什么学者们要给这个跨国科研项目起个"莫雷阿－阿凡达"的名字，这是因为雨林中的参天巨树、藤萝苔藓、斑驳光影、地形风貌都让人仿若身处《阿凡达》电影中的场景，而且也有电影中提到的新奇的植物如姜花等。因拍摄到崖葬遗物，希娜诺女士非常感激我们并热情地介绍了这里的一种"姜花"，其花朵饱满、内藏完全清澈透明、汁液黏度类似护发素，当地人就是长期用这种天然护发液涂抹头发。听到这里，我们不论是头发多的年轻人还是"谢顶"的老专家，每人全都挤了一点往头上抹，并且人人赞叹，感觉真的很棒！

西方人将波利尼西亚称作"距离天堂最近的地方"。天堂没有忧愁，当然也必然能找到测绘的办法。雨林现场调研的好处不仅是抹到天然护发素，更重要的在于项目组发现这里的植被特点是树冠层浓密但地面灌木较少，尤其是树干之间能够找到一些空间供微型无人机穿梭飞行（图5）。于是我们摒弃了传统的无人机自动驾驶、规则航线测绘方式，采用人工遥控绕树机动飞行的办法对第一个神庙遗址进行现场测试，也

图 5　雨林神庙遗址与树干间的有限空隙及无人机穿梭其中

图 6　树冠层下摄影测量试验获得的遗址三维点云（部分区域测试）

能够得到基本合格的立体影像并处理成比较细腻的遗址三维点云数据（图6）。

这种手工作业方式对操纵技术要求较高，且外业效率无法和直线飞行相比。但在这样的现实条件下，不失为非常实用的而且充分发扬微型机优势的策略。继第一处神庙遗址之后，它成功地获取了射箭场等遗址的三维数据（图7、图8）。目前，常见的无人机内置自动避障功能，都会保持无人机与障碍物之间的距离大于1~1.5米。然而，在雨林树冠层下此类避障功能是不能打开的，因为飞机旋翼与树枝之间的距离时常只有几厘米，如果打开避障功能，无人机会因周边障碍物太多、太近而锁止不动。因此，飞行路线只能依靠人员目视判断。这种极限条件下的飞行，给无人机的避障系统设计提出了更高的要求。

图7　射箭训练场遗迹

树冠层下飞行的行业需求并不鲜见。古代建筑遗迹被林木覆盖是很常见的现象。从法规和成本两方面考虑，通常的考古清理和维护只能清除地表杂物和灌木而不能砍伐乔木，因此在常绿植被地区难以利用无人机摄影测量技术在树冠层之上对地面遗址进行快速测绘。地面激光扫描则受到多个乔木的遮挡，不得不比通常作业设立更多的扫描站位，否则会出现数据盲区，效率会比较低；机载激光扫描可以快速测绘大面积林区，但是精度最高只能到分米级，其精细度不能满足单体建筑遗址测绘的要求。树冠层下微型无人机摄影测量的数据密度，以1200万像素为例，一般认为在5米高度拍

图 8　射箭场使用想象图（本图为当地学者提供）

摄时地面分辨率为 4pix/cm，显著优于机载激光扫描仪。这对我国南方以及其他热带地区遗址的摄影测量，非常具有借鉴意义。

三、低空遥感成果在其他领域的应用

考古只是莫雷阿－阿凡达项目的工作领域之一，无人机也是其他专业研究人员共享的设备。因此，无人机也被用来对岛屿北侧海岸带全线进行航测。通过对拍摄的数百张照片进行摄影测量的处理，可以得到海岸人口稠密区的地形与建筑三维数据，以及泻湖浅海中的珊瑚礁正射影像，用途非常广泛。例如，利用有尺度、可度量、没有透视误差的近岸泻湖区域的连续正射影像，可以获得珊瑚分布的全貌图（图 9 中）。若不同年份重复这一拍摄，可以前后比较、发现珊瑚的变化并推测其未来演化趋势。

除了用无人机在百米空中对海岸带整体拍摄，项目组也尝试了在几米高度进行掠海飞行，努力拍摄珊瑚细节或者跟踪鲨鱼、魔鬼鱼的巡游（图 9 上）。此种低空飞行的难度并不高，最主要的障碍是海水表面波纹造成的光影变幻，因为它会严重干扰监

图 9　莫雷阿岛北侧海岸带航测区域、局部重点区域的详细测绘与局部放大示意，
拍到的鲨鱼、海龟、魔鬼鱼等海洋动物

视画面中对某一特定目标的凝视效果。因此，在对珊瑚的微观调查层面，主要还是使用水下摄影测量手段，在海中建立"航线"，通过多相机组合拍摄获得更为完整、细腻的珊瑚模型（图 10）。

图 10　水下摄影测量得到的珊瑚三维模型（无材质素模）

四、结语

通过在莫雷阿和塔希提岛的短暂停留，笔者深切感受到波利尼西亚的确是游客心目中"距离天堂最近的地方"，也是科研人员的"天堂"。这里丰富的、较少被外界干扰破坏的人文与自然遗产，不仅是画家高更名画的来源地或者电影拍摄的素材，更应该被全世界深入研究、重点保护。我国地大物博，国内科研工作的对象或范围大多扎堆国内。美国富豪甘普先生捐献出海外岛屿宝贵的土地、建筑供加利福尼亚大学建立科研工作站使用（图 11），世界多所著名大学能够充分利用这样的条件开展跨学科、跨学校、跨国家的联合研究、保护珍贵遗产的做法，以及其公众素养、国际视野、运作模式等，都值得我们学习和借鉴。

图 11　水下调查从甘普工作站（Gump Station）的码头开始和结束

广西左江岩画拍摄、莫雷阿岛调查这两个国内外实际应用案例，将垂直起降无人机的机动灵活特性充分展现出来。此类遥感平台的出现，将超低空飞行作业的成本、风险、难度及被摄对象受干扰程度降到了最低，非常适合考古工作者在复杂地形环境下开展野外精细调查工作。预计在不久的将来，微型无人机不仅可以在超低空开放空域自如飞行，还可以具有更佳的自动避障、智能寻路和多机配合中继通信功能，完全代替考古人员深入悬崖洞穴等有限空间探查，进一步拓展超低空飞行的含义。这些新功能也是当前微型无人机平台研发的热点，且部分功能已经在实验室条件下研发测试成功，其在考古领域的实战应用指日可待。

无人机超低空拍摄，除了在飞行器自动控制领域的进化，任务荷载（即多种成像设备）的改进亦非常重要。前述两个案例的局限性在于，它们都没有针对多光谱、高光谱成像或者空气采样等用途进行实验。期待随着专业成像器材等荷载设备重量体积的进一步缩减，今后能够改进无人机的有关功能，完善有关探查工作。

附记：此项工作受到国家社会科学基金重点项目"长城国家文化公园价值研究与数字再现"的资助（项目批准号：21AZD055）。感谢北京大学考古文博学院孙华教授等师生在广西左江岩画无人机拍摄、测绘实验中给予的指导和帮助，感谢瑞士苏黎世联邦高等工业大学（ETH Zurich）阿明·格伦（Armin Gruen）教授在莫雷阿－阿凡达项目中所给予的指导和帮助。

*通讯作者：李严，天津大学建筑学院副教授，研究方向为遗产空间分析，E-mail：liyan1@yeah.net

古罗马时期突尼斯南部边墙防御系统空间考古新发现

Ancient Roman Limes Defense System Discovered in Southern Tunisia Using Space Archaeology

王心源[1]、骆磊[1]、刘传胜[1]、Nabil Bachagha[2]

1 中国科学院空天信息创新研究院、联合国教科文组织国自然与文化遗产空间技术中心，
北京，100094
2 中南大学地球科学与信息物理学院，长沙，410000

修建于公元 2 世纪初的古罗马边墙防御系统，是古罗马帝国用以抵御外族入侵的边墙（Limes）。它根据帝国边境自然地势，因地制宜、时断时续地分布在从英国、德国至黑海、红海，经北非至大西洋的广阔地区。[①]古罗马边墙防御系统长达数千千米，其中位于现在德国和英国境内的长城最为有名，并被列为世界文化遗产。但是，在北非段的罗马边墙，由于处在沙漠边缘，自然环境条件比较恶劣，社会经济条件比较落后，研究与保护相对不足，并遭受风化、自然灾害与人类活动的影响，亟须人们对其开展主动性发现、研究与保护。

一、北非突尼斯南部边墙防御系统空间考古研究的起因

在古罗马北非边境边墙防御系统中，突尼斯境内的一段是十分重要的组成部分。突尼斯（Tunisia）全称突尼斯共和国（The Republic of Tunisia），位于非洲大陆最北端，北部和东部面临地中海，隔突尼斯海峡与意大利的西西里岛相望，扼地中海东西航运的要冲。突尼斯是世界上少数几个集中了海滩、沙漠、山林和古文明的国家之一，是

悠久文明和多元文化的融合之地。公元前 9 世纪初，腓尼基人在今突尼斯湾沿岸地区建立的迦太基城，后发展为奴隶制强国。迦太基从建立到灭亡，历经 600 多年。其间，迦太基人曾与希腊争夺地中海霸权，又与罗马打了三次布匿战争，并于公元前 146 年灭亡。罗马在迦太基故地（今突尼斯）建立了它在非洲的第一个行省，称"阿非利加（Africa）省"。突尼斯在罗马帝国时期的繁荣，归功于各种各样的军事防御和农业设施。不幸的是，其大量遗存现已经消失，而且许多还没有明确的记载与界定。②

进一步弄清该段边境防御系统（城墙、城堡、绿洲、道路、城镇等），开展中突合作研究具有重要意义。该合作研究是中国科学家提出"数字丝路"国际科学计划（DBAR）中数字遗产（Digital Heritage）研究工作的一部分。2017 年 3 月，突尼斯驻华大使迪亚·哈里德（Dhia Khaled）先生一行访问中国科学院遥感与数字地球研究所和联合国教科文组织国际自然与文化遗产空间技术中心（HIST），向"数字丝路"国际科学计划（DBAR）主席、HIST 主任郭华东院士表达突尼斯希望加入"数字丝路"国际科学计划，加强面向"一带一路"的更广泛空间科技合作的意愿。2017 年 3 月，"数字丝路"国际科学计划（DBAR）世界遗产国际工作组（DBAR Heritage Working Group）成立。其工作组联合主席由中国科学院遥感地球所王心源研究员、突尼斯干旱区研究所（IRA）豪辛·哈特利（Houcine Khatteli）教授，以及意大利国家研究理事会环境分析方法研究所（CNR-IMAA）罗莎·拉萨波纳拉（Rosa-Lasaponara）教授、巴基斯坦信息技术学院（COMSATS CIIT）沙希纳·塔里克（Shahina Tariq）教授共同担任，并决定首先开展中突空间考古的合作研究。由中国科学院遥感与数字地球研究所牵头，联合突尼斯国家文化遗产研究院、突尼斯干旱区研究所、意大利国家研究理事会、巴基斯坦科姆萨特（COMSATS）信息技术学院等机构的专家，在突尼斯中部展开古罗马北非边境边墙防御系统的空间考古研究。

二、航天遥感数据获取与空间考古发现

研究区位于突尼斯西南部的麦拉河谷（图 1）。在罗马时期，这个空间构成了罗马和柏柏尔世界之间的一个接触区域。通过这条走廊形成了一条通达南方的沙漠腹地的古老道路，或向北进入高橄榄草原费里亚纳（Friana）地区。在公元前 46 年塔普苏斯战役之后，凯撒创建了阿非利加（Africa）省，并将其置于新总督萨卢斯特的领导之下。罗

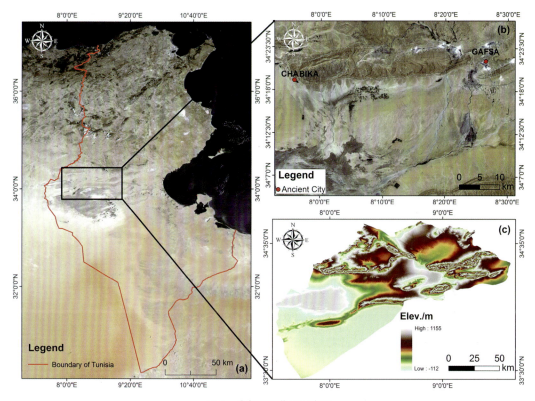

图 1 麦拉河谷位置示意图

马人开始控制杰里德（Djerid）的地峡和该省的所有南部边界。罗马人按照他们的条件进行两个方面的部署：首先是军事对抗，军事镇压和入侵反叛部落的核心。其次是军事防御，这个效率更高、成本更低。它是通过在受威胁最严重的地点和最重要的通道（即杰里德地峡），设防哨所并建立永久驻防，保护边界以及殖民地的物资供应通畅。

1. 研究流程

罗马时期收集和保存了大量关于突尼斯南部的历史记录。这些历史记录是许多领域研究的主要资源，包括该地区有关历史和手稿研究。欧泽纳特（Euzennat）③、希塞特（Trousset）④等人的手稿，是关于突尼斯南部罗马边界的历史地理时期的，现为法国国家图书馆和突尼斯国家遗产研究所收藏，它们构成了加夫萨考古勘探的主要历史数据的来源，并提供了罗马遗址的空间信息。这些数据对于研究与发现新的遗址点非常有用。例如，古城加夫萨曾经是罗马时期非洲的一个重要城市，靠近杰里德湖沼，其罗马风格的蓄水池在城市废墟中仍然清晰可见。我们使用空间考古的方法，根据研究区考古遗址的历史记录和古代地形图和专题图，使用高分辨率遥感信息提取与分析和野外考察与验证，探测新发现的考古遗存 [5][6]，并作为实证区域环境变化研究的基础证据。

2. 遥感数据

分析的数据是由数字地球（Digital Globe）公司的 WorldView-2（WV-2）图像。WV-2 提供来自两个成像传感器的数据：全色（PAN）传感器，空间分辨率为 0.46 米；低分辨率多光谱（MS）传感器，获取从 0.4mm~1.04mm 的 8 个光谱波段的数据，其空间分辨率为 1.84 米。研究区的影像数据于 2016 年 11 月 13 日购置，包括被称为 "瓦迪梅拉山谷" 的地区。结合谷歌地球提供的影像数据进行比较与分析，得到不同的区域覆盖范围和分辨率影像，并用于识别和标绘已知及疑似的考古遗迹。

3. 数据预处理

数据处理的第一步是运用 Pan-Sharpening 方法进行融合，它为低分辨率多光谱数据提供了空间增强。Pan-Sharpening 方法融合的目的，是将 Pan 图像的高空间分辨率和 MS 图像的高光谱分辨率结合起来。无论是在小尺度还是大尺度上，Pan-Sharpening 方法都可以被认为是提高卫星数据考古特征可见度的相对合适的操作。一些研究表明，应用这些方法可以更好地识别遗存的结构。此外，为了进一步突出考古特征统计分析的可见性，我们还使用了 LISA 指标。[7]

为了确定考古特征，研究人员使用 Pan-Sharpening 影像和由所有 Pan-Sharpening 影像与 LISA 图像组成的数据集，进行了非监督和监督分类。之所以做出此选择，是因为使用 Pan-Sharpening 场景和基于 Geary，Gates 和 Moran 指数的统计分析[8]，可以观察到场地边界的最高光谱的分离性。我们在全局和局部尺度上应用了两次特征提取方法。应用研究表明，整个图像经过处理，可以检测到考古兴趣点的异常情况。之后，将该程序在局部尺度上重新应用[9]，以改进之前使用本方法检测到的异常情况的提取。

使用 ENVI 软件，我们基于整个图像的多维空间中的统计相似性，将迭代自组织数据分析技术（ISODATA）组像素应用到指定数量的类中。非监督分类的目的，是评估光谱特征在已知的考古背景下是否明显共同发生。此外，我们还认识到，已知遗址几乎肯定不代表研究区域内给定有限地下样本的整个考古记录。因此，我们必须假设，在已知的遗址区域和未知遗址的背景之外，可能会出现一个考古学上的唯一认证。图像分析软件可以用于提取每个训练场地数据的光谱统计数据，并应用监督分类来定量估计其精度。

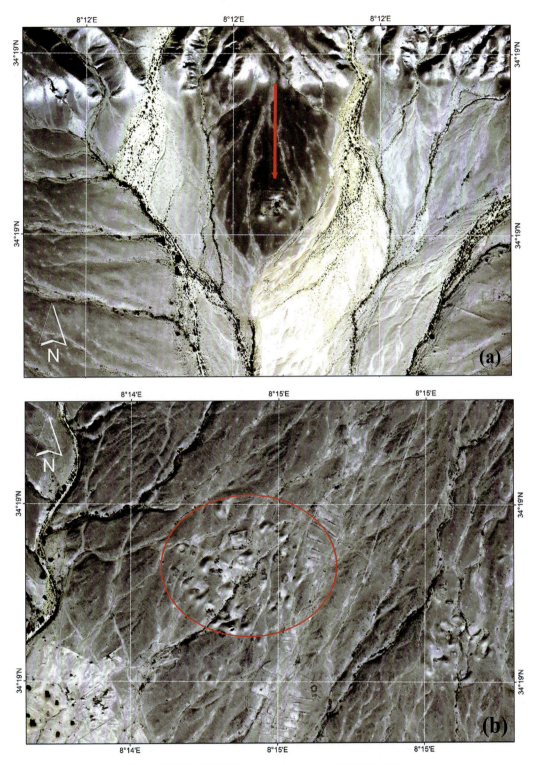

图 2　疑似遗址区域增强后的 WorldView-2 卫星遥感影像数据

三、结果与分析

1.WV-2 数据处理与解译

作为第一步的结果,我们可以观察到 Pan-Sharpening 提高了具有更高空间的分辨率,如图 2 所示的全色(PAN)图像的光谱分辨率,使用 Lisa 静态分析显著提高了增强效果(如图 3 所示)。图 3a、b、c 显示了对 2 号通道(绿色光谱信道)统计分析得出的结果。该分析使用了 LAG 1 和 LAG 2。特别是从图 3c 中报告的变焦和剖面来看,很明显,吉里(Geary)和莫兰(Moran)都使我们能够很好地区分邻近地区的考古特征。特别是图 3c 中显示了穿过考古特征(如图 2a、b 所示)的横断面的报告值。值得注意的是,根据 ROI A 中考古遗迹已知信息(如图 4a 所示),要对等值线数据的结果进行解释,利用 PAN 和 MS 场景及其他相当大的区域来隔离多边形和矩形几何图案区域,应具有考古遗址的价值。适用于图像的非监督分类结果,异常 1 和异常 2 在图 4 中也表示为 ROI A(分别表示为 a 和 b。通过对比 PAN 和 MISS 的数据,我们发现 PAN 场景中考古微地貌的可见性更好,突出了一个与地下建筑相关的四边形异常。但正如预期的那样,通过 Lisa 分析获得了最佳的可辨别性。[⑩]不出所料,在这影像中,PAN 图像中的微小区域比 MS 影像中的微小区域更加明显。因此,我们从该子集的特征提取中获得了较弱信息的性能。具体而言,PAN 图像的非监督分类对 4 类中的区域进行了分类。在 ROI A 内的另一个被调查区域显示,可能存在与引水渡槽有关的线性信息。非监督分类在使用泛锐化场景及其基于 Geary、Gates 和 Moran 指数的统计分析进行时显著改进,见图 4b、4c。正如预期的那样,显著的改善来自非监督分类,使用所有的光谱通道和从 LISA 获得的地图,使用 lag1 和 lag2 应用于通道 2。这被认为比监督分类更有用,因为它使我们能够在不强加先验知识的情况下,可以圈定疑似遗址点。

2. 对疑似遗址点进行分析

通过在研究区进行的基于全球定位系统辅助下的实地调查,我们成功地实现并确认了从高分辨率的 WV-2 融合图像得到的疑似遗址点的验证。此外,还利用研究区的地面真实数据验证和完善了所提出的地理信息系统方法提供的地理环境变化信息。最后,遥感和全球定位系统的空间考古方法研究,为罗马时期古加夫萨的未来考古研究提供了新的见解及新的方法。2017 年 12 月,研究组对潜在子区域搜索疑似遗址点进行综合的科学考察与地面调查,发现了位于突尼斯南部的三处古代边墙的遗址。由于卫

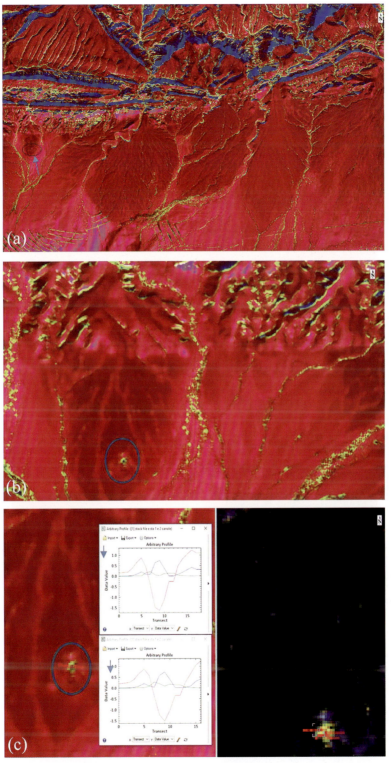

图 3　疑似遗址区域 WorldView-2 卫星遥感影像 LISA 变化后图像

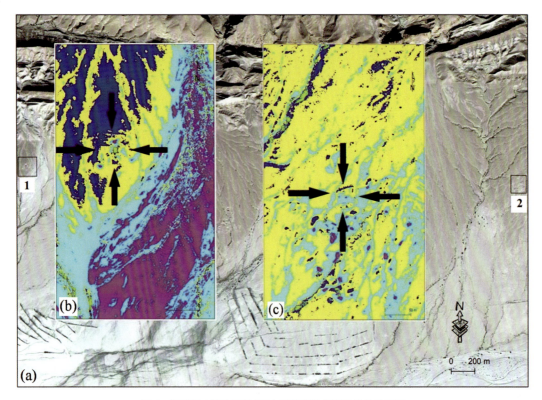

图 4　疑似考古遗址区域 LISA 图像非监督遥感分类结果图

星图像中的疑似古代遗存很难分辨，我们便充分利用了从塔卡帕到卡帕的古老道路的遗迹。在分析突尼斯南部这些关键地区之一的 WV-2 高分辨率卫星图像时，我们的团队发现了两个新的军事堡垒的疑似遗址点（见图5、图6）。新发现的位于突尼斯南部的堡垒，有助于回答一个长期存在的问题——定居点聚居地如何能够支持偏远地区的长期军事占领。之前在这个地区进行的田野考古调查，也发现了一些堡垒和其他聚居地，并伴随有大量的陶器证据。但是，两者关系没有得到考察人员很好的阐释。

　　在古罗马时期，梅拉干河流域是前往上草原夏季地区的大片季节性运动地区，由古罗马军队牢牢控制。这种控制是通过交通网络和一系列军事工程——许多看上去是军事建筑的遗址——各种大大小小的堡垒或塔楼来实现的。在古罗马时代，米拉山谷是一个重要的地区，它一方面提供了灌溉和发展农业的可能性，另一方面也提供了商业交流的可能性。这一时期的商业活动及其重要性，必须与古罗马人创立的战略交通要道和军事工程并行研究。因此，结合新发现及其研究，我们揭示了该地区存在的 8 个古罗马堡垒，它们具有控制该山脉北部撒哈拉平原和高原通道的作用。这说明在防

图 5 新发现古罗马边墙防御系统沿线 1 号堡垒遥感解译图

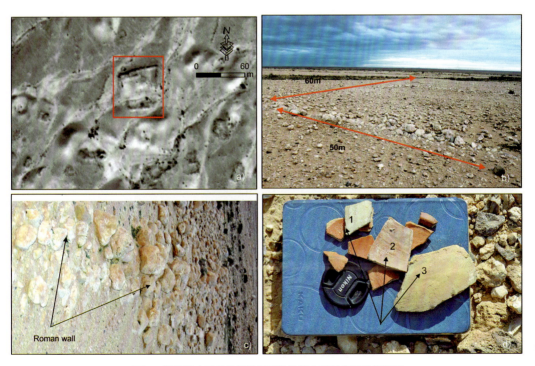

图 6 新发现古罗马边墙防御系统沿线 2 号堡垒遥感解译图

御区，人们存在发现 "阿非利加堡垒"（Africae Fossatum）的可能性。每个堡垒与其他堡垒之间的平均距离大约为 2.5~3 千米（如图 7 所示）。在图 7 中，两座堡垒之间的距离达到 5.8 千米，但彼此之间可能还存在尚未发现的堡垒。建议以后的考古调查，多加关注这一区间的古代遗存。

根据希塞特（Trousset）[11][12][13] 的观点，这些堡垒足以控制骆驼及游牧民族在边境地带和利姆腹地之间的季节性迁徙。基于 WV–2 VHR[14] 和 Google Earth 图像，研究人员仔细搜索了 I 和 J、K，I 和 M 站的潜在区域。但由于该区域地形地貌复杂，影像空间分

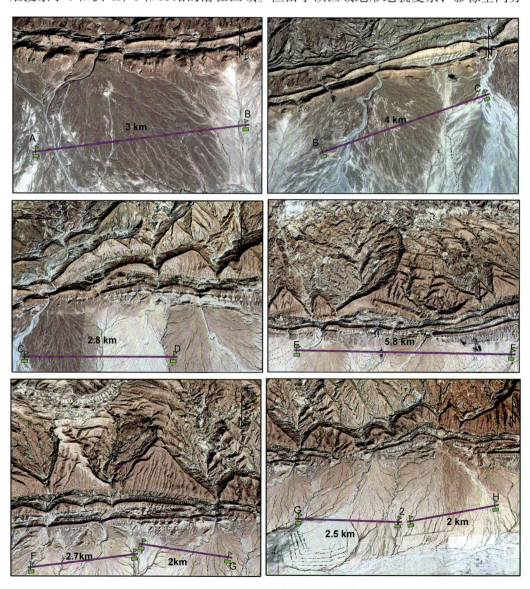

图 7　古罗马边墙防御系统沿线堡垒距离遥感解译图

辨率不高，未发现可疑点。本文提出，I、J、L、K 几个站场都隐藏在沙丘风蚀地貌中，利用高分辨率遥感数据、雷达和激光雷达技术可以探测它们的缓冲区。此外，古罗马军队在帝国边界及其领土内修建了临时和永久的堡垒等军事设施，这些设施需要永久存在，以防止当地土著人的攻击。虽然堡垒具有基本的防御特征，但它的设计并不仅仅为了抵御敌人的持续攻击，同时也是为商旅、食物、武器、牲畜等提供一个可供住宿、停留、储存与存放的场所。古罗马堡垒于公元前 2 世纪在突尼斯建造，但正是在此期间，古罗马堡垒开始呈现标准化的形式。堡垒的大小按照等级与用途大小各不相同，最小的数千平方米、不到一公顷，而较大的可能在几十公顷。建设较小的堡垒和军营更多的是为了临时事务，为部队在作战期间提供了一个安全的住所。这些堡垒也被用作边防站，在罗马帝国时期其领土上修建了许多这样的要塞，边长约 50 米并带有一扇门。与边墙有关的堡垒（堑垒）起着控制作用，它们之间距离大约 2.5 千米[15][16]。堡垒、道路、围墙，构成了古罗马帝国的边境防御系统。

作为古代的边境防御系统，古罗马的边墙与中国的长城具有相似性。它们都是试图沿着国境边界，建造一个连续的人工防御工事。这当然是一项巨大的工程，整个防御系统要由阻挡、守卫、供给、交通乃至攻击等设施构成。不过，与中国长城的防御系统相比，古罗马的边墙又有不少自己的特殊性。通过对突尼斯南部古罗马堡垒遗址的遥感影像分析，我们论证了如何寻找并再现古罗马军事堡垒的布局（图8）。由于罗马堡垒与边墙之间存在关联，这反映出罗马可能征服了该地区并在此形成边界。我们在此不仅发现了边墙、堡垒，而且发现了 1 处农业灌溉系统、3 处水窖、1 处墓葬。根据已有的发现和研究，我们可以对突尼斯南部的罗马军事防御工程进行符合逻辑的重建。这些军事工程属于边墙的防御、保护和控制系统的有机组成部分，并与帝国联通周边的道路交通有关。这条有利于贸易的路线，在很大程度上受到军事工程的控制与保护，并通过路网与罗马帝国的其他领土相联。事实上，在战略要冲建立这些防御性的设施，一方面表达了古罗马确保边境秩序和保护领土免遭入侵的意愿，另一方面是为了控制主要交通要冲，并监测农耕区和稀缺水源地（点）。

四、总结和展望

本项研究的结果表明，运用我们提出的空间考古方法[5]，综合空间信息技术优势，

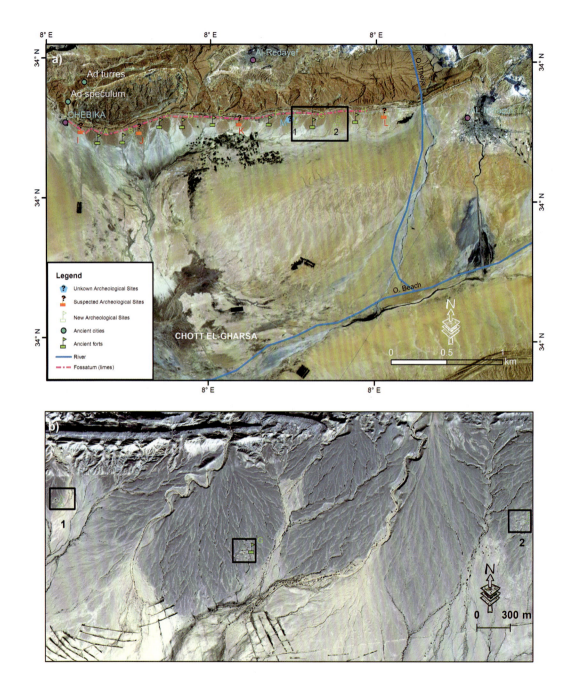

图 8　加夫萨地区古罗马边墙防御系统防御体系数字化重建示意图

可以非常详细地识别、定位和绘制研究区域内多种类型的考古遗址。基于像素的分析，结合空间分析 LISA 方法，可以使用高分辨率的 WV-2 图像，定位这些区域的考古疑似点而非监督分类，发现了一种独特的光谱异常，反映了有植被和裸露无植被地面之间的过渡带。LISA 的普遍使用，极大地改善了非监督分类法和考古特征的识别。此外，将此方法与预测模型结合起来，可以更有效地补充实地调查的规划线路与内容，从而更有效地发现考古遗址。有关研究证实，光学遥感数据对沙漠环境下考古结构的探测具有很强的协助作用。有关研究还表明，利用来自不同传感器的经过处理的地球观测数据对考古遗址进行监测的方法具有广阔的前景。遥感数据信息的互补性有助于探测目标，更重要的是有助于促进考古遗址的保护与重建工作。这对于偏远地区的考古遗址研究、发现与重建，具有特殊意义。

　　未来，加强古罗马边墙防御系统与中国汉长城边境防御系统的比较研究，将具有重要的科学意义以及深远的现实意义。

注释：

① C. Fenwick. North Africa: History of Archaeology，North Africa. N.A. Silberman（Ed.），*The Oxford Companion to Archaeology*（second ed.），Oxford: Oxford University Press，2012.

② C. M. Euzennat. Quatre Années de Recherches sur la Frontière Romaine en Tunisie Méridionale C.R.A.I. Reports of the Academy of Inscriptions and Belles Lettres 1972，7–27.（C.R.A.I. Reports of the Academy of Inscriptions and Belles Lettres. https://epigraphy.packhum.org/book/446?location=1703）

③ D. M. Euzennat. La Frontière Romaine d'Afrique. CRAI, Reports of the Academy of Inscriptions and Belles Lettres, N.2，1990，565–580.

④ P. Trousset. Limes et Frontières Climatiques，dans III Colloque sur l'histoire et l'archéologie de l'Afrique du Nord. 1985，55–84 Montpellier, France.

⑤ 王心源、郭华东：《空间考古学:对象、性质、方法及任务》，《中国科学院院刊》2015 年第 3 期。

⑥ 王心源：《利用卫星遥感实现境外一带一路沿线考古发现》，《卫星应用》2019 年第 7 期。

⑦ R. Lasaponara，R. Yang，F. Chen，X. Li，N. Masini Corona Satellite Pictures for Archaeological Studies: A Review and Application to the Lost Forbidden City of the Han‑Wei Dynasties. *Surveys in Geophysics*，2018，1–20.

⑧ 王心源、郭华东：《空间考古学:对象、性质、方法及任务》，《中国科学院院刊》

2015 年第 3 期。

⑨ R. Lasaponara, G. Leucci, N. Masini, R. Persico, G. Scardozzi. Towards an Operative Use of Remote Sensing for Exploring the Past Using Satellite Data: The Case Study of Hierapolis (Turkey). *Remote Sensing of Environment*, 2016 (174): 148–164.

⑩ Lisa: Local Index for Statistical Analyses Indicators (LISA).

⑪ P. Trousset. Les Milliaires de Chebika (Sud Tunisien). *Antiquités Africaines*, 1980 (15): 135–154. (Pol Trousset, a French Geographer And Archaeologist Specializing in Roman Africa)

⑫ P. Trousset. Le Franchissement Des Chotts du Sud Tunisien Dans L'antiquité. *Antiquités Africaines*, 1982 (18): 45–59.

⑬ P. Trousset. Les Oasis Présahariennes dans L'Antiquité: Partage de L'eau et Division du Temps. *Antiquités Africaines*, 1986 (22): 163–193.

⑭ World–view 2 Very High Resolution.

⑮ Nabil Bachagha, Xinyuan Wang, Rosa Lasaponara, Lei Luo, Houcine Khatteli "Remote Sensing and GIS Techniques for Reconstructing the Military Fort System of Roman Boundary (Tunisia Section) and Identifying Archaeological Sites" Journal of *Remote Sensing of Environment*, 2019. 232: 111280.

⑯ Nabil Bachagha. Comprehensive Detection and Analysis on Ancient Military Defense System of Roman Empire Boundary (Tunisia Section) Based on Spatial Information Technology, 中国科学院 2019 年博士学位论文。

丝绸之路干旱区遥感考古研究：进展与问题

Remote Sensing Archaeology in Arid Regions Along the Silk Road:
Progress and Issues

骆磊 ★

中国科学院空天信息创新研究院、联合国教科文组织国际自然与文化遗产空间技术中心、可持续发展大数据国际研究中心，北京 100094

丝绸之路（以下简称"丝路"）沿线干旱区是对全球气候变化反应最为敏感的区域之一，也是生态环境脆弱和不适宜人类居住的地区。该地区承载了古代丝路的主体线路，在东西方交流和丝路文明兴衰中发挥了至关重要的作用，留下了不计其数的考古遗址遗迹和历史文化遗产。如何实现丝路沿线干旱区海量考古遗址遗迹的有效探测与调查，是开展科学认知与保护利用工作的必要前提，成为广受关注的考古前沿科技问题。遥感考古可为丝路干旱区考古遗址遗迹的调查发现、测绘制图和人地关系空间认知，提供先进的技术手段和科学的基础数据。通过总结丝路干旱区遥感考古的发展历程、核心问题、前沿技术，以及主要内容等方面的研究进展，指出目前丝路干旱区遥感考古研究的发展瓶颈和未来趋势，以及丝路干旱区古代人地关系时空认知研究存在的明显不足。进一步加强考古学与地学（遥感）、历史学、生态学、计算机科学（人工智能、大数据、云计算）、文献学等多学科的交叉研究，创新构建集遥感考古、物探考古、地理信息系统（GIS）考古、景观考古、田野考古、环境考古、地质考古、文献考古等于一体的空间考古新研究范式，是推进丝路干旱区考古研究的有效途径。这对于丝路文明的考古发现、科学认知、遗产保护和服务国家的"一带一路"倡议，具有重要的科学价值和现实意义。

一、丝路环境及各国对干旱区遥感考古的重视

如上所述，丝路沿线干旱区承载了古代丝路的主体线路，在东西方交流和丝路文明兴衰的历史中发挥了关键作用 [①]，留下了不计其数的考古遗址遗迹和历史文化遗产。丝路考古遗址遗迹与历史文化遗产是丝路文明的重要实物载体与历史见证，具有突出的环境、考古、历史、地理、生态、文化等研究价值，需要对其充分开展考古调查与研究工作。同时，丝路沿线干旱区属于典型的生态环境脆弱区和敏感区，是自然灾害和人为破坏活动的易发区和高发区，丝路考古遗址遗迹也因此已经或正在遭受着不同程度的损伤或毁坏，其保存与保护状况不容乐观。因此，需要全面准确地掌握丝路干旱区考古遗址遗迹的现存状况，这对于丝路文明演化的认知与理解、丝路文化遗产的保护与利用就显得格外重要。

丝路沿线干旱区由于沙漠、戈壁、风蚀地貌（雅丹）等的发育，往往交通闭塞、人迹罕至，既使得掩藏其中的已知遗址遗迹难以被调查，又使得未知遗址遗迹难以被发现，给丝路干旱区考古遗址遗迹的探测调查以及丝路文化遗产的可持续发展，带来了前所未有的挑战。加之千万年来受自然环境变化与人类活动的影响，丝路干旱区考古遗址绝大多数或已消失或被掩埋，很多遗址遗迹仅在局部地表残存有少量的遗物或遗痕，使得基于地面肉眼观察的考古调查工作变得更加困难。遥感考古是利用遥感技术多平台、多尺度、多时相、多波段、多角度的对地观测技术特点，能够探测到地表及次地表的考古遗址遗迹目标地物，具有传统考古调查方法所不具备的快速、全局、客观、低成本等优势，并已在（半）干旱区、（半）湿润区、高寒区等多地理环境的考古探测与调查中得到了全球考古学者的广泛重视，尤其是对干旱区的考古调查研究大有裨益。 [②]

20 世纪 70 年代以来，随着遥感技术的不断发展与进步，其在考古研究领域的应用日益广泛，美国国家航空航天局（NASA）、欧洲航天局（ESA）、中国科学院（CAS）、联合国教科文组织世界遗产中心（UNESCO-WHC）等组织与研究机构，都部署了遥感考古探测项目或计划。为了充分论证遥感技术对于考古探测的有效性，国内外学者都不约而同地选择在干旱区首先开展遥感考古的应用试验，据此行动的结果是：考古遗址的发现与调查、埋藏目标的识别与提取、大尺度的考古测绘与制图、考古景观分析与重建等方面的研究都有了开创性的进展，取得了丰硕的成果。本文从干旱区遥感考古的发展历程、核心问题、前沿技术和主要内容等方面，对近年来国内外丝路干旱区

遥感考古研究的进展情况进行了较全面的回顾，旨在把握丝路干旱区遥感考古的研究现状，力求对丝路干旱区遥感考古各个方面的研究做出较全面的总结和分析，以期促进丝路干旱区遥感考古乃至整个遥感考古领域的创新发展。

二、 丝绸之路干旱区遥感考古研究进展

1. 干旱区遥感考古发展历程

遥感考古是在英国考古学家 O.G.S. 克劳福德（O.G.S. Crawford）提出的航空考古理论与实践的基础上发展而来。[③] 近百年来，随着遥感技术实现了从航空平台到星载平台、从单波段到多（高）光谱、从低分辨率到高分辨率、从被动观测到主动探测等的突破性发展 [④]，在星、空、地不同平台上获取了海量的对地观测数据，加之数据处理新方法与技术的不断涌现，遥感技术在全球考古研究中都发挥了重要作用 [⑤]。遥感考古已在位于丝路沿线干旱区的古埃及文明、两河流域文明、印度河文明、中国西域文明、波斯文明、古罗马文明等考古探测与研究中得到应用，并取得了一系列重大的考古发现，为科学认知丝路干旱区古代文明与文化提供了全新的科技视角。

对于我国丝路沿线干旱区的遥感考古而言，国内外学者利用遥感技术开展了不同尺度（遗址或景观）的考古探测与调查、识别与提取、区域综合制图与分析等研究。1994 年，中国科学院利用航天飞机成像雷达影像数据，探测发现了位于陕西和宁夏交界处被干沙掩埋的古长城 [⑥]，开创了我国丝路干旱区遥感考古应用研究的先河。近十年来，中国学者等在丝路沿线干旱区重要史前聚落遗址、大型城址考古、古代水利工程、汉长城等方向，取得了一系列有影响力的研究成果；综合利用星载光学遥感技术与合成孔径雷达（SAR）遥感系统对塔克拉玛干沙漠下的楼兰遗址群、尼雅遗址群、克里雅遗址群、米兰遗址群，开展了遥感考古探测与分析研究，为丝路变迁与西域文明兴衰提供了新的认知 [⑦]。总体来说，国内的干旱区遥感考古工作起步晚但起点高，发展时间短但发展速度快，在多领域广大学者和科技工作者的共同努力下，目前我国在遥感考古领域已处于国际领先水平并呈现引领发展之态势。

2. 干旱区遥感考古的核心问题

从多源、高分辨率、多时相遥感影像上识别考古目标并获取其信息，是开展考古知识发现和区域古环境认知的重要基础，也是当今遥感考古研究最前沿的方向之一。

目前已有的遥感考古工作，大多基于考古目标在影像上的光谱特征、几何特征与后向散射特征，利用图像运算、图像融合、图像变换、图像分割等技术与方法辅助进行目视判读或计算机解译，进而实现考古遗址目标的识别与提取。

考古遗址目标的识别与提取，一直是国内外遥感考古领域的研究热点和难点。从多源、多分辨率遥感影像上获取遗址目标的特征信息（位置、大小、形状、结构、布局），是考古知识再发现与定量化认知的必要前提。研究针对考古遗址目标的遥感自动识别与提取方法，可以有效地弥补现有人工目视解译和半自动计算机解译方法需要消耗较多时间、人力和物力的不足，为考古遗址的变化监测与评价分析、保护规划的制定与更新、史地认知与景观重建、数字化管理与决策等提供多尺度、多要素的本底数据，具有广泛的应用前景与价值。近十年来，随着高分辨率遥感影像及其数据处理技术的不断涌现，遥感考古研究中出现了一些面向对象图像分析（OBIA）的考古目标自动或半自动的识别方法。巴沙哈（Bachagha）等综合利用空间自相关分析和对象图像分析方法，识别出 2 处突尼斯南部沙漠区的考古遗址目标。基于对象图像分析方法的考古目标识别，已经成为遥感考古研究中人工目视解译或人机交互解译的有益补充，但对缺乏先验考古知识的研究区，其贡献度仍然比较有限。

随着以机器学习（Machine Learning）、深度学习（Deep Learning）为代表的人工智能（Artificial Intelligence, AI）在各个遥感应用领域的广泛使用，遥感考古领域也出现了个别基于机器学习的考古目标自动识别研究。例如奥伦戈（Orengo）等基于中高分辨率卫星遥感影像大数据，在 Google Earth Engine（GEE）云计算平台上利用随机森林算法，识别出巴基斯坦东部沙漠地区 337 个未知的疑似土丘遗址。该研究是 AI 遥感应用于边远地区主动考古探测调查的成功尝试，但它仍有很多不足。首先，从目标识别角度出发，随机森林算法属于识别准确率较低的传统机器学习模式，需要对样本进行大量的人工标注；其次，从考古学研究角度出发，识别出的 337 个疑似遗址的平均可能性仅为 55%，且只有 71 个遗址被确定为是真实的；同时，该算法只能识别出面积大于 50000 平方米的土丘遗址，无法识别到很多更小的土丘遗址，无法满足考古调查的实际需求。

由上可知，考古目标识别一直都是遥感考古的技术难点之一。由于考古目标影像特征的隐弱性、赋存环境的复杂性和考古认知的多解性，所以绝大多数的考古目标遥感识别研究集中在高分辨率遥感影像增强处理后的目视判读或半自动计算机解译上，并在未来很长一段时间内仍将是遥感考古研究最主要的手段。人工目视解译或人机交互解译方法，虽然准确性很高但需要消耗较多的时间、人力和物力。因此，出于对自动化方法的迫切需求，前文中回顾了过去几十年国内外学者提出的一些基于对象图像分析的考古目标遥感自动识别方法，然而这些基于对象图像分析的识别方法多被应用于小区域已知考古目标的自动识别与提取，却无法满足大区域未知考古目标识别的需求。近年来，机器学习和深度学习开始被广泛应用于遥感图像目标（如道路、水体、建筑物等）识别提取研究中，这为考古目标遥感识别提取提供了有益借鉴。

3. 干旱区遥感考古前沿技术

20 世纪 70 年代以前的遥感考古主要是利用存档的高分军事航空摄影像片（特别是一战、二战时期的老航片）开展的有限时空范围的科学研究，这也在很大程度上限制了遥感考古的发展。20 世纪 70 年代以后，卫星遥感开始在民用领域的应用，极大促进了遥感考古的发展。但受限于卫星遥感影像的分辨率，前期的遥感考古工作主要集中在大区域地理环境的定性分析。

进入 21 世纪以后，高分辨率航空航天成像系统快速涌现，同时冷战时期的高分间谍卫星影像也开始逐渐解密，遥感考古迎来了前所未有的发展机遇。由于航空遥感存在成本高、易受天气条件影响以及空域申请困难等实际问题，所以大区域的高分航空遥感考古研究工作开展比较少，而低空无人机遥感考古又仅限于小区域或局部地点的探测与调查，不能满足大区域遥感考古应用研究的实际需求。因此，目前遥感考古主要是使用亚米级分辨率的光学遥感卫星影像和 SAR 卫星影像（WorldView 系列、Pleiades 系列、高分系列、Radarsat 系列、Terra SAR、COSMO–SkyMed、ALOS–PALSAR 等）。

高分光学遥感影像上地物细节信息丰富，可以很好地满足考古目标精细识别的需求，因而在国内外遥感考古研究中得到广泛使用。利用高分光学航空遥感影像（数字正射图像、机载多 / 高光谱数据）或高分光学卫星遥感影像（星载多光谱数据）准确探测到被植被、土壤等覆盖的考古遗址目标。高分 SAR 在遥感考古应用中相对比较少，仅限于特定赋存环境的应用研究，高分 SAR 的技术优势仍需进一步挖掘。

三、问题与展望

对于丝路干旱区遥感考古而言，目前存在着两个方面的不足：第一，干旱区遥感考古研究工作主要基于卫星遥感平台开展，未能有效发挥航空遥感和地面物探遥感的技术优势；第二，干旱区遥感考古发现的结果与历史地理研究、环境考古测试化验、景观考古推演、GIS 时空模拟分析等的融合应用仍显不足。这两个方面的不足，共同制约了丝路干旱区遥感考古甚至遥感考古研究的深入发展。

经过 100 多年的发展，遥感考古在研究技术与方法上，已发展成以星、空、地一体化遥感技术为代表的空间信息技术的综合应用。研究对象已从关注考古遗址本体，转变为关注考古遗址本体及其赋存环境的综合体；研究目标与内容已从传统的考古调查、发现、绘图等，迈向了考古数据挖掘、考古知识发现和过去人地关系重构，进而将遥感考古推向了空间考古的新阶段。

在技术层面，尽管基于高分光学影像和高分 SAR 影像在考古应用中都取得了很好的研究成果，但基本上都是二者各自的单一应用。高分光学遥感主要基于植被、土壤等遥感考古解译标志开展考古目标的探测，高分 SAR 遥感主要利用穿透特性开展次地表埋藏考古遗址目标的探测，缺乏高分光学遥感与高分 SAR 遥感的综合应用，从而未能有效发挥两者各自的独特优势。另外，如果在经费投入、空域申请、气象气候等条件允许的情况下，高分航空遥感可以获取比高分卫星遥感更高分辨率的影像数据，进而能够极大地提高遥感考古的探测能力。

在开展景观尺度的干旱区考古研究时，即研究考古遗址与其干旱赋存环境之间的地理文化空间（geo-cultural space）或人地关系空间（man-land space）时，遥感考古在一定的研究前提下都是实现这一目标的有效且有用的方法。然而，遥感数据来源于量化和泛化的世界，在被广泛标记的后过程运动所捍卫的人类的定性和主观方面，则代表了部分反应。后过程主义考古学家主要批评了得出客观结论的科学分析方法，因此，后过程主义考古学家对遥感考古普遍不感兴趣。此外，我们应该坦率和公开地承认，目前全部已有的遥感考古应用案例都证明了遥感对考古学中的"空间"维度研究有重大贡献，但其在"时间"维度上的缺陷则很明显。在丝绸之路沿线的干旱区，遥感考古可以有效地响应和解决特定考古调查中的空间问题（如位置、分布模式和人地关系），但在考古研究本质的时间问题（如文化起源和兴衰、古气候变化）上往往无能为力，需要开展考古学、地学、历史学等学科的交叉融合研究。

干旱区考古研究并不是遥感考古技术最先得到应用的领域，但它是遥感考古应用最为成功的领域。当前，遥感考古已成为干旱区考古研究中不可或缺的强大工具，并被广泛应用于丝绸之路沿线的各个干旱地区（中国西北、中亚、伊朗、中东、北非等）。海量的遥感影像数据可以对考古目标（遗址与景观）进行多时相、多尺度的勘探、制图和变化分析。长时间序列的遥感影像是开展干旱区考古研究的重要数据资源，因为其中许多影像都客观记录下了因绿洲扩展、沙漠化、沙丘移动、季节性洪水或武装冲突等原因而被严重改变、破坏或毁坏的干旱区考古遗址和景观；同时，通过对遥感影像空间、时间、光谱和结构特征的增强与变换，可以凸显那些地面上人眼无法直接观察到的考古目标地物，例如干旱区沙漠中埋藏的线性考古目标（古河道、古道路、古城墙、古渠道等）。对于偏远或难以进入的干旱地区的考古探测与调查来说，遥感考古是一种价值高且成本低廉的方法。同时，当与田野考古（野外勘探）相结合时，遥感考古会成为一种更加有用且有效的考古工具。

未来，丝路干旱区遥感考古的发展方向可以大致概括为以下四个方面：第一，空间信息技术对于干旱区考古对象的多源数据获取，延伸了传统干旱区遥感考古的数据维度；第二，干旱区考古对象的识别与信息提取，是一整套多源数据处理技术与方法的综合集成，包括考古目标空间分布的模型预测与未知遗址的自动识别等；第三，既包含遗址本体间的空间关系研究，又包含遗址本体与其赋存环境的共生关系研究；第四，丝路干旱区过去人地关系的认识与重构，包含不同时间尺度（百年—千年—万年）与空间尺度（地域—地方—地点）的考古大数据时空关联与考古大数据知识发现。

附记：本研究受到高分辨率对地观测系统重大专项的资助（项目编号：30-H30G04-9003-20/ 22）。

注释：

* 骆磊，副研究员，研究方向：空间考古、自然与文化遗产空间认知。

① 陈发虎、安成邦、董广辉等：《丝绸之路与泛第三极地区人类活动、环境变化和丝路文明兴衰》，《中国科学院院刊》2017 年第 9 期。

② Luo, L., Wang, X., Guo, H., et al., 2019a. Airborne and Spaceborne Remote Sensing for Archaeological and Cultural Heritage Applications: A Review of the Century （1907 - 2017）. *Remote Sensing of Environment*, 232: 111280.

③ Crawford, O., 1923. Air Survey in Archaeology. *The Geographical Journal*, 61, 342-360.

④ 邓飚、郭华东：《遥感考古研究综述》，《遥感信息》2010 年第 1 期。聂跃平、杨林：《中国遥感技术在考古中的应用与发展》，《遥感学报》2009 年第 5 期。

⑤ 王心源、郭华东：《空间考古学：对象、性质、方法及任务》，《中国科学院院刊》2015 年第 3 期。王心源、骆磊：《从遥感考古走向空间考古——文化遗产保护时代的新任务》，《遥感学报》2020 年第 7 期。

⑥ 郭华东：《航天多波段全极化干涉雷达的地物探测》，《遥感学报》1997 年第 1 期。

⑦ 何宇华、孙永军：《空间遥感考古与楼兰古城衰亡原因的探索》，《考古》2003 年第 3 期。胡宁科、李新：《居延绿洲古遗址的遥感识别与分析》，《遥感技术与应用》2013 年第 5 期。吕厚远、夏训诚、刘嘉麒等：《罗布泊新发现古城与 5 个考古遗址的年代学初步研究》，《科学通报》2010 年第 3 期。王心源、姚娅、骆磊：《黄花营段汉长城早期玉门关城的空间考古初步研究——兼论斯坦因对于 T.XLII.d 烽燧作为关口位置的猜测》，《西北大学学报（哲学社会科学版）》2021 年第 2 期。于丽君、聂跃平、杨林等：《新疆轮台奎玉克协海尔古城空间考古综合研究》，《遥感技术与应用》2020 年第 1 期。Bachagha, N., Wang, X., Luo, L., et al., 2020. Remote Sensing and GIS Techniques for Reconstructing the Military Fort System on the Roman Boundary（Tunisian Section）and Identifying Archaeological Sites. *Remote Sensing of Environment*, 236: 111418. Chen, F., Masini, N., Liu, J., et al., 2016. Multi-Frequency Satellite Radar Imaging of Cultural Heritage: The Case Studies of the Yumen Frontier Pass and Niya Ruins in the Western Regions of the Silk Road Corridor. *International Journal of Digital Earth*, 9: 1224-1241. Luo, L., Wang, X., Liu, C., et al., 2014a. Integrated RS, GIS and GPS Approaches to Archaeological Prospecting in the Hexi Corridor, NW China: A Case Study of the Royal Road to Ancient Dunhuang. *Journal of Archaeological Science*, 50: 178-190. Luo, L., Wang X., Liu J., et al., 2017. Uncovering the Ancient Canal-Based Tuntian Agricultural Landscape at China's Northwestern Frontiers. *Journal of Cultural Heritage*, 23: 79‒88. Orengo, H., Conesa, F., Garcia-Molsosa A., et al., 2020. Automated Detection of Archaeological Mounds Using Machine-Learning Classification of Multisensor and Multitemporal Satellite Data. *PNAS*, 117: 18240‒18250.

后　记

Afterword

　　国博遥感考古年会由中国国家博物馆发起，初衷是推进遥感技术在考古学研究领域及大遗址保护监测方面的应用，自 2016 年至 2020 年，共连续召开了五届年会，前三届在本馆召开。

　　2016 年首届国博遥感考古年会由中国国家博物馆、东南大学建筑学院、中国资源卫星应用中心共同主办，会议主题为"遥感考古与古代城市研究"，上半场学术研讨在国家博物馆进行，下半场转至中国资源卫星应用中心，与会者还参观了国产卫星的运行监控、数据加工现场及国产卫星数据的应用成果展。2017 年第二届由中国国家博物馆与东南大学建筑学院共同主办，会议主题为"低空与地面遥感技术的考古学应用"，在本次会议上还举行了中国国家博物馆与洛阳市文物考古研究院合编《洛阳大遗址航空摄影考古》报告的首发式。2018 年第三届由中国国家博物馆和北京大学考古文博学院共同主办，会议主题为"航空与航天对地观测技术在考古学研究中的应用暨纪念俞伟超先生诞辰八十五周年"。2019 年第四届由清华大学建筑学院与中国国家博物馆共同主办，会议在清华大学举行，主题为"航空与航天对地观测技术在考古研究中的应用进展"。2021 年第五届由中国社会科学院考古研究所、山西省考古研究院、中国国家博物馆共同主办，会议在山西太原召开，主题为"考古人员参与遥感考古"。

　　至此，国博遥感考古年会已逐渐成为行业例会，参会单位和学者逐年增多，随着

2021 年中国考古学会数字考古专业委员会的成立，遥感考古则成为数字考古领域的主要组成部分，遥感考古年会也将在数字考古专委会的领导下继续召开。为对以往会议成果做出总结，中国国家博物馆出资，委托齐鲁书社出版了本论文集。在此，谨向各届会议的主办单位、会务组成员、发表成果的研究者及本论文集的编辑人员致以崇高的敬意！

编者

2023 年 6 月 5 日